D1727691

Management und Controlling im Mittelstand

Reihenherausgeber

Wolfgang Becker
Otto-Friedrich-Universität Bamberg
Patrick Ulrich
Hochschule Aalen - Technik und Wirtschaft
Deutschland

Ziel der Reihe „Management und Controlling im Mittelstand" ist es, die Gesamtheit der mittelstandsorientierten Betriebswirtschaftslehre abzubilden. Sie folgt der Maxime „a small business is not a little big business" (Welsh/White), nach der mittelständische Unternehmen bedarfsgerechte Konzepte benötigen. Die Reihe strebt die Generierung fundierter, praxisnaher, aber auch theoretisch auf State-of-the-Art-Niveau stehender wissenschaftlicher Erkenntnisse an, die dem Mittelstand auch im Forschungsbereich eine Bedeutung verschaffen sollen, die er aufgrund seiner volkswirtschaftlichen Stellung schon lange verdient. Diese Erkenntnisse sollen dann in konkrete Managementkonzepte und -instrumente überführt werden. Die Konkretisierung dieser Zielsetzung besteht darin, zunächst eine mittelständische Problemlandkarte zu entwerfen, die von den gegenwärtigen und zukünftigen Erfolgsfaktoren mittelständischer Unternehmen ausgeht. Auf dieser Basis sollen gegenwärtige Erfolgsfaktoren analysiert, zukünftige Erfolgsfaktoren identifiziert und Handlungsempfehlungen für die Unternehmenspraxis abgeleitet werden. Die Reihe hat einen hohen theoretischen Anspruch, ist letztlich anwendungsorientiert ausgerichtet und zudem ausdrücklich offen für neue inhaltliche und publizistische Formate. Sie nutzt die bildhafte Vermittlung als Gestaltungsinstrument und bietet zeitgemäße, wissenschaftlich solide, dabei aber verständliche und praxisorientierte Fachpublikationen.

Weitere Bände in dieser Reihe
http://www.springer.com/series/13362

Wolfgang Becker · Patrick Ulrich
Tim Botzkowski · Alexandra Fibitz
Meike Stradtmann

Kooperationen zwischen Mittelstand und Start-up-Unternehmen

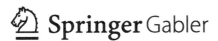

Wolfgang Becker
Otto-Friedrich-Universität Bamberg
Bamberg
Deutschland

Patrick Ulrich
Hochschule Aalen – Technik und
Wirtschaft
Aalen
Deutschland

Tim Botzkowski
Otto-Friedrich-Universität Bamberg
Bamberg
Deutschland

Alexandra Fibitz
Hochschule Aalen – Technik und
Wirtschaft
Aalen
Deutschland

Meike Stradtmann
Otto-Friedrich-Universität Bamberg
Bamberg
Deutschland

Management und Controlling im Mittelstand
ISBN 978-3-658-19645-5   ISBN 978-3-658-19646-2 (eBook)
https://doi.org/10.1007/978-3-658-19646-2

Die Deutsche Nationalbibliothek verzeichnet diese Publikation in der Deutschen Nationalbibliografie; detaillierte bibliografische Daten sind im Internet über http://dnb.d-nb.de abrufbar.

Springer Gabler
© Springer Fachmedien Wiesbaden GmbH, ein Teil von Springer Nature 2018
Das Werk einschließlich aller seiner Teile ist urheberrechtlich geschützt. Jede Verwertung, die nicht ausdrücklich vom Urheberrechtsgesetz zugelassen ist, bedarf der vorherigen Zustimmung des Verlags. Das gilt insbesondere für Vervielfältigungen, Bearbeitungen, Übersetzungen, Mikroverfilmungen und die Einspeicherung und Verarbeitung in elektronischen Systemen.
Die Wiedergabe von Gebrauchsnamen, Handelsnamen, Warenbezeichnungen usw. in diesem Werk berechtigt auch ohne besondere Kennzeichnung nicht zu der Annahme, dass solche Namen im Sinne der Warenzeichen- und Markenschutz-Gesetzgebung als frei zu betrachten wären und daher von jedermann benutzt werden dürften.
Der Verlag, die Autoren und die Herausgeber gehen davon aus, dass die Angaben und Informationen in diesem Werk zum Zeitpunkt der Veröffentlichung vollständig und korrekt sind. Weder der Verlag, noch die Autoren oder die Herausgeber übernehmen, ausdrücklich oder implizit, Gewähr für den Inhalt des Werkes, etwaige Fehler oder Äußerungen. Der Verlag bleibt im Hinblick auf geografische Zuordnungen und Gebietsbezeichnungen in veröffentlichten Karten und Institutionsadressen neutral.

Gedruckt auf säurefreiem und chlorfrei gebleichtem Papier

Springer Gabler ist ein Imprint der eingetragenen Gesellschaft Springer Fachmedien Wiesbaden GmbH und ist ein Teil von Springer Nature.
Die Anschrift der Gesellschaft ist: Abraham-Lincoln-Str. 46, 65189 Wiesbaden, Germany

Vorwort

In der aktuellen Zeit werden bestehende Geschäftsmodelle durch technologische Trendbrüche und Disruptionen in frage gestellt. Gerade im Zuge der Digitalisierung verschwimmen die Grenzen zwischen Unternehmen und erhöhen die Wettbewerbsintensität immer stärker. Konnten sich Unternehmen in der Vergangenheit auf bestehende Wettbewerbsvorteile verlassen und diese beständig ausbauen, können im aktuellen Wettbewerbsumfeld Vorteile in wenigen Tagen und Wochen erodieren.

Mittelständische Unternehmen zeigen bisher im Bereich von Geschäftsmodellen und Strategien eine eher tradierte Vorgehensweise mit einer hohen Wertschöpfungstiefe und vergleichsweise wenigen Kooperationen. Großunternehmen hingegen kooperieren seit Jahren bereits mit Start-ups, gründen eigene Start-ups aus oder beteiligen sich finanziell an diesen.

Aus diesem Spannungsfeld entstand der Impetus, sich mit dem Themenbereich der Kooperation zwischen Mittelstand und Start-ups in Theorie und Praxis auseinanderzusetzen – eine auf den ersten Blick sehr schwierige Kombination. Auf beiden Seiten bestehen kulturelle, strategische und strukturelle Vorbehalte und unsere Studie hat gezeigt, dass in vielen Fällen die Kooperationspartner nicht nur aneinander vorbei reden, sondern leider auch aneinander vorbei arbeiten.

Das vorliegende Buch kann als einer der ersten empirischen Belege zur Zusammenarbeit von Mittelstand und Start-ups gelten. Wir zeigen Einsatzbereiche, Kooperationsmöglichkeiten, aber auch Grenzen explizit auf. Zudem eignet sich das Buch auch als praxisorientierter Leitfaden für Unternehmerinnen und Unternehmer auf beiden Seiten – sowohl Mittelstand als auch Start-ups – die in Zukunft in eine Kooperation eintreten möchten.

Wir danken den Interviewpartnern und Teilnehmern der Fragebogenaktion für ihre aktive Teilnahme, ohne die die wertvollen Einblicke in die Praxis nicht möglich gewesen wären. Zudem danken wir den Mitarbeiterinnen und Mitarbeitern der Lehrstühle Unternehmensführung und Controlling an der Universität Bamberg und Unternehmensführung und -kontrolle an der Hochschule Aalen.

Wir hoffen auf eine breite Rezeption unserer Erkenntnisse und sind unseren Leserinnen und Lesern für Anmerkungen dankbar.

Aalen und Bamberg, im Januar 2018   Die Autoren

Inhaltsverzeichnis

Informationen zu den Autoren

Universitätsprofessor Dr. Dr. habil. Wolfgang Becker ist Ordinarius für Betriebswirtschaftslehre und Inhaber des Lehrstuhls für Betriebswirtschaftslehre, insbesondere Unternehmensführung und Controlling sowie wissenschaftlicher Direktor des Europäischen Forschungsfelds für Angewandte Mittelstandsforschung (EFAM) an der Universität Bamberg. Professor Becker hat unterschiedliche Leitungsfunktionen der Universität (Dekanat, Erweiterte Universitätsleitung, Senat, Universitätsrat) ausgeübt. Derzeit ist er Mitglied des Chief Information Office der Universität Bamberg und des Promotionsausschusses der Sozial- und Wirtschaftswissenschaftlichen Fakultät. Professor Becker wirkt zudem in den international ausgerichteten Executive MBA-Studiengängen der Johannes Gutenberg-Universität Mainz sowie der Friedrich-Alexander-Universität Erlangen-Nürnberg und in einem nationalen virtuellen Wirtschaftsinformatik-Studiengang der Universitäten Bamberg und Duisburg-Essen mit. Professor Becker ist zudem Mitglied im Kuratorium, Vorsitzender des Wirtschaftsbeirats und Wissenschaftlicher Leiter im CAMPUS OF EXCELLENCE, einer unter der Schirmherrschaft des Bundesbildungsministeriums stehenden Bildungsinitiative. Darüber hinaus hat er die Deutschlandrepräsentanz der schweizerischen Stiftungsinitiative „Lebenskonzept Unternehmertum" inne und ist Mitglied der Prüfungskommission der Wirtschaftsprüferkammer in Berlin. Des Weiteren ist er Gründungsgesellschafter und Beiratsvorsitzender der Scio GmbH, Erlangen. In diesem Kontext konnte er Erfahrungen als Gutachter, Berater, Trainer und Coach in unterschiedlichen Branchen des Sach- und Dienstleistungssektors gewinnen. Dazu zählen die Automobilwirtschaft, die Automobilzulieferwirtschaft, die Instandhaltungsindustrie, die Telekommunikationsbranche, die Anlagenbauindustrie, die Gas- und Wasserwirtschaft, die Verkehrs- und Logistikbranche, die medizintechnische Industrie, die Bau- und Wohnungswirtschaft, die optische Industrie, die Bank- und Versicherungswirtschaft.

Professor Becker ist Herausgeber mehrerer wissenschaftlicher Buchreihen. Neben über 70 wissenschaftlichen Aufsätzen und Beiträgen hat er zahlreiche Monogra- phien, Lehrbücher und Lehrmaterialien verfasst.

Professor Dr. habil. Patrick Ulrich ist Professor für Unternehmensführung und -kontrolle an der Hochschule Aalen, Technik und Wirtschaft und leitet das dortige Aalener Institut für Unternehmensführung (AAUF). Zudem ist er Privatdozent an der Otto-Friedrich-Universität Bamberg. Als Lehrbeauftragter ist er an den Universitäten Bamberg und Siegen, der WBA/GSO Aalen, der NORDAKADEMIE Elmshorn sowie der VWA Nürnberg tätig. Seine Promotion und Habilitation legte er im Bereich Unternehmensführung und Controlling an der Otto-Friedrich-Universität Bamberg ab. Er ist Herausgeber dreier Buchreihen und Autor von mehr als 200 referierten Veröffentlichungen. Seine Forschungsschwerpunkte bewegen sich in den Bereichen Controlling, Corporate Governance, Leadership und Geschäftsmodellinnovationen. Er ist als freiberuflicher Unternehmensberater tätig.

Dr. Tim Botzkowski ist wissenschaftlicher Mitarbeiter am Lehrstuhl für Unternehmensführung & Controlling an der Otto-Friedrich-Universität Bamberg. Er promovierte im Jahr 2017 an der Otto-Friedrich-Universität Bamberg zum Entscheidungsverhalten mittelständischer Unternehmen im Kontext von Digitalisierungsprozessen.

Alexandra Fibitz ist wissenschaftliche Mitarbeiterin am Aalener Institut für Unternehmensführung (AAUF). Zudem schreibt sie momentan unter der Betreuung von Prof. Dr. Patrick Ulrich ihre Dissertation zu den Erfolgswirkungen von Geschäftsmodellinnovationen an der Otto-Friedrich-Universität Bamberg. Ihre Forschungsschwerpunkte liegen in den Bereichen digitale Geschäftsmodelle, Geschäftsmodellinnovation und strategisches Management.

Meike Stradtmann ist wissenschaftliche Mitarbeiterin und Doktorandin am Lehrstuhl für Unternehmensführung & Controlling an der Otto-Friedrich-Universität Bamberg. Ihre Forschungsschwerpunkte liegen in den Bereichen digitale Geschäftsmodelle, Mittelstand und Wertschöpfungsnetzwerke.

Einführung

1

Die Zunahme stetig aufkommender Megatrends und die damit verbundene erhöhte Wettbewerbsdichte haben die Markt- und Branchenlandschaft in den letzten Jahren stark verändert. Dies ist unter anderem auf die zunehmende Nachfrage nach individualisierten Leistungen, der Fluidisierung von Branchengrenzen sowie der explosiven Entwicklung diverser Informations- und Kommunikationstechniken zurückzuführen, welche die Rahmenbedingungen für das wirtschaftliche Handeln von Unternehmen maßgeblich verändert haben. Der damit einhergehende zunehmende Konkurrenzdruck verlangt nach einem hohen Grad an Flexibilität und Anpassungsfähigkeit seitens der Unternehmen. Insbesondere mittlere Unternehmen sehen sich diesem Wettbewerbsdruck ausgesetzt und werden vor die Herausforderung gestellt, neue Wege der Differenzierung einzuschlagen, um überlebensfähig bleiben zu können (vgl. Eggers und Engelbrecht 2005, S. 1).

Als strategische Optionen bieten sich neben der Überlegung zur Auslagerung bestimmter Wertschöpfungsaktivitäten an externe Dritte gleichermaßen die Bildung unternehmensübergreifender Kooperationen an. Unter einer Kooperation ist in diesem Kontext eine auf freiwilliger Basis eingegangene zwischenbetriebliche Zusammenarbeit von mindestens zwei Unternehmen zu verstehen, wobei die rechtliche und wirtschaftliche Selbstständigkeit bewahrt wird. Die Zusammenarbeit kann sich auf einzelne Geschäftsbereiche oder auch Projekte fokussieren und somit verschiedenartige Ausprägungsformen annehmen (vgl. Frank 1994, S. 148; Picot et al. 1996, S. 279 f.). Der generelle Nutzengewinn und die Generierung neuer Wettbewerbsvorteile für beide Parteien stellen idealerweise das Ziel einer jeden Kooperation dar (vgl. Becker et al. 2011, S. 5). Durch das Eingehen von Kooperationen entsteht zudem das Potenzial, das eigene Geschäftsmodell im Sinne einer Geschäftsmodellinnovation partiell um- oder gänzlich neugestalten zu können (vgl. Zott et al. 2011, S. 1038).

© Springer Fachmedien Wiesbaden GmbH, ein Teil von Springer Nature 2018
W. Becker et al., *Kooperationen zwischen Mittelstand und Start-up-Unternehmen*,
Management und Controlling im Mittelstand,
https://doi.org/10.1007/978-3-658-19646-2_1

Kooperationen nehmen in mittelständischen Unternehmen eine immer wichtigere Rolle ein. Zusehends fokussieren sich Mittelständler auf ihre eigenen Kernkompetenzen und suchen infolgedessen gezielt nach Partnern, die ihr eigenes Leistungsspektrum, dem Komplementaritätsgedanken folgend, ausweiten oder ergänzen (vgl. Becker et al. 2011, S. 3 f.). Die Identifikation und Nutzung von Synergiepotenzialen im Rahmen der Partnerschaft werden dabei als entscheidende Quellen zur Generierung von Wettbewerbsvorteilen hervorgehoben (vgl. von der Oelsnitz 2003, S. 185 ff.). Demnach haben erfolgreiche Unternehmen bereits für sich erkannt, dass die Kooperationsformierungen eventuelle Größennachteile oder auch schwache Kapitalstrukturen kompensieren und das Leistungsvermögen bei interpartnerschaftlichen Zusammenarbeiten erhöhen können. Für die Zukunft ist, basierend auf den Prämissen der erhöhten Flexibilität und Geschwindigkeit, von einer zunehmenden Vernetzung von Unternehmen auszugehen (vgl. Eggers und Engelbrecht 2005, S. 2). Vor diesem Hintergrund ist zu vermuten, dass auch Kooperationen mit Start-up-Unternehmen einen entscheidenden Erfolgsfaktor für den Mittelstand darstellen.

Kooperationen sind sowohl im Mittelstand als auch in Großunternehmen keine Seltenheit mehr. Weniger weit verbreitet ist jedoch der Einblick in Kooperationen zwischen noch jungen, primär technologiespezialisierten Start-up-Unternehmen und etablierten Mittelständlern. Gegenwärtig zeigt besonders die Praxis eine grundlegende Bereitschaft seitens der Unternehmen mit technologieorientierten Start-up-Unternehmen zu kooperieren. Für Start-ups bietet sich dadurch unter anderem die Möglichkeit, den Einsatz ihrer Produkte zu testen und ersten Kundenkontakt aufzubauen (vgl. Bundesministerium für Wirtschaft und Energie 2014, S. 3).

Das Europäische Forschungsfeld für Angewandte Mittelstandsforschung (EFAM) an der Universität Bamberg und die Hochschule Aalen zielen mit diesem gemeinschaftlichen Forschungsprojekt darauf ab, die Erfolgsfaktoren, die sich speziell für den Mittelstand aus einer Kooperation mit Start-up-Unternehmen ergeben, zu eruieren. In diesem Kontext werden folgende Schwerpunkte untersucht:

• Art und Weise der Anbahnung und Initiierung von Kooperationen;
• Art und Weise der Durchführung von Kooperationen;
• Mögliche Ausstiegs-/Weiterführungsszenarien;
• Erfolgsbetrachtungen von Kooperationen;
• Auswirkungen auf das Geschäftsmodell;
• Neigungsverhalten gegenüber zukünftigen Kooperationsbildungen.

Besonderer Dank gilt den Unternehmensvertretern, die den Fragebogen beantwortet haben und den Experten, die mit ihrer Unterstützung dieses Forschungsprojekts einen Einblick in die praktische Ausprägung im Mittelstand gegeben und damit die vorliegende Untersuchung erst möglich gemacht haben. Bester Dank gilt schließlich auch den studentischen Mitarbeitern des Lehrstuhls für Unternehmensführung und Controlling und der Hochschule Aalen für ihre Ideen, Anregungen und Mithilfe bei der Auswertung, der Erhebung und Erstellung dieses Beitrags.

Wir hoffen, dass dieser Ergebnisbericht nicht nur aus Sicht der Forschung, sondern auch aus Sicht der Unternehmenspraxis wertvolle Einblicke in die Kooperationslandschaft zwischen mittelständischen und Start-up-Unternehmen ermöglicht.

Literatur

Becker, T., I. Dammer, J. Howaldt, S. Killich, und A. Loose. 2011. Netzwerke – praktikabel und zukunftsfähig. In *Netzwerkmanagement – Mit Kooperation zum Unternehmenserfolg*, Hrsg. T. Becker, I. Dammer, J. Howaldt, und A. Loose, 3. Aufl., 3–13. Heidelberg, Berlin: Springer Verlag.

Bundesministerium für Wirtschaft und Energie. 2014. *Neue Idee trifft unternehmerische Erfahrung – Kooperationen zwischen jungen und etablierten Unternehmen*. https://www.bmwi.de/Redaktion/DE/Downloads/E-Magazin/eMagazin-2014-06.pdf?__blob=publicationFile&v=10. Zugegriffen: 03. März 2017.

Eggers, T., und A. Engelbrecht. 2005. Kooperationen – Gründe und Typologisierung. In *Erfolgreich kooperieren: Best-Practice-Beispiele ausgezeichneter Zusammenarbeit*, Hrsg. H. P. Wiendahl, C. Carsten Dreher, und A. Engelbrecht, 1–12. Heidelberg: Physica-Verlag.

Frank, C. 1994. *Strategische Partnerschaften in mittelständischen Unternehmen*. Wiesbaden: Gabler Verlag.

von der Oelsnitz, D. 2003. Kooperationen: Entwicklung und Verknüpfung von Kernkompetenzen. In *Kooperationen, Allianzen und Netzwerke: Grundlagen – Ansätze – Perspektiven*, Hrsg. J. Zentes, B. Swoboda, und D. Morschett, 183–211. Wiesbaden: Gabler Verlag.

Picot, A., R. Reichwald, und R.T. Wigand. 1996. *Die grenzenlose Unternehmung – Information, Organisation und Management*. Wiesbaden: Gabler Verlag.

Zott, C., R. Amit, und L. Massa. 2011. The business model: Recent developments and future research. *Journal of Management* 37 (4): 1019–1041.

Executive Summary

2

Neben dem deutschen Mittelstand – der Garant für Erfolgsgeschichten – gibt es noch einen weiteren Betriebstypen in Deutschland, der immer weiter in den Fokus der Aufmerksamkeit rückt, nämlich den der sogenannten Start-up-Unternehmen, kurz Start-ups (vgl. Bundesministerium für Wirtschaft und Energie 2017a). Unterstellt man beiden Unternehmenstypen gewisse erfolgsförderliche Attribute, bleibt die Frage, wieso nicht die Vorteile beider Seiten genutzt und eine gemeinsame Zusammenarbeit angestrebt wird. Die Studie zum Thema Kooperationen zwischen Mittelständlern und Start-up-Unternehmen nimmt sich genau dieser Thematik an und zeigt den Prozess, die Auswirkungen und die Erfolgswirkungen dieser Art von Kooperation auf.

Mittelständische Unternehmen gelten schon lange als treibende Kraft der deutschen Wirtschaft und treten damit als wichtige Akteure auf dem Markt auf. Wie der Praxis und auch vielen aktuellen Studien zu entnehmen ist, können sich die deutschen Mittelständler dabei meist auf ihre traditionellen Erfolgsfaktoren verlassen, die sich bereits über eine lange Zeit hinweg bewährt haben. Dazu zählen nicht nur ein gutes Personal oder hervorragende Produkte, die aus einer starken Technologiebasis herrühren, sondern auch die langjährigen Beziehungen zu Partnern und Kunden (vgl. Bundesministerium für Wirtschaft und Energie 2017b). Start-up-Unternehmen hingegen, abgeleitet von dem amerikanischen Vorbild, gelten als junge, dynamische Unternehmen, die den Markt mit ihren neuen Technologien, Produkten oder komplett neuen Geschäftsmodellen revolutionieren (vgl. Bundesministerium für Wirtschaft und Energie 2017a; Kreutzer 2017, S. 54).

Getreu dem Motto „Nichts ist so beständig, wie der Wandel selbst" wirken Megatrends wie die Globalisierung oder Digitalisierung jedoch stark auf die momentane Wirtschaftslage ein und verleihen dieser damit zunehmende Dynamik und ein gestiegenes Konkurrenzdenken (vgl. Zollenkop und Lässig 2017, S. 60). Dabei bringt die Suche nach neuen Technologien und Arbeitsweisen die Unternehmen

© Springer Fachmedien Wiesbaden GmbH, ein Teil von Springer Nature 2018
W. Becker et al., *Kooperationen zwischen Mittelstand und Start-up-Unternehmen*,
Management und Controlling im Mittelstand,
https://doi.org/10.1007/978-3-658-19646-2_2

teilweise an ihre Grenzen oder lässt sie neue Wege finden, um der momentanen Lage Abhilfe zu schaffen. Dies bedingt eine extrinsische Bereitschaft, sich wandeln zu müssen oder sich den bestehenden Veränderungen zu adaptieren (vgl. Zollenkop und Lässig 2017, S. 60 ff.). Der Begriff der Geschäftsmodellinnovationen tritt dabei zunehmend in den Radar der Unternehmen (vgl. Zollenkop und Lässig 2017, S. 78; Demont und Paulus-Rohmer 2017, S. 108 f.; Chesbrough 2010, S. 355). Unter diesem Begriff lassen sich auch Kooperationen zwischen mittelständischen Unternehmen und Start-ups subsumieren.

Mit der hier dargelegten Studie soll diese Art der Zusammenarbeit zwischen Mittelständlern und Start-ups näher beleuchtet werden und Themenbereiche wie die Anbahnung und Findungsphase, der Ablaufprozess, die Kommunikation sowie die Erfolgswirkungen fokussiert werden. Der nachfolgende Bericht schafft damit die Verbindung zwischen Forschung und Praxis und dient somit beiden Bereichen einen Erkenntnisgewinn anzustreben. Die Ergebnisse der Studie basieren auf einer Onlinebefragung und persönlichen Interviews.

Grundsätzlich haben sowohl mittelständische Unternehmen als auch Start-ups die Notwendigkeit für Kooperationen erkannt und zeigen sich immer aufgeschlossener hinsichtlich der Thematik. Die Frage nach ersten Erfahrungen mit derartigen Kooperationen konnte die Hälfte der teilnehmenden Start-ups mit „Ja" beantworten, wohingegen die Mittelständler dies lediglich zu 20 Prozent bejahen. Die strategische Bedeutung wird von den beiden Partnern jedoch unterschiedlich eingestuft. Die Start-ups sehen die Kooperation als wichtigen Bestandteil ihres Kerngeschäftes, wohingegen die Mittelständler diese meist als Add-on betrachten, welche sinnvoll, jedoch nicht zwingend notwendig ist. Diese kleinen, aber wesentlichen Unterschiede werden innerhalb der gesamten Umfrage sichtbar. Die Anbahnungsphase, vertragliche Ausgestaltung sowie Art und Häufigkeit der Kommunikation findet je nach Betriebstyp zukünftigen Adaptionsbedarf. Zufrieden zeigen sich sowohl die Start-ups als auch die mittelständischen Unternehmen, wobei die Zufriedenheit mit 73 Prozent gegenüber 54 Prozent deutlich bei den befragten Mittelständlern zu sehen ist.

Letztlich zeigen die Ergebnisse ein spannendes und bedeutsames Thema auf, dass auch in Zukunft weiter forciert werden sollte. Zur Schaffung von mehr Effektivität und Effizienz bietet sich für ein allumfassendes Vorgehen ein aktives Kooperationsmanagement an, welches den Prozess der Kooperation begleitet (vgl. Ellerkmann 2011, S. 231). Nur so lassen sich gemeinsame Ziele vereinbaren, die dann in einem weiteren Schritt je nach individuellen Möglichkeiten verfolgt werden. Ausreichende und angemessene Kommunikation, der gegenseitige Austausch und ein balanciertes Miteinander dienen dabei als Treiber für mehr Transparenz und Erfolgsdenken.

Literatur

Bundesministerium für Wirtschaft und Energie. 2017a. *Existenzgründung – Motor für Wachstum und Wettbewerb*. http://www.bmwi.de/Redaktion/DE/Dossier/existenzgruendung.html. Zugegriffen: 12. Aug. 2017.

Bundesministerium für Wirtschaft und Energie. 2017b. *Erfolgsmodell Mittelstand*. http://www.bmwi.de/Redaktion/DE/Dossier/politik-fuer-den-mittelstand.html. Zugegriffen: 12. Aug. 2017.

Chesbrough, H. 2010. Business model innovation: Opportunities and barriers. *Long Range Planning* 43 (2–3): 354–363.

Demont, A., und D. Paulus-Rohmer. 2017. Industrie 4.0 – Geschäftsmodelle systematisch entwickeln. In *Digitale Transformation von Geschäftsmodellen: Grundlagen, Instrumente und Best Practices*, Hrsg. D. Schallmo, A. Rusnjak, J. Anzengruber, T. Werani, und M. Jünger, 97–126. Wiesbaden: Springer Gabler Verlag.

Ellerkmann, F. 2011. Logistik als Bindeglied in Produktionsnetzwerken. In *Netzwerkmanagement – Mit Kooperation zum Unternehmenserfolg*, Hrsg. T. Becker, I. Dammer, J. Howaldt, S. Killich, und A. Loose, 3. Aufl., 229–243. Heidelberg, Berlin: Springer Verlag.

Kreutzer, R. T. 2017. Treiber und Hintergründe der digitalen Transformation. In *Digitale Transformation von Geschäftsmodellen: Grundlagen, Instrumente und Best Practices*, Hrsg. D. Schallmo, A. Rusnjak, J. Anzengruber, T. Werani, und M. Jünger, 33–58. Wiesbaden: Springer Gabler Verlag.

Zollenkop, M., und R. Lässig. 2017. Digitalisierung im Industriegütergeschäft. In *Digitale Transformation von Geschäftsmodellen: Grundlagen, Instrumente und Best Practices*, Hrsg. D. Schallmo, A. Rusnjak, J. Anzengruber, T. Werani, und M. Jünger, 59–91. Wiesbaden: Springer Gabler Verlag.

Grundlagen

3

Für die Schaffung einer gemeinsamen Verständnisbasis für die nachfolgende Untersuchung werden in diesem Kapitel die Grundlagen erläutert. In diesem Kontext erfolgt zunächst eine intensive Auseinandersetzung mit dem Phänomen der Kooperationen. Neben der definitorischen Klärung des Begriffs, wird eine institutionenökonomische Einordnung von Kooperationen innerhalb der Markt-Hierarchie-Dichotomie vorgenommen. Darauf aufbauend werden unterschiedliche Systematisierungsansätze und Kooperationsmotive thematisiert. Weiteres Fundament für die nachfolgende empirische Untersuchung bildet die Eruierung des Kooperationsprozesses sowie die sich ergebenden kooperationsspezifischen Erfolgsfaktoren. Weiterer wesentlicher Bestandteil des Grundlagenkapitels bilden Geschäftsmodellinnovationen, die als Resultat von Kooperationsbildungen hervorgehen können. Als für diesen Beitrag fungierende Untersuchungsobjekte werden zuletzt die Unternehmenstypen von Start-up-Unternehmen sowie der Mittelstand sondiert voneinander betrachtet, woraus sich eine umfangreiche Verständnisbasis für diesen Beitrag ergibt.

3.1 Kooperationsbegriff und Definitionsansätze

In der Literatur hat sich bisher keine einheitliche Definition für den Kooperationsbegriff durchsetzen können (vgl. Mellewigt 2003, S. 8 ff.). Die Heterogenität existierender Definitionsansätze ist vor allem auf die Vielfältigkeit eingenommener Forschungsperspektiven bei der Verwendung des Begriffs zurückzuführen (vgl. Schilke 2007, S. 45 f.). Sowohl in der Wissenschaft als auch in der Praxis wird der Kooperationsterminus unspezifisch auf ein breites Beziehungsspektrum zwischen Unternehmen angewandt (vgl. Schilke 2007, S. 42).

© Springer Fachmedien Wiesbaden GmbH, ein Teil von Springer Nature 2018   9
W. Becker et al., *Kooperationen zwischen Mittelstand und Start-up-Unternehmen*,
Management und Controlling im Mittelstand,
https://doi.org/10.1007/978-3-658-19646-2_3

Teilweise wird eine synonyme Verwendung artverwandter Begriffe, wie etwa „Partnerschaft" oder „Allianz", vorgenommen, teilweise werden diese den Kooperationen untergeordnet. Zusätzlich ist die Verwendung anglo-amerikanischer Begriffe, wie z. B. „Joint Venture" oder „Collaboration partnership", deren Übersetzung ins Deutsche meist ungenügend ist, eine weit verbreitete Vorgehensweise. Dies führt zu zusätzlicher Verwirrung bei der Begriffsdeutung von „Kooperationen" (vgl. Müller-Stewens 1995, S. 2064; Kraege 1997, S. 49). Hieraus ergibt sich die Notwendigkeit, eine möglichst universal gültige Arbeitsdefinition für die Untersuchung abzuleiten.

Der begriffliche Ursprung leitet sich aus dem lateinischen Verb „cooperare" ab und lässt sich mit dem deutschen Verb „zusammenarbeiten" übersetzen. Diesbezüglich kann unter einer Kooperation grundsätzlich jede Art der Zusammenarbeit zwischen Unternehmen, Organisationen oder Personen verstanden werden (vgl. Smith et al. 1995, S. 10). Im Kontext dieser Forschungsarbeit wird unter Verwendung des Kooperationsbegriffs indes lediglich auf die partnerschaftliche Interaktion und die interorganisationale Zusammenarbeit zwischen Unternehmen verwiesen. Intraorganisationale Kooperationen werden nicht betrachtet. In Abb. 3.1 und 3.2 werden hierzu einige ausgewählte Definitionsansätze in chronologischer Reihenfolge aufgezeigt.

In der Literatur geht eine der frühesten Definitionen für den Begriff „Kooperation" zurück auf den Ansatz von Deutsch (1949), der im Wesentlichen der Kooperationsbeziehung eine „soziale Komponente" unterstellt. Das vorrangige Ziel ist es dabei, eine kooperative Situation zu schaffen, die die soziale Bindung der beiden Kooperationspartner stärkt und möglichst eine komplementäre Zielbeziehung schafft.

Bidlingmaier (1967) komplettiert die vormals genannte Definition durch die schriftliche Fixierung von Kooperationselementen. Dazu zählen z. B. die auf freiwilliger Basis getroffene Entscheidung zur Kooperation, die verbindliche Vereinbarung, geschlossen durch einen Vertrag sowie die erwartete Erfüllung von gemeinsamen Zielen. Hierbei stellt sich die übergreifende Bedeutung von Kooperationen heraus, indem ein höheres Maß der Zielerreichung zu erfüllen ist, als dies mit individuellen Mitteln möglich wäre (vgl. Bindlingmaier 1967, S. 353).

Zeitgleich implementiert Bott (1967) in seiner Definition ähnliche Grundsätze, jedoch mit der Ergänzung um die kartellrechtliche Beachtung von Handlungen. Die Aufgaben innerhalb der Kooperation müssen so aufgeteilt werden, dass beide Kooperationspartner gleichberechtigt agieren und es zu einer zweckmäßigen Zielerreichung kommt, jedoch muss das Ergebnis rechtlich bzw. im Speziellen kartellrechtlich unbedingt legitimiert werden (vgl. Bott 1967, S. 19).

Bezugnehmend auf die Definition von Harrigan (1988) lässt sich festhalten, dass auch im englischsprachigen Raum unter dem Begriff der Kooperation die

Übersicht ausgewählter Definitionsansätze

„Kooperation als soziale Beziehung, die zwischen den Zielen der Akteure in einer bestimmten sozialen Situation existiert. Dabei wird in kooperative und wettbewerbsorientierte Situationen unterschieden. In der kooperativen Situation sind die Ziele der Akteure positiv zueinander bezogen, während sie in der wettbewerbsorientierten Situation in einem negativen Zusammenhang zueinander stehen." (Spieß 2004, nach Deutsch 1949).

„[Kooperationen] lieg[en] immer dann vor, wenn zwei oder mehrere Unternehmungen aufgrund freiwilliger vertraglicher Abmachungen gewisse Aufgaben gemeinsam erfüllen in der Erwartung, hierdurch einen – gegenüber dem jeweils individuellen Vorgehen – höheren Grad der Zielerfüllung zu erreichen." (Bidlingmaier 1967, S. 353)

Ein auf einen gemeinsamen Zweck abgestelltes, kartellrechtlich erlaubtes Handeln bzw. Verhalten von mehreren voneinander unabhängigen Wirtschaftssubjekten, die direkt untereinander Verträge abschließen, wonach einzelne gleiche, sich ergänzende oder konträre Teilfunktionen aus dem unternehmerischen Gesamtbereich ausgegliedert werden, um sie koordiniert besser wahrnehmen zu können (vgl. Bott 1967, S. 19).

Auf freiwilligen, vertraglichen Vereinbarungen beruhende Zusammenarbeit mindestens zweier rechtlich und wirtschaftlich selbstständig bleibender Unternehmungen in bestimmten unternehmerischen Teilbereichen (vgl. Knoblich 1969, S. 501).

Zusammenlegung einzelner Unternehmensfunktionen zu dem Zweck, die Leistung der beteiligten Unternehmen zu steigern und dadurch deren Wettbewerbsfähigkeit zu verbessern (vgl. Benisch 1973, S. 67).

„Unter Kooperation wird eine auf stillschweigenden oder vertraglichen Vereinbarungen beruhende Zusammenarbeit zwischen rechtlich selbständigen und in den nicht von der Zusammenarbeit betroffenen Bereichen auch wirtschaftlich nicht voneinander abhängigen Unternehmungen verstanden." (Blohm 1980, S.1112)

"Joint Ventures are business agreements whereby two or more owners create a separate entity." (Harrigan 1988, S. 142.)

„A bilateral or multilateral relationship characterized by the commitment of two or more partner firms to a common goal." (Jorde und Teece 1992, S. 55)

Bewusste, explizit vereinbarte, jederzeit einseitig kündbare Zusammenarbeit zwischen Unternehmen (vgl. Rotering 1993, S. 13).

Abb. 3.1 Übersicht ausgewählter Definitionsansätze. (Eigene Darstellung)

Zusammenarbeit von mind. zwei unabhängigen Parteien mit einem übergeordneten Ziel verstanden wird (vgl. Harrigan 1988, S. 142).

Rotering (1993) baut in seinem Definitionsansatz noch die Sequenz mit ein, dass die Zusammenarbeit zu jeder Zeit von einem der Kooperationspartner kündbar ist (vgl. Rotering 1993, S. 13). Dies entspricht einer Art Ausstiegsszenario und bietet die Möglichkeit zur Beendigung der Kooperation, falls dies von einem der Partner gewünscht ist.

Die Definition von Semlinger (2006) fällt, im Vergleich zu allen anderen Definitionsansätzen, etwas aus der Reihe und geht weniger auf die standardisierten

Überblick ausgewählter Definitionsansätze (Fortsetzung)

Kooperationen entstehen, wenn zwei oder mehrere rechtlich selbstständige Unternehmen davon überzeugt sind, angestrebte Unternehmensziele mit einem oder mehreren Partnern zusammen besser verwirklichen zu können als ohne Kooperation. Die kooperierenden Unternehmen geben dabei partiell ihre Unabhängigkeit zugunsten eines koordinierten Verhaltens auf (vgl. Kutschker 1994, S. 124).

„[…] freiwillige Zusammenarbeit von rechtlich selbstständigen Unternehmen mit der Absicht, einen gegenüber dem jeweils individuellen Vorgehen höheren Grad der Zielerfüllung zu erreichen." (Rupprecht-Däullary 1994, S.18)

Auf freiwilliger Basis beruhende vertraglich geregelte Zusammenarbeit rechtlich und wirtschaftlich selbstständiger Unternehmen zum Zwecke der Steigerung ihrer Leistungsfähigkeit (vgl. Olesch 1995, S. 1274).

„Kooperation wird als unternehmerische Zusammenarbeit verstanden, mit dem Kennzeichen der Harmonisierung oder gemeinsamen Erfüllung von betrieblichen Aufgaben durch selbstständige Wirtschaftseinheiten." (Swoboda 2001, S. 298)

Kooperation [als dominantes Koordinationsmodell in Unternehmensnetzwerken] ist eine „relativ stabile Form der Interaktion, bei der die gegenseitige Verhaltens- und Erwartungsabstimmung durch ein nicht notwendigerweise symmetrisches Wechselspiel von Autonomie und Kontrolle (bounded autonomy) erfolgt." (Semlinger 2006, S. 67)

Zusammenarbeit, besonders auf politischem oder wirtschaftlichem Gebiet (vgl. Duden 2017).

Abb. 3.2   Fortsetzung Übersicht ausgewählter Definitionsansätze. (Eigene Darstellung)

Elemente einer Kooperation ein, sondern stellt vielmehr den Interaktionsspielraum und die Beziehung zwischen Autonomie und Kontrolle in den Vordergrund (vgl. Semlinger 2006). Dabei wird besonders der Aspekt betont, dass nicht immer ein ausgewogenes Autonomieverhältnis zwischen den Kooperationspartnern herrscht. Deshalb ist eine permanente Abstimmung und Re-Fokussierung auf die festgelegte Zielsetzung eine wichtige Kooperationskomponente.

Einen ähnlichen Gesichtspunkt äußert auch Kutschker (1994) in seiner Definition. Für die gemeinsame Zielerfüllung besteht die Möglichkeit, dass die Kooperationsunternehmen für die Erfüllung eines höheren Ziels kurzfristig ihre Unabhängigkeit aufgeben müssen. Dies ist aber nur der Fall, wenn dadurch Bestrebungen umgesetzt werden können, die alleine in der Form nicht erfüllt werden können.

Eine etwas modernere, aus dem Jahr 2001 stammende Definition von Swoboda nennt das erste Mal das „Kennzeichen der Harmonisierung" als explizites Kooperationselement und macht damit noch einmal die Bedeutung der Balance zwischen Kontrolle und wirtschaftlicher bzw. rechtlicher Autonomie deutlich (vgl. Zentes und Swoboda 2001, S. 298).

Abgeleitet aus den vielen unterschiedlichen Definitionsansätzen lässt sich subsumieren, dass neben der meistverbreiteten Verwendung als Bindeglied zwischen Markt und Hierarchie, Unternehmenskooperationen oftmals auch als eigenständige Strategie (vgl. Semlinger 2006), als strategischer Prozess (vgl. Nielsen 1988, S. 487) oder als Koordinationsmechanismus (vgl. Richardson 1972, S. 890) aufgefasst werden. Dies wiederum verdeutlicht die vielfältige, interdisziplinäre Nutzung des Begriffs. Im Kern beinhalten jedoch alle Definitionsansätze die Grundidee einer Kooperation, nämlich die Zusammenarbeit von mindestens zwei Kooperationspartnern mit der Hauptaufgabe einer gemeinsamen Zielerreichung. Somit können als konstitutive Merkmale von Kooperationen in der Literatur vor allem die rechtliche und weitestgehend wirtschaftliche Selbstständigkeit der jeweiligen Kooperationspartner sowie die auf freiwilliger Basis beruhende Zusammenarbeit angeführt werden (vgl. Picot et al. 1996, S. 279 f.; Kraege 1997, S. 57).

Diesem Konsens angelehnt soll unter einer Kooperation eine Form der freiwilligen zwischenbetrieblichen, zweckorientierten Zusammenarbeit von mindestens zwei Unternehmen, die sowohl rechtliche als auch weitestgehend wirtschaftliche Selbstständigkeit wahren, die der gemeinschaftlichen Erreichung eines oder mehrerer gemeinsam vordefinierter Ziele dient, verstanden werden (Definition in Anlehnung an Picot et al. 1996, S. 303; Frank 1994, S. 148; Picot et al. 1996, S. 279 sowie Hippe 1996, S. 24). Hieraus lässt sich jedoch noch keine konkrete Ausgestaltung dieser partnerschaftlichen Zusammenarbeit ableiten (vgl. Picot et al. 1996, S. 280).

Laut Hacker (1998) kann zwischen einer positiven als auch negativen Wirkung von Kooperationen unterschieden werden. Das kollektive Erleben von gemeinsam Erreichtem führt zu einem Anstieg der Leistungsfähigkeit und kann sich positiv auf beide selbstständig agierende Partner auswirken. Die gemeinsame Hilfeleistung beinhaltet somit einen verbindendes Momentum und kann als Vorlage für weitere Ziele innerhalb von Projekten dienen. Negativ kann die Kooperation jedoch aufgrund der hohen Belastung wirken, da mit der Kooperation oftmals ein hoher Koordinationsaufwand impliziert wird (vgl. Hacker 1998, S. 157).

3.2   Institutionenökonomische Einordnung von Kooperationen

Eine Präzision der eine Kooperation konstituierenden Merkmale erfolgt aus institutionenökonomischer Betrachtungsgrundlage zumeist im Vergleich zu den Koordinationsformen Markt und Hierarchie. Wenngleich Markt und Hierarchie dominierende Stellungen innerhalb organisationaler Gestaltungsmöglichkeiten einnehmen (vgl. Coase 1937, S. 388 f.), so gewinnen Kooperationen als hybride Koordinationsform innerhalb ebendieser Markt-Hierarchie-Dichotomie zunehmend an Bedeutung (vgl. Sydow und Möllering 2009, S. 27 ff.).

Die Unterscheidung zwischen den Koordinationsformen Markt und Hierarchie geht üblicherweise einher mit den Überlegungen der klassischen Make-or-buy Entscheidung zwischen Fremdbezug und Eigenfertigung (vgl. Sydow 1991, S. 14 f.; Picot et al. 1996, S. 275 f.). Als Ausgangspunkt und somit gleichzeitig als Erklärungsansatz für die Wahl einer ebendieser Koordinationsmöglichkeiten fungiert die Transaktionskostentheorie nach Williamson (1975, 1985), die im Ursprung auf den Arbeiten von Coase (1937) fußt. Williamson analysiert, unter welchen Prämissen die Transaktionskosten ökonomischer Aktivitäten in marktlichen oder hierarchischen Organisationsformen minimiert werden können und somit Eigen- oder Fremdfertigung vorzuziehen ist. Die hierin einbezogenen Parameter bilden mitunter die Unsicherheit, die Spezifität der Transaktion sowie die Häufigkeit der Ausführung der Transaktion (Williamson 1975, 1985).

Die marktliche Abwicklung repräsentiert den Fremdbezug vom Markt und wird idealtypisch über den Preis koordiniert. Die Koordination ergibt sich aus dem vorherrschenden Wettbewerb, dem individuellen, unternehmerischen Streben nach Gewinnmaximierung und Kostenminimierung sowie aus der auf Angebot und Nachfrage basierenden Preisfindung (vgl. Rief 2008, S. 96). Besonders charakteristisch ist dabei das jeder Partei unterstellte opportunistische Verhalten bei der Verfolgung individualisierter Unternehmensziele.

Die Festlegung der Transaktion erfolgt neben der Preissetzung durch die vertragliche Ausgestaltung der Austauschbeziehung. Die vertraglich festgelegten Kauf- oder Verkaufstransaktionen am Markt bedürfen üblicherweise keinerlei nachgelagerter Absprachen. Vielmehr handelt es sich um kurzfristige, standardisierte und somit unspezifische Aufgaben- bzw. Transaktionsabwicklungen. Diese lose Bindung begünstigt die Verfolgung des Eigeninteresses der Unternehmen, limitiert sich jedoch auf Standardtransaktionen (vgl. Hochstein und Winkler 2009, S. 607). Unter der Prämisse des Modells der vollkommenen Konkurrenz besteht in diesem Zusammenhang eine freie Wahlmöglichkeit zwischen potenziellen am Markt befindlichen Transaktionspartnern (vgl. Rief 2008, S. 96).

Der reziproke Informationsaustausch zwischen den Transaktionspartnern reglementiert sich über die fixe Transaktionsrelation untereinander. Folglich ist die Einflussnahme auf den jeweiligen Transaktionspartner beschränkt. Die Verfolgung gemeinsamer Ziele und Interessen steht hingegen ausdrücklich nicht im Fokus marktlicher Transaktionsabwicklungen (vgl. Sydow 1992, S. 246 f.; Schonert 2008, S. 81 f.; Powell 1990, S. 301 ff.). Vom klassischen Outsourcing grenzt sich der hier angesprochene Fremdbezug insofern ab, als dass das Outsourcing sich auf die Externalisierung vorherig in Eigenregie durchgeführter Aktivitäten bezieht (vgl. Mellewigt 2007, S. 1325). Im Sinne des Fremdbezuges muss die vom Markt bezogene Leistung allerdings nicht zwingend zuvor eigenständig vom Unternehmen erbracht worden sein.

Sind die unter marktlicher Koordination entstehenden Transaktionskosten allerdings zu hoch, empfiehlt es sich aus transaktionskostentheoretischer Perspektive die hierarchische Koordinationsform zu bevorzugen. Gründe hierfür können sich ebenfalls durch den Mangel eines geeigneten Transaktionspartners am Markt oder aber das Bestreben, die Transaktion eigenständig und autonom durchführen zu wollen, finden. Die Koordination über die Hierarchie stellt in diesem Kontext die Alternative der Eigenfertigung bzw. Selbsterstellung im Unternehmen dar. Die Leistungserstellung wird innerbetrieblich durchgeführt, sodass Macht, autoritative Weisungen, Routinen, oder auch interne Standardisierungsvorschriften und Richtlinien als wesentliche Steuerungsmechanismen fungieren (vgl. Sydow und Möllering 2009, S. 22).

Demnach wird die Eigenfertigung durch ex ante vordefinierte, organisatorische Regelungen sowie im Rahmen der in der Unternehmenskultur verankerten Werte und Normen aufgesetzt. Die jeweils vorgesetzten Mitarbeiter koordinieren die Selbsterstellung idealtypisch durch Weisungen nach dem top-down Prinzip, die sich sodann in spezifisch zu erbringende Leistungen konkretisieren (vgl. Sydow und Möllering 2009, S. 22). Innerhalb der hierarchischen Koordination wird folglich die Abhängigkeit von externen Marktakteuren zugunsten eines internen Kontroll- und Wissenserhalts substituiert (vgl. Schonert 2008, S. 82; Powell 1990, S. 301 ff.).

Die Trennung zwischen marktlicher und hierarchischer Koordinationsform unterliegt jedoch keiner eindeutigen Stringenz. Vielmehr bleibt zu evaluieren, wie sich der Anteil notwendiger marktlicher zu hierarchischer Koordination für jede Transaktion verhält (vgl. Picot 1982, S. 275). In diesem Kontext bilden insbesondere Kooperationen als Mischformen zwischen Markt und Hierarchie eine alternative Form der organisationalen Koordination. So synthetisiert Williamson basierend auf dem Vergleich der Eigenschaften zwischen Markt, Hierarchie und Kooperation, dass Kooperationen jeweils mittlere Ausprägungen der Koordinationsformen Markt und Hierarchie aufweisen und somit eine intermediäre bzw. hybride Form darstellen (vgl. Williamson 1991, S. 280 f.). Grundsätzlich decken Kooperationen demzufolge ein breites Spektrum möglicher institutioneller Arrangements zwischen den beiden Extrempolen Markt und Hierarchie ab, ohne jedoch die Koordination über Markt und Hierarchie gänzlich mit einzubinden. Stattdessen weisen Kooperationen vereinzelte Eigenschaften von Markt und Hierarchie in

mittlerer Ausprägungsform auf, sodass ebenfalls die Vorteile beider Koordinationsformen in der Organisationsstruktur nutzbar sind (vgl. Sydow 1991, S. 14 f.).
Demzufolge zeichnen sich Kooperationen durch einen gewissen Grad an Stabi-
lität (Hierarchienähe) bei gleichzeitiger Wahrung der Flexibilität (Marktnähe) aus.
Im Gegensatz zu einer rein marktlichen Koordinationsform wird das kompetitive
zugunsten eines kooperativen Verhaltens substituiert. Von der hierarchischen Koordinationsform grenzt sich die Kooperation indes durch die marktlich induzierte
Einsatzbereitschaft und Flexibilität der Partner ab (vgl. Siebert 2010, S. 9). Den
zentralen Steuerungsmechanismus kooperativer Zusammenarbeit bildet hingegen
das gegenseitige Vertrauen (Powell 1990, S. 305). Der Steuerungsmechanismus
über das Vertrauen begründet sich insbesondere dadurch, dass die Partner teilweise
riskante Vorleistungen zu erbringen haben, ohne dass direkte Sanktionsmaßnah-
men wie bei der Eigenfertigung greifen, oder etwa Detailinformationen sowie
Zusicherungen über die zu erwartende Gegenleistung, wie etwa beim Fremdbezug,
vorliegen (vgl. Bach et al. 2003, S. 3 f.).

Aus funktionaler Perspektive können sich Unternehmen in diesem Kontext auf
unterschiedlichen Wegen von den Koordinationsmechanismen Markt oder Hierarchie entkoppeln und in der kooperativen Organisationsform münden. Werden
bisher über den Markt abgewickelte Funktionen intern im Unternehmen durchgeführt, ist dies Ausdruck einer Funktionsinternalisierung. Analog besteht die
Möglichkeit, vorherig in Eigenregie durchgeführte Aktivitäten im Sinne einer
Funktionsexternalisierung auszugliedern und stattdessen vom Markt zu beziehen
(vgl. Sydow 1991, S. 16).

Sofern die Internalisierung wie auch die Externalisierung der Funktionen nicht
in Gänze verfolgt werden, sodass kein gegenseitiger Austausch zwischen den
beiden Koordinationsformen entsteht, findet der Begriff der Quasi-Internalisierung
bzw. Quasi-Externalisierung Anwendung. Die ökonomischen Aktivitäten werden
sodann in einem Kontinuum zwischen Markt und Hierarchie erbracht, was auf die
partnerschaftliche Zusammenarbeit zur Erfüllung der Funktionen hindeutet (vgl.
Sydow 1991, S. 16). Die vielfältigen kooperativen Organisationsformen können
dabei unterschiedlich hohe Grade an Quasi-Externalisierung sowie Quasi-Internalisierung aufweisen, weshalb sich ein breites Spektrum möglicher kooperativer
Organisationsformen im Kontinuum zwischen den Extrema Markt und Hierarchie
verorten lässt (siehe Abb. 3.3) (vgl. Rupprecht-Däullary 1994, S. 7 ff.).

Es bleibt darauf hinzuweisen, dass die hier aufgezeigte institutionenökonomische Einordnung von Kooperation in der Literatur unterschiedlich vorgenommen
wird. Eine alternative Argumentationsgrundlage findet sich beispielsweise bei
Powell, der Kooperationen nicht als hybride oder intermediäre, sondern als iso-
liert zu betrachtende, eigenständige Koordinationsform identifiziert. Dies führt

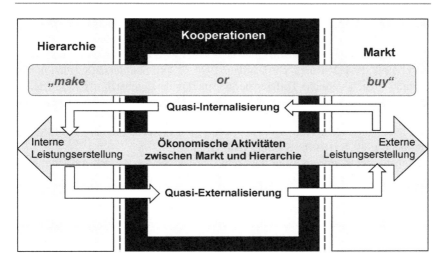

Abb. 3.3   Auf dem Weg zur Kooperation. (Eigene Darstellung)

er auf die Reziprozität des gegenseitigen Austauschs zurück, was auf eine iso-
liert zu betrachtende Organisationsform hindeutet (vgl. Powell 1990, S. 298 ff.).
Kritik gegenüber der Einteilung als Hybridform wird unter anderem dahingehend geäußert, dass sich die den Kooperationen konstituierenden Merkmale nur
bedingt durch die Markt-Hierarchie-dichotomische Betrachtung erklären lassen
(vgl. Hakansson und Johanson 1988). Nichtsdestotrotz dominiert in der Literatur die Position, Netzwerke als Hybridform zwischen Markt und Hierarchie
anzusiedeln (vgl. Klein 1996, S. 89), was zugleich Verständnisgrundlage dieses
Beitrags bildet.

Demzufolge können Kooperationen im Rahmen dieser Markt-Hierarchie-Dichotomie Betrachtung, in der sich Kooperationen bewegen, ein breites Spektrum
verschiedenartiger Ausprägungen annehmen (vgl. Sydow 1991, S. 15). Diesbezüglich ergibt sich die Notwendigkeit der Systematisierung von Kooperationen.

3.3   Systematisierungen von Kooperationen

Die vorherigen Ausführungen implizieren bereits, dass Kooperationen zahlreiche,
verschiedenartige Ausprägungen annehmen können. Angesichts der Vielzahl realer
Gestaltungsmöglichkeiten wird in der Literatur bewusst auf die umfangreiche

Typisierung sämtlicher, möglicher Formen zwischenbetrieblicher Zusammenarbeit verzichtet, da die Reduktion dieser Variationsmöglichkeiten grundsätzlich als nicht zielführend und wenig sinnvoll erachtet wird (vgl. Reichwald und Rupprecht 1992, S. 411; Rupprecht-Däullary 1994, S. 18). Stattdessen werden in der Literatur unterschiedliche Differenzierungsmerkmale zugunsten der Möglichkeit zur Systematisierung von Kooperationen herangezogen, die grundlegende, potenzielle Ausgestaltungsmöglichkeiten anhand vordefinierter, dimensionierter Merkmale aufzeigen, wie in Abb. 3.4 ersichtlich (vgl. Rupprecht-Däullary 1994, S. 18; Düttmann 1989, S. 103 ff.; Boehme 1986, S. 32 ff.).

Anhand der Zeitdauer kann unterschieden werden, ob es sich um eine temporäre oder zeitlich unbegrenzte Zusammenarbeit handelt. Die Richtung bzw. die Anzahl involvierter Wirtschaftsstufen fungieren ebenfalls als mögliche Kategorisierungsgrundlagen.

Während sich vertikale Kooperationen auf die partnerschaftliche Zusammenarbeit zwischen Unternehmen derselben Branche aufeinanderfolgender Wertschöpfungsstufen beziehen, forcieren horizontale Kooperationen Partnerschaftsformierungen zwischen Unternehmen derselben Branche und Wertschöpfungsstufe. Kooperationen zwischen Unternehmen verschiedener Branchen agierend auf unterschiedlichen Wertschöpfungsebenen werden indes als diagonal charakterisiert

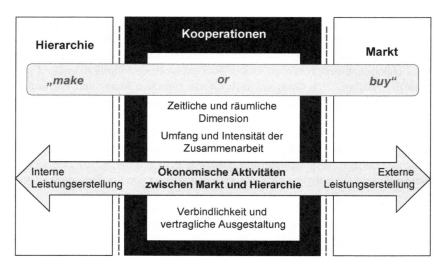

Abb. 3.4 Systematisierung von Kooperationen innerhalb der Markt-Hierarchie-Dichotomie. (Eigene Darstellung)

(vgl. Picot et al. 1996, S. 281). Diagonale Kooperationen begründen sich zumeist
auf für beide Partner realisierbaren Kostenvorteilen (vgl. Killich 2011, S. 18) und
werden mitunter auch als laterale Kooperationsformierungen betitelt (vgl. Rupprecht-Däullary 1994, S. 20).

Die räumliche Betrachtungsebene lässt ebenfalls eine Systematisierung der
Kooperationslandschaft zu, sodass eine Unterteilung in lokale, regionale, nationale,
internationale oder globale Zusammenarbeit möglich ist (vgl. Picot et al. 1996,
S. 281). In unmittelbarer nachbarschaftlicher Nähe angesiedelte Kooperationspartner deuten auf eine lokale Kooperation hin. Länderübergreifende Kooperationen
werden hingegen als global charakterisiert. Die räumliche Kooperationsreichweite
lässt mitunter Rückschluss auf die dahinterliegenden Kooperationsmotive zu. Insbesondere lokale oder regionale Kooperationen zielen demnach auf die synerge-
tische Nutzung von speziell standortgebundenen Ressourcen ab. Im Gegensatz
fokussieren sich globale Kooperationen auf standortunabhängige Ressourcen (vgl.
Killich 2011, S. 19).

Zudem ist der Umfang gemessen an den involvierten Bereichen der kooperativen Zusammenarbeit als Systematisierungsmerkmal anzuführen. Dabei kann sich
die Zusammenarbeit auf einzelne oder alle betrieblichen Funktionen erstrecken.
Sofern einzelne Bereiche Gegenstand der Kooperation bilden, ist eine Differenzierung hinsichtlich funktionaler Kooperationen möglich (vgl. Picot et al. 1996,
S. 281). Prinzipiell kann eine Kooperation jeden unternehmerischen Funktionsbe-
reich abdecken. Liegt etwa eine vertragliche Ausgestaltung der Ein- und Ausgangs-
logistik zwischen den Partnerunternehmen vor, so erfolgt die Charakterisierung
als logistische Kooperation. Kooperationen im Bereich des Marketings hingegen
beschränken sich auf die Zusammenarbeit hinsichtlich des Vertriebs, des Kunden-
dienstes und ausgewählter oder sämtlicher Marketingaktivitäten. Zur Stärkung der
Innovationsfähigkeit ist zudem die gemeinsame Durchführung von Forschungs-
und Entwicklungsaktivitäten denkbar. Im Rahmen einer solchen Technologieko-
operation bilden die Partnerunternehmen Synergieeffekte zur Erforschung und
Nutzung neuer Technologien (vgl. Picot et al. 1996, S. 281). Grundsätzlich gibt es
keine Einschränkung hinsichtlich der Anzahl involvierter Unternehmensbereiche
innerhalb einer Kooperation. Die Zusammenarbeit kann sich demnach sowohl auf
nur einen funktionalen Bereich beziehen, als auch mehrere Bereiche direkt umfassen (vgl. Rupprecht-Däullary 1994, S. 19).

In diesem Zusammenhang ist die Intensität und Verbindlichkeit, mit der die
Zusammenarbeit jeweils betrieben wird, zu betrachten. Hierbei ist entscheidend, ob
lediglich Absprachen getroffen werden, ein gemeinsamer Vertrag geschlossen wird
oder gar eine Kapitalbeteiligung erfolgt. Sofern die Zusammenarbeit auf einem
kodifizierten Fundament basiert, wird zumeist ein schriftlicher Vertrag aufgesetzt.

Innerhalb austauchvertraglicher Kooperationen bilden die zu erbringende Leistungen, explizite Rechte und Pflichten sowie aus den Zieldimensionen abgeleitete, konkretisierte Ergebnisse den Gegenstand des gegenseitigen Austausches. Mündliche Absprachen können zusätzlich getroffen werden, um weiterführende inhaltliche und zeitliche Regularien festzulegen (vgl. Rupprecht-Däullary 1994, S. 23).

Wird auf die vertragliche Ausgestaltung der kooperativen Zusammenarbeit verzichtet, wird das Verhalten der Parteien vom Werteverständnis, dem Rechtssystem sowie ggf. sozialen Regeln gelenkt (vgl. Rupprecht-Däullary 1994, S. 23). Der Verzicht auf die vertragliche Verschriftlichung der Zusammenarbeit deutet indes darauf hin, dass rechtliche Ansprüche und Verpflichtungen zwischen den Partnerunternehmen bewusst umgangen werden. Dies wäre bei einem losen Erfahrungs- und Wissensaustausch denkbar, oder auch im Rahmen von unverbindlichen Empfehlungen, die gegenüber einer externen Partei ausgesprochen werden (vgl. Rupprecht-Däullary 1994, S. 23). Aufgrund der Schwierigkeit, die Existenz von nicht-vertraglichen Kooperationsformen nachzuweisen, ist gleichzeitig die Intention der expliziten Zusammenarbeit oftmals nicht ersichtlich. Nichtsdestotrotz können auch Kooperationen ohne rechtsverbindliche Verschriftlichungen eine funktionierende Art der Zusammenarbeit darstellen, weshalb sie in der Literatur nicht unberücksichtigt bleiben (vgl. Reichwald und Rupprecht 1992, S. 412).

Entsprechend dieser und weiterer Kriterien können diverse Kooperationsformen ermittelt werden (vgl. Killich 2011, S. 13 ff.; Picot et al. 1996, S. 281), wobei eine kurze Abgrenzung der gängigsten in der Literatur aufgeführten Kooperationsformen im Folgenden dargeboten wird.

Die Interessengemeinschaft vertritt und setzt die gemeinsamen Interessen von mehreren Unternehmen durch, bspw. indem sie als gemeinsamer Vertrieb oder Einkauf auftritt. Exemplarisch lässt sich in diesem Kontext der Verbund innovativer Automobilzulieferer anführen, der unterschiedliche Ressourcen im Einkauf speziell für Automobilzulieferer bündelt und offeriert. Dadurch können Skaleneffekte erzielt werden, wodurch wiederum der Einkaufspreis sinkt (vgl. Killich 2011, S. 14).

Franchising ist ein Vertriebssystem, bei welchem der Franchisegeber sein Geschäftskonzept bzw. Produktrechte einem anderen Unternehmen, dem Franchisenehmer, zur Verfügung stellt. Im Gegenzug vertreibt der Franchisenehmer nicht nur die Produkte, sondern übernimmt weitere organisatorische Leistungen des Franchisegebers, wie bspw. dessen Marketingkonzept. Beide Unternehmen bleiben rechtlich und wirtschaftlich selbstständig (vgl. Hagenhoff 2004, S. 22). Das Franchising-System kann sich demnach sowohl auf die Vermarktung von Produkten und Dienstleistungen als auch auf spezifische Technologien fokussieren (vgl. Killich 2011, S. 14).

Das Konsortium bildet eine weitere Form unternehmerischer Zusammenarbeit. Hierbei schließen sich Unternehmen auf befristete Zeit zu einer Arbeitsgemeinschaft zusammen, um gemeinsam ein oder mehrere Projekte zu realisieren. Ein prominentes Exempel stellt das Bankenkonsortium dar, bei dem mehrere Kreditinstitute ein Bündnis eingehen, um etwa Großprojekte zu finanzieren. Neben der gestiegenen Kreditkraft im Verbund ist ebenfalls die Streuung des Risikos auf diverse Kapitalgeber ein wesentlicher Vorteil im Bankenkonsortium (vgl. Sydow 1991, S. 21).

Ein Kartell zielt im Gegensatz zu einem Konsortium darauf ab, eine marktdominierende Stellung einzunehmen. Diese Art des Verbunds rechtlich selbstständiger Unternehmen ist allerdings nur in Spezialformierungen geduldet, zumal die Intention eines Kartells zumeist mit einer Wettbewerbsbeschränkung einhergeht (vgl. Sydow 1991, S. 21), die durch die Festlegung von Preisen oder Produktionsvolumina erzielt wird (vgl. Hasse 2010, S. 101). Kartelle, die jedoch keine wesentlichen Auswirkungen auf den am Markt herrschenden Wettbewerb haben, sind laut des Gesetzes gegen Wettbewerbsbeschränkung (GWB) erlaubt (vgl. Sydow 1991, S. 21). Unter kartellrechtlichen Rahmenbedingungen werden jedoch wettbewerbseinschränkende Absprachen vom Bundeskartellamt ausdrücklich untersagt.

Die virtuelle Organisation entsteht durch die virtuelle (zumeist online basierte) Vereinigung mehrerer, rechtlich selbstständiger Kooperationspartner. Das virtuelle Unternehmen tritt gegenüber Dritten als eigenständiges Unternehmen auf, sodass die einzelnen Firmennamen nicht transparent sind. Die partizipierenden Unternehmen verstehen sich indes als Teil des virtuellen Unternehmens (vgl. Wöhe und Döhring 2002, S. 302 ff.). Virtuelle Organisationen kennzeichnen sich durch den Einsatz von Informations- und Kommunikationstechnologien, der maßgeblich das Gelingen dieser Kooperationsform determiniert sowie das hohe Maß an Vertrauen zwischen den einzelnen Unternehmen. Zumeist wird den virtuellen Organisationen ein „Missions-Charakter" unterstellt, sodass die Vereinigung zeitlich befristet ist und einer klaren Zielsetzung folgt (vgl. von Kortzfleisch 1999, S. 678).

Gründen hingegen mehrere Unternehmen gemeinsam ein rechtlich selbständiges Unternehmen, so wird diese Art des Zusammenschlusses als Joint Venture bezeichnet. Die Kooperationspartner bringen unterschiedliche Ressourcen ein und sind meist zu gleichen Teilen am gemeinschaftlichen Unternehmen beteiligt (vgl. Wöhe und Döhring 2002, S. 302 ff.).

Bleiben die Eigentumsrechte innerhalb eines Zusammenschlusses jedoch unberührt, so wird oftmals der Begriff der strategischen Allianz angeführt. Strategische Allianzen kennzeichnen sich dadurch, dass mindestens eines der beteiligten Unternehmen durch die kooperative Zusammenarbeit Wettbewerbsvorteile erzielt. Der Wettbewerbsvorteil kann als Resultat wertschaffender und nutzbarer

Synergieeffekte erzielt werden, wobei sich idealerweise für beide Unternehmen die individuellen Schwächen durch die jeweiligen Stärken des Kooperationsunternehmens kompensieren lassen. Zahlreiche vertragliche Formen der Kooperation lassen sich somit unter dem Begriff der strategischen Allianz subsumieren, wobei die strategische Allianz ebenfalls eine Vorstufe oder aber Ausdruck einer Präferenz gegenüber der Unternehmensübernahme repräsentieren kann. So sind strategische Allianzen sowohl auf horizontaler Ebene zwischen direkt konkurrierenden Unternehmen als auch auf vertikaler Ebene zwischen Unternehmen vor- und nachgelagerter Wertschöpfungsstufen denkbar. Die rechtlich selbstständigen Partner wahren zwar ihre rechtliche Selbstständigkeit, jedoch kann die strategische Relevanz dieses Zusammenschlusses in einer erhöhten wirtschaftlichen Verflechtung münden, weswegen die Unternehmen wirtschaftlich nicht mehr vollständig unabhängig bleiben (vgl. Sydow 1991, S. 17 ff.).

Anhand der Ausführungen wird deutlich, dass die Kooperationslandschaft sehr breit gefasst ist und von den hier erläuterten Systematisierungsdimensionen sowie Kooperationsformen keinesfalls vollständig abgedeckt werden kann. Das diesem Beitrag zugrundeliegende Verständnis von Kooperationen zielt darauf ab, einen möglichst generischen Ansatz für die nachfolgende empirische Untersuchung darzulegen, weshalb sämtliche obig angesprochene Aspekte im Rahmen des Forschungsvorhabens Berücksichtigung finden sollen.

3.4   Kooperationsmotive und -ziele

In der Literatur lassen sich, basierend auf den Überlegungen der Netzwerkforschung, eine Vielzahl an Gründen finden, weshalb Unternehmen Kooperationen eingehen. Den Ausführungen von Friese (1998) zur Folge besteht eine hierarchische Abstufung unter den Motiven zur Kooperation, wobei das übergeordnete Motiv dem der Erzielung von Wettbewerbsvorteilen entspricht (vgl. Friese, 1998, S. 120). Bereits an dieser Stelle ist erkennbar, dass die Motive und die Bereitschaft für eine Kooperation stark mit den Zielvorstellungen verknüpft sind. Oftmals werden multiple Motive als relevant erachtet, um mit einem oder mehreren Partnern zusammenzuarbeiten. Grundsätzlich gilt jedoch der Zugang zu Ressourcen und Kompetenzen, wie bspw. der Zugang zu Technologien, Personal, Kapital oder Wissen des Partners, als Hauptmotiv, wiederum mit der Zielfestlegung, daraus Wettbewerbsvorteile zu generieren (vgl. Gerybadze 2005, S. 159.). Grundsätzlich lassen sich im Hinblick auf die Beziehung von Kompetenzen mehrere Arten unterscheiden, wobei im vorliegenden Fall eine komplementäre Beziehung für den Kooperationserfolg von größtem Nutzen ist. Sobald ein Kooperationspartner die

Ressourcenlücken des anderen Partners mithilfe eigener Ressourcen und Kompetenzen zu schließen vermag, nennt man dies eine Closing-Gap-Allianz (vgl. Porter und Fuller, 1989). Um diesen Zustand zu erreichen, ist eine ausreichende Partnerselektion im Rahmen der Kooperationsvorbereitung notwendig, die die strategische Ausrichtung der Kooperation deutlich beeinflussen kann (vgl. Hagenhoff 2004, S. 70). Mithilfe dieser Ressourcenkombination lassen sich für beide Kooperationspartner wertvolle Lerneffekte erzielen (vgl. Hagenhoff 2004, S. 70 f.).

Nach Fischer (2006) ist ein wichtiges Kriterium für die Umsetzung von Kooperationen das steigende Level der Netzwerkinformation. Handelt es sich anfänglich zunächst um eine Anbahnungsphase der beiden Partner, geprägt von Kennenlernen, Kommunikation und detaillierter Abstimmung, so nimmt die Informationsdichte im Laufe der Kooperation stetig zu (vgl. Fischer 2006, S. 86 ff.). Das Zusammenwirken beider Partner führt dazu, dass mehr relevante Informationen generiert und kommuniziert werden können, was wiederum für beide Partner einen wirtschaftlichen Vorteil möglich macht. Informationen gelten in einer zunehmend dynamischen und schnelllebigen Welt vermehrt als eine der wichtigsten Unternehmensressourcen und Grundlage für die Umsetzung von Wettbewerbsvorteilen (vgl. hier und im Folgenden Westerbarkey 2004, S. 194). Je mehr daher die Ressource „Information" in den Vordergrund rückt, desto bedeutender wird sie für die strategische Ausrichtung der Kooperation. Zusätzlich wird davon ausgegangen, dass nicht nur die Informationsmenge im Zeitablauf und mit Fortschreiten der Kooperation ansteigt, sondern auch die strategische Bedeutung der Informationen mit Zunahme der Kooperationsanstrengungen (vgl. Fischer 2006, S. 247 und 123 ff.) Das nähere Kennenlernen dient nebenbei auch dazu, das Know-How des Partners richtig analysieren und einschätzen zu können und sich somit ein realistisches Bild über dessen Expertise machen zu können (vgl. Westerbarkey 2004, S. 194).

Ein weiteres nicht zu unterschätzendes Motiv ist der Aufbau einer Vertrauensbasis innerhalb des Partnernetzwerks (vgl. Hagenhoff 2004, S. 70 f.). Dieser Austausch ist meist nur dann denkbar und realisierbar, wenn das Vertrauen in den jeweiligen Kooperationspartner groß genug ist, um daraus Vorteile zu ziehen. Ein hoher Grad an Vertrauen wird meist mit einem deutlich verminderten Risiko des Scheiterns verbunden und kann ggf. dazu beitragen, beide Partner für die gemeinsame Zielerreichung vorzubereiten. Dieses entgegengebrachte Vertrauen ist Gegenstand von Transparenz und legt die Ernsthaftigkeit der Kooperationsentscheidung offen (vgl. Hagenhoff 2004, S. 70 f.) Die eben erwähnte Transparenz wird auch in Hinblick auf die Vereinbarkeit von Unternehmenskulturen deutlich. Kooperationsmotive können zudem in der Erforschung von Kulturdifferenzen liegen, die ggf. Schwachstellen in der eigenen Unternehmenskultur aufzeigen. Mögliche

Maßnahmen, die innerhalb der Kooperation getroffen werden können, sind z. B.
die Realisierung von Lerneffekten (vgl. Hagenhoff 2004, S. 70).

Des Weiteren stellen Kostensenkungen ein wichtiges Motiv für die Kooperationsentscheidung dar. Synergieeffekte, die durch die Bündelung von Aktivitäten
und einer Straffung bzw. Optimierung von Prozessen entstehen können, bergen
enormes Einsparungspotenzial auf der Kostenseite der Unternehmen (vgl. Rupprecht-Däullary 1994, S. 33 f.). Gleichermaßen können sich kooperationsbedingte
Vorteile hinsichtlich zeitlicher Aspekte ergeben, die sich etwa durch schnellere
Reaktionsgeschwindigkeiten bei veränderten Gegebenheiten ausdrücken (vgl.
Freitag 1998, S. 3). Westerbarkey (2004) sagt in diesem Zusammenhang aus,
dass die gemeinschaftliche Zusammenarbeit innerhalb einer Kooperation deutlich
effektiver ist als die individuelle, alleinige Zielerreichung (vgl. Westerbarkey 2004,
S. 192). Neben der Überwindung von Marktbarrieren und der Erschließung neuer
Märkte können in Bezug auf den Faktor Markt die Verhinderung oder Einschränkung des Wettbewerbs sowie die Durchsetzung eines Industriestandards Beweg-
gründe repräsentieren (vgl. Nickel 2008, S. 25).

Neben dem eben genannten Zeitvorsprung ist der damit einhergehende Technologietransfer ein weiterer Beweggrund um eine Kooperation einzugehen. Durch
die Vereinbarkeit der Ressourcen und den Austausch an Know-How ist ein deutlich
gestiegener Zeitvorteil im Sinne des „Time-to-market" ersichtlich. Daraus ergibt
sich ein weiterer wesentlicher Kooperationstreiber, nämlich die Risikoteilung/-re-
duktion sowie Motive zur Risikoabsicherung, Schutz vor einer Übernahme oder
Risikopooling (vgl. Hagenhoff 2004, S. 22 ff.).

Bezogen auf den in dieser Studie näher zu beleuchteten Sachverhalt der Kooperation zwischen Mittelständlern und Start-up-Unternehmen lässt sich postulieren,
dass der Technologietransfer seitens der Start-up-Unternehmen ein wichtiges Motiv
für die Kooperationsentscheidung ist. Die oftmals rigiden Strukturen der Mittelständler verlangen nach innovativen, hochtechnologischen Lösungen, welche von
den neuen, dynamischen Start-up-Unternehmen meist erfüllt werden können. Im
Umkehrschluss sind die Motive der Start-up-Unternehmen meist der hohe Lern-
effekt und der Zugewinn an Erfahrung von den bestehenden Mittelständlern sowie
die Unterstützung mit finanziellen, und organisationalen Ressourcen.

3.5   Kooperationsprozess

Trotz einer gegenwärtig noch sehr schwachen Datenbasis für Unternehmenskooperationen wird mehrheitlich davon ausgegangen, dass ein deutlich steigen-
der Anteil der Umsätze direkt auf Unternehmenskooperationen zurückzuführen ist (vgl. Jansen 2016, S. 217). Aufgrund der zunehmenden Bedeutung von

Unternehmenskooperationen drängt zugleich die Frage nach dem Kooperationsprozess in den Fokus des Interesses (vgl. Howaldt und Ellerkmann 2011, S. 23). Im vorliegenden Beitrag wird grundsätzlich davon ausgegangen, dass Unternehmenskooperationen verschiedene Lebenszyklusphasen durchlaufen. Die einzelnen Phasen bedürfen daher einer kurzen Charakterisierung.

Phase 1: Anbahnung/Initiierung Im Rahmen der Anbahnung/Initiierung werden zunächst Kooperationspotenziale ermittelt und mögliche Wertsteigerungspotenziale durch Unternehmenskooperationen beurteilt. Im Anschluss erfolgt die Suche nach einem geeigneten Kooperationspartner und die Realisierung von Wertsteigerungspotenzialen (vgl. Jansen 2016, S. 248). Im Zusammenhang mit der Suche nach einem geeigneten Kooperationspartner ist einerseits von Interesse, wie Unternehmen auf einen Kooperationspartner aufmerksam werden (z. B. Messen, Intermediäre, persönliche Kontakte etc.) und andererseits, wie die Anbahnung konkret erfolgt (z. B. durch eine direkte Anfrage, durch Mitgliedschaften, Ausschreibungen etc.).

Phase 2: Durchführung In der Phase der Durchführung erfolgt, im Anschluss an die Auswahl eines Kooperationspartners, die Konfiguration der Unternehmenskooperation. Die Konfiguration der Unternehmenskooperation beinhaltet rechtliche und betriebswirtschaftliche Aspekte. Hinsichtlich der rechtlichen Aspekte geht es insbesondere um die Entwicklung eines Kooperationsvertrags, der Rechte und Pflichten der jeweiligen Unternehmen festlegt. Im Rahmen der betriebswirtschaftlichen Aspekte geht es insbesondere um die Bestimmung des Kooperationsfelds und der Bindungsintensität (vgl. Jansen 2016, S. 248).

Phase 3: Ausstiegs-/Fortsetzungsszenarien Schwerpunkt der dritten Phasen sind mögliche Ausstiegs-/Fortsetzungsszenarien. Die Kooperationspartner sollten sich in diesem Zusammenhang zunächst grundlegend mit der Frage auseinandersetzen, welches Szenario für die Kooperation am zweckorientiertesten ist, also ein Ausstieg oder eine Fortsetzung. Im Falle eines Ausstieges sind verschiedene Varianten denkbar, bspw. mündliche Beendigung der Kooperation, Beendigung gemäß Vertragsfrist, Fusion mit Start-up- Unternehmen oder aber die Übernahme des Kooperationsunternehmens. Im Falle einer Fortsetzung sind ebenfalls unterschiedliche Varianten denkbar, bspw. eine langfristige, strategische Zusammenarbeit (z. B. Joint Venture, etc.).

Phase 4: Erfolgsbeurteilung In der vierten Phase wird idealtypisch eine Erfolgsbeurteilung durchgeführt. Die Evaluation einer Kooperation ist ein oftmals vernachlässigter, aber elementarer Bestandteil einer Kooperation (vgl. Howaldt und

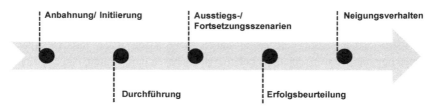

Abb. 3.5 Der Kooperationsprozess. (Eigene Darstellung)

Ellerkmann 2011, S. 30). Im Zuge der Erfolgsbeurteilung geht es insbesondere darum, die Zielwirksamkeit der Unternehmenskooperation zu analysieren. Sofern eine aussagekräftige (quantitative) Analyse der Zielwirksamkeit nicht möglich ist, können auch qualitative Analysen genutzt werden, bspw. durch das Auflisten von Vor- und Nachteilen im Rahmen einer Argumentenbilanz.

Phase 5: Neigungsverhalten In der letzten Phase geht es darum, die Kooperation vor dem Hintergrund des Neigungsverhaltens nochmals zu reflektieren. Neigungs-verhalten bedeutet in diesem Sinne, dass die Bereitschaft hinsichtlich zukünftiger Kooperationen zu ermitteln ist. Dies ist deshalb von Bedeutung, da Unternehmens-kooperationen stets Ressourcen bedürfen und Unternehmen sich diesbezüglich im Klaren sein sollten, ob sie ggf. Ressourcen für derartige Vorhaben auch in Zukunft bereitstellen können bzw. möchten.

Abb. 3.5 zeigt den Kooperationsprozess nochmals grafisch.

Hinsichtlich des Kooperationsprozesses soll abschließend daraufhin gewiesen werden, dass ein derartiges Phasenschema grundsätzlich der Komplexitätsreduk-tion dient und die damit einhergehende Approximation der Realität ein durchaus zweckmäßiger Ansatz ist, um den Kooperationsprozess wissenschaftlich zu unter-suchen. Nichtsdestotrotz darf nicht außer Acht gelassen werden, dass die Grenzen zwischen den Phasen fließend sind, Rückkopplungseffekte existieren und darüber hinaus Phasen übersprungen werden können.

3.6   Kooperationsspezifische Erfolgsfaktoren

Nach der Bestimmung des Kooperationsprozesses und der Darlegung bedeutender Kooperationsmotive ist die erfolgskritische Sicht auf Kooperationen nicht zu ver-nachlässigen. Daher gilt es im Folgenden die kooperationsspezifischen Erfolgs-faktoren hinreichend darzustellen.

Zunächst gilt es, den Begriff Erfolgsfaktor zu konkretisieren und von ähnlich verwendeten Begriffen abzugrenzen. Der Begriff Erfolgsfaktor gilt inzwischen sowohl in der Praxis als auch in der Forschung als omnipräsent (vgl. Knop 2009, S. 43). Erfolgsfaktoren sind per Definition „[Determinanten] der Umwelt- und Unternehmenssituation, die einem Prozess oder einer Funktion zum gewünschten Erfolg verhelfen" (Müller 1999, S. 7). Allgemein lassen sich Erfolgsfaktoren auch als Bestimmungsfaktor für sowohl positiven als auch negativen Unternehmenserfolg beschreiben (vgl. Krüger und Schwarz 1997, S. 75). Der Begriff „Erfolgsfaktor" sollte zwingend von dem ähnlich lautenden Begriff des Erfolgspotenzials abgegrenzt werden.

Die Anfänge des Begriffs Erfolgspotenzial gehen auf die Ausführungen von Gälweiler zurück, der grundsätzlich ein Erfolgspotenzial als „das gesamte Gefüge aller jeweils produkt- und marktspezifischen erfolgsrelevanten Voraussetzungen, die spätestens dann bestehen müssen, wenn es um die Erfolgsrealisierung geht" versteht (Gälweiler 1990, S. 26). Erfolgspotenziale, die sich sowohl aus wohlwollenden Gegebenheiten ergeben können oder nach denen, zum Zweck der Erfolgssteigerung, vom Unternehmen selbst explizit gesucht werden kann, sollten in einem zweiten Schritt in Erfolgsfaktoren umgesetzt werden, um eine Operationalisierung möglich zu machen und einen Kontrollmechanismus zu etablieren (vgl. Sontag 2012, S. 100 ff.).

Inzwischen wird der Begriff stark mit dem Strategiebegriff eines Unternehmens in Verbindung gebracht und assoziiert, indem Erfolgspotenziale als sogenannte Steuerungsgrößen für die Strategie verstanden werden (vgl. Coenenberg und Baum 1987, S. 37 f.; Kirsch und Grebenec 1986, S. 33; Kreikebaum 1987, S. 1989; Pfohl 1988, S. 813; Scholz 1987, S. 33). Das Treffen strategischer Entscheidungen und die Durchführung strategischer Maßnahmen basiert daher weitestgehend auf der Umsetzung bereits bestehender Erfolgspotenziale oder dem Aufdecken von neuem Erfolgspotenzial (vgl. Gälweiler 1990, S. 28; Kreikebaum 1989, S. 25). Daraus hat sich wiederum der Begriff der strategischen Erfolgsfaktoren entwickelt, der eine sehr ganzheitliche Perspektive betrachtet und unter dem man „alle Faktoren von denen man annehmen kann, dass sie den unternehmerischen Erfolg oder Misserfolg entscheidend beeinflussen" versteht (vgl. Sontag 2012, S. 110 f.).

In der Literatur lassen sich, für den Begriff Erfolgsfaktor bezogen auf Kooperationen, viele unterschiedliche Systematisierungen finden. In Bezug auf Kooperationen stellen Erfolgsfaktoren Elemente bzw. Faktoren dar, die über den Erfolg des Zusammenwirkens bestimmen (vgl. Meyer und Lorenzen 2002, S. 49).

Rautenstrauch et al. 2003 nennen neben einer Auflistung von Erfolgsfaktoren einer Kooperation gleichwohl die dazugehörigen Problembereiche, die bei der Durchführung beachtet werden müssen (vgl. hier und im Folgenden Rautenstrauch et al. 2003, S. 82 ff.). Kooperationen sollen zu einem offenen, transparenten und ehrlichen Austausch beitragen und somit die Hürde mangelnder Information überwinden. Komplementäre Zielsetzungen und ein beidseitiger Interessenaustausch können für beide Partner zu einer erfolgreichen Zielsetzung verhelfen und Differenzen im Vorfeld umgehen. Ein weiterer Erfolgsfaktor wird in der Findung von „Partnern auf Augenhöhe" und somit vergleichbaren Ausgangssituationen für eine Kooperation gesehen. Dies soll den Problemherd von fehlendem Vertrauen bereits im Vorfeld entgegnen und die Basis für eine ausgeglichene, partnerschaftliche Kooperationsbeziehung schaffen. Neben den bereits erwähnten gemeinsamen Zielsetzungen wird der gemeinsame Nutzeneffekt ebenfalls als wichtiger Erfolgsfaktor genannt. Dies verhilft erneut zu einer vertrauenswürdigen Kooperationspartnerschaft und soll Konkurrenzgedanken und Disharmonie der beiden Partner innerhalb der Kooperation unterbinden.

Den Ausführungen von Tjaden (2002) zur Folge, der Erfolgsfaktoren von virtuellen Unternehmen, die weitestgehend auf das Untersuchungsfeld der Kooperationen adaptierbar sind, erforscht hat, bilden neun Erfolgsfaktoren den Grundstein für eine gelungene Kooperationsgemeinschaft (vgl. hier und im Folgenden Tjaden 2002, S. 225). Dazu gehören, ähnlich wie bereits von Ratenstrauch et al. beschrieben, die Passgenauigkeit, Qualität und Vertrauen als Basis der Kooperationspartner. Des Weiteren werden Erfolgsfaktoren im Rahmen der Zusammenarbeit innerhalb der Kooperation genannt, die sich vorwiegend in den Bereichen gemeinschaftliche Zielsetzung und Abstimmung, Transparenz und klare Regeln, harmonische und ausbalancierte Zusammenarbeit und hohe Qualität der Zusammenarbeit widerspiegeln. Zudem spricht Tjaden von einer „belastbaren Grundlage" der unternehmerischen Zusammenarbeit, worunter er eine organisatorische Struktur versteht, die z. B. eine Koordinationsverantwortung und klare Abgrenzung von Aufgaben, Pflichten und Rechten subsumiert.

Eine ähnliche Auffassung über die Erfolgsfaktoren von Kooperationen zeigen auch Meyer und Lorenzen (2002) auf, jedoch erweitert um die ausreichende Beachtung der Kommunikationskomponente, die zu einer gemeinsamen Basis in Bezug auf Vertrauen, Offenheit und Engagement innerhalb der Kooperation führen soll. Hinzu kommt die Nennung eines Vertrags und der schriftlichen Fixierung der Kooperation als Deklaration eines weiteren Erfolgsfaktors. Zudem raten die Autoren bis zu einem gewissen Grad zur Einhaltung von Flexibilität, innerhalb derer sich beide Kooperationspartner individuell entfalten können, um sich darüber hinaus im Wissensaustausch und in der Aufgabenerfüllung möglichst optimal zu ergänzen (vgl. Meyer und Lorenzen 2002, S. 49 ff.).

Abschließend lässt sich deutlich hervorheben, dass die Erfolgsfaktoren innerhalb der Kooperationsausgestaltung eine wichtige Rolle spielen und bereits im

Vorfeld bzw. der Planungsphase berücksichtigt werden sollten. Jedoch besteht eine starke Interdependenz zwischen den Erfolgsfaktoren einer Kooperation und den Motiven bzw. den Zielen, die durch die Kooperation erreicht werden sollen. Daher scheint es wenig überraschend, dass primär Aspekte wie Transparenz, Vertrauen und ein ausbalanciertes Miteinander sowohl zu den Zielen als auch zu den Erfolgsfaktoren einer Kooperation gehören.

3.7 Theoretische Fundierungen für Kooperationsgestaltungen

Kooperationsbildungen sowie deren Ausgestaltungsmöglichkeiten lassen sich auf einem breiten theoretischen Fundament erklären. Dies begründet sich vor allem durch die vielfältig eingenommenen Forschungsperspektiven, die das Kooperationsphänomen aus unterschiedlichen Disziplinen heraus beleuchten.

Als gemeinsamer Nenner herangezogener theoretischer Grundlagen finden unter anderem Ansätze der Neuen Institutionenökonomie Verwendung (vgl. exemplarisch Antlitz 1999, S. 19 ff.). In diesem Zusammenhang kann neben der transaktionskostentheoretischen Betrachtung, die primär als Erklärungsansatz für das Zustandekommen von Kooperationen fungiert (vgl. Antlitz 1999, S. 38) und bereits in Abschn. 3.2 erläutert wurde, insbesondere der Principal-Agent Ansatz herangezogen werden. Dieser Ansatz eignet sich vor allem, zumal sich die Beziehungen zwischen den kooperativen Akteuren erklären und sich entsprechende (Aus-)Gestaltungsempfehlungen deduzieren lassen (vgl. Antlitz 1999, S. 34 ff.). Die Hinzunahme des aus dem Gebiet des strategischen Managements beruhenden markt- sowie ressourcenbasierten Ansatzes wiederum gibt Aufschluss über die spezifische Motivlage kooperativer Organisationsformen (vgl. Hensel 2007, S. 129). Hinzufügend können bestimmte Ausgestaltungsmöglichkeiten indes auf Basis des Konfigurationsansatzes erklärt werden.

Market-based View Der dem strategischen Management zuordnungsbare Ansatz des Market-based Views bzw. marktorientierten Ansatzes wurde maßgeblich durch die Arbeiten von Porter geprägt. Der Market-based View basiert grundlegend auf dem Structure-Conduct-Performance Paradigma, bei dem unternehmerischer Erfolg durch die Struktur der Branche und dem Verhalten des Unternehmens innerhalb ebendieser Branche determiniert wird. Für den marktorientierten Ansatz charakteristisch ist die Dominanz der Branchenstruktur, die das unternehmerische Verhalten und somit den unternehmerischen Erfolg verantwortet (vgl. Porter 1981, S. 611).

Der unternehmerische Erfolg wird demnach durch die Outside-In Perspektive eruiert, indem sowohl die Attraktivität der Branche als auch die vom Unternehmen eigenommene strategische Position analysiert werden. Zur Analyse der Branchenattraktivität und somit der zu erwartenden Profitabilität der Branche werden fünf Triebkräfte, bekannt als Porter's 5 Forces, herangezogen: Die einhergehende Bedrohung durch Substitute oder potenzielle und neu eintretende Wettbewerber, die Verhandlungsmacht der Zulieferer und Kunden sowie der innerhalb der Branche vorherrschende Wettbewerbsdruck durch existierende Konkurrenten. Die kumulative Betrachtung dieser Triebkräfte determiniert entsprechend die Attraktivität einer Branche für ein Unternehmen (vgl. Porter 2008, S. 36). Als mitunter prägnanteste Parameter für die Branchenattraktivität fungieren die Wettbewerbsdichte, die Markteintrittsbarrieren für neu eintretende und potenzielle Konkurrenten sowie das Diversifikationsniveau der Unternehmen. Letzteres schafft insofern Marktbarrieren, als dass produktdifferenzierungsbedingte Economies of Scales und ggf. Scopes genutzt werden können (vgl. Porter 1981, S. 610 f.).

Sofern sich diese Parameter signifikant ändern, wird sich, gemäß des Structure-Conduct-Performance Paradigmas, analog das Verhalten der Unternehmen in dieser Branche ändern. Unternehmen werden dabei als rational handelnde Branchenobjekte, jedoch als in sich geschlossene homogene Gruppe betrachtet, wobei das unternehmerische Verhalten durch die Branchenstruktur determiniert wird (vgl. Porter 1981, S. 610 f.).

Einen Wettbewerbsvorteil erzielt das Unternehmen demzufolge idealtypisch durch eine strategisch vorteilhafte Positionierung innerhalb einer attraktiven Branche, die mithilfe der Verfolgung einer geeigneten Wettbewerbsstrategie erzielt werden kann. Gemäß Porter kann das Unternehmen demnach zwischen den strategischen Optionen der Kostenführerschaft, der Nischenstrategie sowie der Produktdifferenzierung wählen (vgl. Porter 2008, S. 71 ff.).

Bei der Verfolgung der Strategie der Kostenführerschaft zielt das Unternehmen darauf ab, einen der Konkurrenz überlegenen Kostenvorteil unter Wahrung eines für den Kunden akzeptablen Mindestqualitätsniveaus zu erreichen (vgl. Porter 2008, S. 72 ff.). Als kostensenkende Maßnahmen können in diesem Zusammenhang die optimale Auslastung vorhandener Kapazitäten, das Ausnutzen von Lern- und Erfahrungskurveneffekten zugunsten von Stückkostendegressionen oder übungsbedingte Steigerungen der Produktivität angeführt werden. Ebenfalls die Spezialisierung sowie die Nutzung neuester technologischer Entwicklungen, wie etwa Möglichkeiten zur Automatisierungen der Produktionsaktivitäten, können Effizienzvorteile und somit Kostenvorsprünge gegenüber Konkurrenten hervorbringen (vgl. Porter 2008, S. 72 ff.; Becker 2017, S. 136). Die Strategie einer Kostenführerschaft bedingt sich folglich üblicherweise durch die Erzielung eines überdurchschnittlich hohen Marktanteils, der wiederum die Schaffung von Markteintrittsbarrieren begünstigt und zur Generierung von Wettbewerbsvorteilen beitragen kann (vgl. Porter 2008, S. 71 ff.).

Unternehmen, die hingegen eine Nischenstrategie verfolgen, charakterisieren sich durch die Fokussierung auf eine bestimmte Kundengruppe, die Produktion eines bestimmten Produktes oder das Offerieren einer bestimmten Dienstleistung. Die Bedienung eines genau festgelegten geografischen Bereiches kann ebenfalls Ausdruck einer Nischenstrategie sein. Der Wettbewerbsvorteil begründet sich durch die starke Spezialisierung des Unternehmens, wodurch es Vorteile gegenüber Konkurrenten erzielen kann, die den Gesamtmarkt bedienen. Der am Gesamtmarkt erzielte Marktanteil wird jedoch bei Verfolgung von Nischenstrategien entsprechend begrenzt. Es bleibt zudem anzumerken, dass auch Unternehmen innerhalb der Nischenstrategie jeweils auf Kosten- oder aber Differenzierungsvorteile abzielen können, um Wettbewerbsvorteile zu erschließen (vgl. Porter 2008, S. 75 ff.).

Innerhalb einer Differenzierungsstrategie zeichnet sich das vom Unternehmen offerierte Leistungsangebot durch seine Einzigartigkeit gegenüber dessen der Konkurrenz aus. Das Leistungsangebot kann exemplarisch durch das überlegenere Design, bahnbrechende Technologien oder auch den im Gegensatz zur Konkurrenz einzigartigen Service hervorstechen. Kostenaspekte bleiben grundsätzlich berücksichtigt, wenngleich die Intention der Differenzierung dominiert. Folglich wird die Erzielung eines hohen Markanteils zugunsten der Erreichung der Exklusivität im Leistungsangebot untergeordnet (vgl. Porter 2008, S. 74 f.).

Diese Wettbewerbsstrategien fungieren nach Porter als grobe Orientierung für die unternehmerische Positionierung innerhalb einer Branche. Die hierin inbegriffene Trade-Off Problematik bezieht sich auf die unklare Verfolgung einer dieser Strategien, wobei die durchgeführten Aktivitäten untereinander inkompatibel werden und keine klare Strategie zum Ausdruck kommt (vgl. Porter 2008, S. 79 ff.).

Becker bezieht sich in diesem Kontext auf die allumfassende Leistungsfähigkeit eines Unternehmens und führt indes die Strategie der Leistungsführerschaft an (vgl. Becker 2001, S. 50). Er definiert die integrierte Kosten- und Leistungsführerschaft als weitere Strategieoption für Unternehmen, bei der abwechselnd oder simultan Kosten-und Leistungsführerschaften angestrebt werden können (vgl. Becker 2001, S. 27 und 54).

Grundsätzlich lassen sich somit verschiedenartige wettbewerbsrelevante Strategien für Unternehmen innerhalb einer Branche aufzeigen. Versteht man die Bildung von Kooperationen als eine weitere Strategie, so lassen sich wesentliche Implikationen für die Motivbildung von Kooperationen anhand der obigen Ausführungen deduzieren.

Kooperationen können Unternehmen demnach dazu verhelfen, vorherige Strate-gien stärker auszubauen oder etwa sich strategisch zu repositionieren. Kooperative Organisationsformen können durch die Bündelung komplementärer Ressourcen ihr Leistungsspektrum ausweiten und sich stärker auf die eigenen Kernkompetenzen fokussieren. Es besteht somit die Möglichkeit, von Skaleneffekten zu profitieren, die die Markteintrittsbarrieren für potenzielle und neu eintretende Wettbewerber erhöhen (vgl. Becker et al. 2008a, S. V). Demzufolge könnten die partizipierenden Unternehmen gemeinsam eine Nischenstrategie und/oder eine integrierte Kosten- und Leistungsführerschaft verfolgen.

Insbesondere kann die integrierte Leistungs- und Kostenführerschaft beispiels-weise durch die Zusammenlegung eines überlegeneren Produktprogramms bei kollektiver Ausnutzung vorhandener Kapazitäten oder aber durch die Nutzung der durch die Kooperation eingebrachten neuen Technologien für die Produktion realisiert werden (vgl. Bach et al. 2003, S. 3). Hierbei ist sowohl die simultane als auch die sukzessive Erreichung einer integrierten Kosten- und Leistungsfüh-rerschaft denkbar, um gleichermaßen von Effizienz- und Effektivitätsvorteilen zu profitieren.

Zugleich begünstigt die gemeinsame Entwicklung und Produktion innovati-ver Produkte die Schaffung neuer Märkte. Durch die Verfolgung einer gemein-samen Kosten- und Leistungsführerschaft können kooperierende Unternehmen neue Märkte schaffen, durch ihren gemeinsamen „First-Mover-Advantage" Wett-bewerbsvorteile generieren und zugleich Markteintrittsbarrieren für potenzielle Konkurrenten aufbauen. Insbesondere laterale oder auch horizontale Kooperatio-nen bergen in diesem Kontext das Potenzial, gemeinsam neue Märkte für hybride Leistungsbündel zu erschießen.

Die hieraus abgeleiteten Implikationen bleiben allerdings insofern limitiert, als dass im marktbasierten Ansatz Unternehmen lediglich als Kollektiv betrachtet werden und Individualentscheidungen zwischen make, buy und cooperate demzu-folge nur bedingt erklärt werden können. Ferner werden mögliche Abhängigkeiten zwischen den Unternehmen sowie die Bedeutung der synergetischen Ressourcen-nutzung weitestgehend außer Acht gelassen (vgl. Burr und Stephan 2006, S. 77; Grant 1991, S. 117). Um diese Lücke zu schließen findet der Resource-based View als komplementärer Ansatz zum marktbasierten Ansatz im strategischen Manage-ment Anwendung.

Resource-based View Der ressourcentheoretische Ansatz, auch bekannt als Resource-based View (RBV), geht zurück auf die Ausführungen von Penrose (1959) und den in ihrem Werk näher beschriebenen Annahmen, dass Unterneh-men über eine Vielzahl unterschiedlicher Ressourcen verfügen (vgl. Penrose

1959, S. 24 f.). Als weitere Vertreter dieses Ansatzes, die in diesem Zusammenhang bedeutende Erkenntnisse geliefert haben, sind Wernerfelt (1984) und Barney (1986/1991) zu nennen.

Gemäß dem ressourcentheoretischen Ansatz gilt es nicht nur das Unternehmen auf die internen Ressourcen auszurichten, sondern vor allem die Pflege der Ressourcen durch geeignete Strukturen und Managemententscheidungen sicherzustellen (vgl. Penrose 1959, S. 25 f.). Nur eine optimale Anordnung der Ressourcen kann auch zu Wertschöpfung führen (vgl. Penrose 1959, S. 25 f.; Rugman und Verbeke 2002, S. 771).

So geht Wernerfelt entgegen den Ansichten des bis dahin vorherrschenden Market-based View davon aus, dass die Profitabilität eines Unternehmens nicht den Markt- bzw. Branchenbedingungen zugeschrieben werden kann, sondern den Ressourcen, die ein Unternehmen besitzt (vgl. Wernerfelt 1984, S. 172). Unternehmensinterne Ressourcen können dabei nicht nur die Profitabilität erhöhen, sondern auch stark zu einer Differenzierung gegenüber dem Wettbewerb beitragen (vgl. Barney 1991, S. 107).

Die Wissenschaftler Prahalad und Hamel entwickeln diese Aussagen weiter und postulieren, dass ein Unternehmen sein strategisches Handeln so ausrichten sollte, dass unternehmerische Kernkompetenzen genutzt werden können, diese aber, um nachhaltige Profitabilität zu sichern, auch in neue Anwendungsfelder übertragen werden müssen (vgl. Prahalad und Hamel 1990).

Laut Barney müssen Ressourcen dafür vier wichtige Eigenschaften erfüllen und zwar wertvoll, selten, vom Wettbewerb schwer imitierbar und innerhalb des Unternehmens weitreichend nutzbar sein (vgl. Barney 1991, S. 107 ff.). Die Etablierung einer Such- und Aufdeckungsdynamik nach wertvollen und einzigartigen Ressourcen ist im Unternehmen eine wichtige Aufgabe. Es bleibt in der Verantwortung des Managements die Unternehmensorganisation und -prozesse stets für die Suche neuer Kompetenzen zu öffnen, um auch zukünftig die Wettbewerbsfähigkeit und damit die Existenz eines Unternehmens zu sichern (vgl. Stähler 2002, S. 32).

Der Resourced-based View wird in seiner ursprünglichen Idee eher zur unternehmensinternen Darstellung verwendet und bezieht somit keine externen Faktoren, wie z. B. Umweltfaktoren, mit ein (vgl. Simon 2013, S. 83). Hingegen werden in den Ansätzen des strategischen Managements Kooperationen unter dem Gesichtspunkt der Bedeutung externer Ressourcen für die Unternehmen und der damit einhergehenden Notwendigkeit zur Interaktion diskutiert. Der Zweck von Kooperationen liegt aus dieser Perspektive darin, den Zugriff auf externe Ressourcen zu ermöglichen und die damit einhergehenden Interdependenzen zwischen den Unternehmen zu bewältigen (vgl. Richardson 1972, S. 890 f.).

Im Gegensatz zum vorausgehenden Abschnitt, der Betrachtung von marktspezifischen Kriterien und der Differenzierung von Strategien zur Erzielung von Wett-
bewerbsteilen, stellt der ressourcenbasierte Ansatz den Zugang zu Ressourcen und
das Equipment mit eigenen Ressourcen in den Vordergrund der Debatte. Bisher
gibt es kaum oder nur wenig Arbeiten und Publikationen, die den Resource-based
View als Grundlage für die Erklärung von Kooperationen verwenden; dass sich der
Resource-based View als Erklärungsansatz im Hinblick auf Kooperationen jedoch
sehr gut eignet, legen die Autoren Das und Teng im selben Jahr dar:

> A resource-based view seems particularly appropriate for examining strategic all-
> iances because firms essentially use alliances to gain access to other firms' valuable
> resources. (Das und Teng 2000, S. 33).

Dem schließt sich von der Oelsnitz im Jahr 2005 an, indem er den Resource-based View als optimalen Erklärungsansatz in den Vordergrund stellt. Das Eingehen einer Partnerschaft, in dem Fall sogar einer strategischen Partnerschaft, ist aus
Ressourcensicht sehr sinnvoll, da somit eine Komplementarität geschaffen wird,
deren Erreichen ohne die Partnerschaft nicht möglich oder nur unter wesentlich
erschwerten Umständen möglich wäre (vgl. von der Oelsnitz 2005, S. 190). An
dieser Stelle wird der Begriff der Ressourcen sogar im weiteren Sinne verstanden, der jegliche Faktoren als Ressource begreift, die einen Wettbewerbsvorteil
erbringen können. Mit der Vereinigung der Ressourcen innerhalb der kooperativen
Partnerschaft lassen sich ebendiese Wettbewerbsvorteile einfacher erzielen (vgl.
von der Oelsnitz 2005, S. 191 f.).

Dabei spielen auch die Charakteristika der Ressourcen eine bedeutende Rolle
(vgl. hier und im Folgenden: Bolz 2008, S. 103). Je einzigartiger die Ressourcen,
desto wertvoller ist die Kopplung dieser mit komplementären Ressourcen und die
Erzielung einer einzigartigen Marktstellung. Kooperationen bieten dabei die optimale Möglichkeit, um Zugang zu diesen Ressourcen zu bekommen und die wirtschaftliche Situation beider Kooperationspartner zu stärken. Die verbesserte Ressourcenausstattung kann zur Umsetzung von Erfolgspotenzialen genutzt und somit
auch als langfristiger Erfolgsfaktor verstanden werden (vgl. Bolz 2008, S. 104).

Demnach lässt sich festhalten, dass es zwei ausschlaggebende Gründe gibt,
wieso der Resource-based View für die Kooperation eine entscheidende Rolle
spielt: Erstens kann die Kooperation als mögliches Instrument genutzt werden,
um Zugang zu neuen, seltenen und/oder bisher nicht vorhandenen Ressourcen zu
erhalten, gefolgt von dem Gedanken daraus wertvolles Nutzenpotenzial umzusetzen und durch die Kooperation die Möglichkeit zu erhalten, Ressourcen zu
aggregieren, auszutauschen oder zu komplementieren (vgl. Mitchell et al. 2002,

S. 203 ff.). Die gemeinsame Zielerreichung sollte jedoch nicht außer Acht gelassen werden.

Neben der reinen Ressourcensicht gilt es, den Begriff der Ressourcen möglichst offen und breit zu verstehen und darunter auch wertvolle Fähigkeiten, Know-How und Erfahrung zu subsumieren, die durch den gegenseitigen Austausch innerhalb der Kooperation zu einem Wettbewerbsvorteil führen können (vgl. von der Oelsnitz 2005, S. 192).

Principal-Agent-Theorie Die Principal-Agent-Theorie greift die häufig in der Wirtschaft antizipierte Arbeitsteilung auf, bei der ein Auftraggeber, der sogenannte Principal, einem Auftragnehmer, dem Agenten, einen Auftrag erteilt, der unter Wahrung seines Interesses durchgeführt werden soll. Eine solche Principal-Agenten Situation ist grundsätzlich auf eine Vielzahl möglicher Beziehungen übertragbar, wie beispielsweise zwischen Kapitalgebern und Kapitalnehmern, Geschäftsführern und Eigentümern, oder auch zwischen Kunden und Lieferanten. Im Kontext dieses Beitrags bezieht sich die Theorie auf inter-organisationale Kooperationen zwischen Unternehmen, wobei die individuelle Festlegung des Principals und des Agenten grundsätzlich nur problemabhängig erfolgen kann (vgl. Picot 1989, S. 370). Im Fokus der Principal-Agent-Theorie liegen insbesondere die im Rahmen der Auftragserteilung auftretenden Probleme zwischen dem Auftraggeber und dem Beauftragten, die im Folgenden auf Kooperationsvorhaben transferiert werden.

De Facto ist es nicht möglich, alle zukünftigen Umweltzustände sowie Aktionen des Kooperationspartners vorherzusehen, sodass das Kooperationsvorhaben stets unter Unsicherheit durchgeführt wird. Die Haupteinflussgroße zusätzlich auftretender Transaktionskosten begründet sich dabei auf Informationsasymmetrien zwischen Principal und Agenten. Diesbezüglich ist es den Kooperationspartnern nicht ex ante möglich, alle eventuell eintretenden Szenarien im Rahmen vertraglicher Ausgestaltungen zu erfassen, sodass die Verträge durch weitere implizite Absprachen komplettiert werden müssen. Ebendiese Unfähigkeit, zukünftige Entwicklungen vollständig prognostizieren zu können, bietet den jeweiligen Kooperationsunternehmen Handlungsspielräume, Informationsvorteile primär zum eigenen Nutzen und zum Nachteil des Partners auszuspielen. Folglich bieten sich diverse Möglichkeiten zur Entwicklung opportunistischen Verhaltens (vgl. Antlitz 1999, S. 35 f; Becker et al. 2014, S. 40 f.).

Innerhalb der Principal-Agent-Theorie lassen sich dabei unterschiedliche Typen von Informationsasymmetrien unterscheiden, die sich anhand ihres Ursprungs, Zeitpunktes sowie des spezifischen Vertragsproblems differenzieren lassen:

Bereits vor der eigentlichen Kooperationsbildung ist es den jeweiligen Unternehmen nicht möglich, die Charaktereigenschaften des potenziellen Partners vollständig aufzudecken und einzusehen. Die Problematik, den Agenten und dessen Leistung ex ante nicht einschätzen zu können, wird unter dem Begriff „hidden characteristics" zusammengefasst und kann letztlich in der Gefahr münden, einen nicht geeigneten Partner für die Ausführung der Leistung auszuwählen („adverse selection") (vgl. Antlitz 1999, S. 36; Becker et al. 2014, S. 41).

Sobald die Kooperation eingegangen wird, gewinnen die Problematiken der „hidden action" und „hidden information" an Bedeutung. Das Phänomen der „hidden actions" bezieht sich darauf, dass der Principal die Handlungen des Agenten nicht vollständig kontrollieren kann. Die potenziellen Handlungen der Kooperationspartner sind diesbezüglich nur bedingt beobachtbar, wobei die Kontrolle der Aktivitäten mit großem Aufwand einhergeht (vgl. Antlitz 1999, S. 36; Becker et al. 2014, S. 41 f.). Gleichzeitig besteht die Gefahr, dass der Agent über mehr Informationen verfügt als der Prinzipal und sie vor diesem verborgen hält, was in der Problematik der „hidden informations" aufgegriffen wird. Der Principal verfügt folglich weder über die absolute Kontrolle der vom Agenten durchgeführten Aktionen, noch über das vollkommene Wissen, woraus sich für den Agenten der Anreiz bietet, diese Asymmetrien opportunistisch auszunutzen, indem er bei der Ausführung des Auftrags primär sein eigenes Interesse verfolgt. Das hier auftretende moralische Risiko („moral hazard") äußert sich darin, dass das opportunistische Verhalten des Agenten eine Schädigung des Principals zur Folge haben könnte (vgl. Antlitz 1999, S. 36; Becker et al. 2014, S. 42). Diese Situation lässt sich insofern auf Kooperationsvorhaben transferieren, als dass auch hier Informationen bewusst zurückgehalten werden können und Handlungen nicht vollkommen kontrollierbar sind, was in der Ausnutzung opportunistischen Verhaltens einer der Kooperationspartner münden könnte.

Ebenfalls kann es durch das einseitige Eingehen spezifischer Vorleistungen dazu kommen, dass die Abhängigkeit vom Kooperationspartner steigt, was ihn dazu veranlassen könnte, dieses Abhängigkeitsverhältnis opportunistisch auszunutzen. Diese Problematik wird in der Literatur vermehrt als „hidden intention" betitelt (vgl. Antlitz 1999, S. 36).

Aus den obigen Ausführungen wird deutlich, dass die Kooperationsbeziehung durchaus problembehaftet sein kann und es verschiedenartige Szenarien gibt, die Anreiz zur Verfolgung opportunistischen Verhaltens geben. Wenngleich die Gefahr opportunistischen Verhaltens einer der Kooperationspartner aufgrund der allgegenwärtig vorherrschenden Unsicherheit nicht gänzlich eliminiert werden kann, so lassen sich jedoch Ausgestaltungsempfehlungen ableiten, die dieses zumindest zu reduzieren bzw. kompensieren vermögen (vgl. Picot et al. 1996, S. 50).

Um der Problematik der „adverse selection" entgegenzuwirken, können bestimmte Auswahlkriterien für geeignete Kooperationspartner ex ante definiert werden, die sich beispielsweise auf das notwendige Leistungsniveau des Partners beziehen. Die einzelnen Leistungskriterien können Anwendung in Form eines Bewertungskataloges finden, wonach sich die Partnerselektion letztlich determiniert. Zusätzlich wäre eine im Vorfeld vertraglich festgelegte Regelung über fixe Abnahmevolumina oder etwa beiderseitig zugesicherter Garantieansprüche denkbar, wonach sich die Kooperationspartner gegeneinander absichern könnten (vgl. Antlitz 1999, S. 36).

Zur Vermeidung des „moral hazard" können kooperationsspezifisch ausgestaltete Monitoring- und Performancesysteme Anwendung finden, die sich auf konkrete Leistungserbringungen und die Effektivität und Effizienz kooperativer Handlungsausübungen fokussieren. In diesem Zusammenhang eigenen sich beispielsweise leistungsabhängige Beteiligungen am Erfolg, um die Interessen beider Parteien anzugleichen. Etwaigen Informationsasymmetrien kann durch zeitlich festgelegte Meetings oder Reports entgegengewirkt werden, die konkrete Einblicke in die Handlungsausübungen gewähren (vgl. Antlitz 1999, S. 37; Picot et al. 1996, S. 50).

Hinsichtlich der „hidden intention" schließlich sollten Vorleistungen idealerweise von beiden Parteien zum gleichen Anteil erbracht werden, um die gegenseitige Abhängigkeit voneinander zu erhöhen und dadurch Abhängigkeitsasymmetrien und entsprechend den Anreiz für opportunistisches Verhalten zu verringern (vgl. Antlitz 1999, S. 36; Picot et al. 1996, S. 50).

Es bleibt zusammenfassend darauf hinzuweisen, dass, unter der Prämisse der omnipräsenten Unsicherheit, die hier angesprochenen Maßnahmen den Anreiz für opportunistisches Verhalten innerhalb der Kooperationsbeziehung lediglich abschwächen, jedoch nicht gänzlich eliminieren können. Nichtsdestotrotz findet die Principal-Agent-Theorie wesentliche Anwendung in der Gestaltung von Informations-, Kommunikations- und Anreizsystemen, um eine erfolgreiche partnerschaftliche Zusammenarbeit zu ermöglichen (vgl. Picot et al. 1996, S. 50).

Konfigurationsansatz Neben einer primär unternehmensinternen Sichtweise, wie sie bereits durch den Resource-based View geschildert wurde, fokussiert sich der Konfigurationsansatz vermehrt auf eine externe Sicht und bezieht explizit unternehmensexterne Faktoren in die Betrachtung mit ein. Damit lässt sich der Konfigurationsansatz als „Pendant" zum Resource-based View verstehen und vervollständigt somit die holistische Sichtweise im Hinblick auf Kooperationen (vgl. Simon 2013, S. 83).

Der Konfigurationsansatz, auch bekannt als situativer Ansatz, gilt in der strategischen Managementforschung als eine der meist verbreitetsten Theorien (vgl. Becker et al. 2014, S. 37). Grundlegende Erkenntnisse stammen von Udy (1959);

Woodward (1958) sowie Kieser und Ebers (2006), den Vertretern in Deutschland. Das Hauptgedankengut des Konfigurationsansatzes geht nicht von einer absolutistischen Gesamtsicht aus, sondern konzentriert sich viel mehr auf den kontextuellen Rahmen, in dem ein Unternehmen sich bewegt und Aktivitäten, Prozesse und Instrumente gestaltet und kombiniert (vgl. Wolf 2013, S. 200).

Dabei erfolgt eine Unterscheidung zwischen internen und externen Umständen. Das bedeutet, je nach Situation können andere Verhaltensweisen und Gestaltungsparameter für ein Unternehmen vorteilhaft sein und jegliche Entscheidungen sollten auf Basis der individuellen Situationsbedingungen analysiert und getroffen werden (vgl. Wolf 2013, S. 201).

Nur solange die situativen Bedingungen, wie z. B. Unternehmens- und Umweltfaktoren, mit den passenden Gestaltungsmechanismen synchronisiert werden, kann daraus Erfolg entstehen (vgl. Wolf 2013, S. 204). Basierend auf dem Grundmodell bietet der situative Ansatz Lösungen dafür, wie in einer Organisation die situativen Bestandsfaktoren und Gestaltungsmöglichkeiten zusammenhängen, wie diese messbar gemacht werden können und welche Auswirkungen auf den Erfolg einer Organisation zu erwarten sind (vgl. Becker et al. 2014, S. 37). Der Konfigurationsansatz bietet sich damit vorwiegend an, um Phänomene oder die Formation von sogenannten „Gestalten" auf Basis ihres Zusammenspiels aus Elementen grundlegend und umfassend zu erklären und gilt damit als übergeordneter Erklärungsansatz (vgl. Simon 2013, S. 84 f.).

Eine Kooperation entspricht eben solch einer Gestalt, deren Bestimmungsfaktoren einer genaueren Betrachtung bedürfen. Den Erkenntnissen von Whetten zur Folge gehören zu den Kontingenzfaktoren einer Kooperation, die Ähnlichkeit der Kooperationspartner, die Ressourcenverfügbarkeit als Basis für Austausch und Kompensation sowie ein Kontrollorgan, im Sinne einer hierarchisch übergeordneten Ebene (vgl. Whetten 1977, S. 77 ff.). Das hierarchisch übergeordnete Organ ist in den hier angeführten Fällen meist nicht vorhanden, da die Kooperationspartner eine Abstimmung der Ziele, Verantwortung und Aufgaben meist im Vorfeld fixieren und durch geeignete Kontrollmechanismen innerhalb der Kooperation abwickeln, was eine dritte Institution entbehrlich macht. Die vergleichende Ausgestaltung der Kooperationspartner und damit die Ähnlichkeit der beiden Parteien ist vor allem dahingehend wichtig, um während dem Kooperationsprozess eine Balance der beiden Partnerinteressen gewährleisten zu können. Die ausreichende Ressourcenausstattung wurde bereits im vorherigen Abschnitt näher beleuchtet und integriert die interne Sichtweise in die Gesamtbetrachtung.

Tröndle macht in seinen Ausführungen deutlich, dass sowohl externe Umweltfaktoren als auch interne Bedingungsfaktoren eine wichtige Rolle in der situativen Kooperationsbetrachtung spielen (vgl. hier und im Folgenden Tröndle 1987,

S. 91 ff.). Neben den individuellen Bedingungsfaktoren sind auch organisationale Fragestellungen, Strukturunterschiede und Zielstellungen innerhalb der Kooperation von Bedeutung. Dabei kann ein gut strukturierter und vorweg geplanter Kooperationsablauf helfen, Missstände frühzeitig aufzudecken und gemeinsam geeignete Maßnahmen zu erarbeiten.

Bezugnehmend auf die externen situativen Bedingungen lassen sich eine Vielzahl von Bedingungsfaktoren anbringen. Neben den bereits angesprochenen Porter's Five Forces, die innerhalb einer Branche auf ein Unternehmen wirken können, werden oftmals Trenderscheinungen in die Betrachtung mit einbezogen. In Zeiten der Globalisierung und Digitalisierung ist es daher wichtig, dass Unternehmen mithilfe von Kooperationen ihren eigenen, individuellen Horizont erweitern und durch die kooperative Zusammenarbeit eine „Win-win-Situation" für beide Kooperationspartner schaffen. Dies lässt sich z. B. durch den gemeinsamen Know-How-Austausch oder den Aufbau von Lerneffekten erzielen, was in Folge wiederum auf den bereits angesprochenen Wettbewerbsvorteil hinausläuft (vgl. Powell et al. 1996, S. 119).

Schließlich bleibt anzuführen, dass der Konfigurationsansatz alleine nicht ausreichend ist, um die Kooperationen in ihrer Grundlage zu erklären (vgl. Schäper 1997, S. 98). Daher wurde auf weitere Theorien und Ansätze Bezug genommen, die lediglich in ihrer gesamtheitlichen Betrachtung ein vollständiges Bild ergeben.

3.8   Geschäftsmodellinnovation

Bei der hier dargelegten Studie wird bewusst bei der zugrundeliegenden Kooperation zwischen Mittelständlern und Start-ups von einer Art der Geschäftsmodellinnovation gesprochen. Daher folgt im weiteren Abschnitt eine kurze Einführung zum Thema Geschäftsmodellinnovationen sowie deren Verständnis und Typologisierung.

Zunächst ist festzustellen, dass es sich bei Geschäftsmodellinnovationen, trotz einer langjährigen Evolutionshistorie, um ein modernes Forschungsfeld handelt und ein Konsens über eine einheitliche Definition, Elemente und standardisierte Prozesse bisher nicht gefunden wurde (vgl. Casadesus-Masanell und Ricart 2010, S. 19; Skarzynski und Gibson 2008, S. 111). Unbestritten ist jedoch die Tatsache, dass es sich bei Geschäftsmodellinnovationen oder dem englischen Pendant „Business Model Innovation" um einen inzwischen weit verbreiteten Begriff handelt, der sowohl der Praxis als auch der Forschung geläufig ist und sich zunehmend etabliert (vgl. George und Bock 2011, S. 83; Demil und Lecocq 2010, S. 227 f.). Grundsätzlich lässt sich unter einer Geschäftsmodellinnovation der Prozess subsumieren,

bei dem innerhalb eines bestehenden Geschäfts ein fundamental neues Geschäftsmodell gefunden und umgesetzt wird (vgl. Markides 2006, S. 20). Meist handelt
es sich dabei um eine radikale Erneuerung des bisherigen Geschäftsmodells und
die Veränderung eines Nutzengefüges, architektonisch zusammengesetzt aus einer
Vielzahl unterschiedlicher Elemente (vgl. Schneider und Spieth 2013, S. 5 f.).
Durch die Kopplung meist radikaler Innovationen mit der Steigerung an
Wertschöpfung und Wertsicherung wird dieser Innovationsart eine stark posi-
tive Wirkung auf den Unternehmenserfolg zugesprochen (vgl. Zott et al. 2011,
S. 1033). Geschäftsmodellinnovationen gelten dabei als wesentlich wirksamer
als reine Produkt- oder Prozessinnovationen, da meist mehrere Elemente eines
Geschäftsmodells innoviert werden und sich somit die Wirkungen bzw. Beziehungen zwischen den einzelnen Elementen stark verändern (vgl. Halecker und
Hölzle 2014, S. 188). Trotz der vielen Lobreden auf den Begriff und dessen
Wirkungsweise geben einige Autoren auch zu bedenken, dass Geschäftsmodellinnovationen für Unternehmen weiterhin eine Herausforderung darstellen,
der sich diese zunächst bewusst werden und sowohl auf operativer als auch auf
strategischer Ebene stellen müssen (vgl. Chesbrough 2007, S. 12 f.). Dies liegt
unter anderem an der schwierigen Handhabung des Themas und den vielen strategischen Entscheidungen, die dem Geschäftsmodellumfeld unterliegen (vgl.
Wunder 2016, S. 360). Des Weiteren wird attestiert, dass die Ursache-Wirkungs-
Beziehungen, die sich hinter dem Geschäftsmodell verbergen, nur schwer transparent darzustellen sind und dadurch die Umsetzung einzelner oder mehrerer
Prozessschritte in dieser Disziplin nur schwer greifbar gemacht werden können
(vgl. Horváth 2017, S. 81).

Geschäftsmodellinnovationen lassen sich in ihrer Grundidee dem Konstrukt der
„strategischen Innovation" zuordnen (vgl. Charitou und Markides 2004, S. 56). Zu
den Erfolgsfaktoren strategischer Innovationen zählen die Erlangung einer profi-
tablen Wettbewerbsposition, die Veränderung von bisher bestehenden Branchen-
strukturen und deren Wettbewerbsgeflechten sowie eine mögliche Neuorientierung
hin zu erhöhter Wertschöpfung (vgl. Stopford und Baden-Fuller 1992, S. 38 f.).
Im Zeitablauf und mit der Fokussierung auf das Subjekt „Geschäftsmodell" hat
eine Transformation des Begriffs der strategischen Innovation hin zur „Geschäftsmodellinnovation" stattgefunden, die wiederum das Geschäftsmodell als zentrales
Element in den Fokus der Umstrukturierung stellt (vgl. Markides 2006, S. 19 f.).
Seither werden Geschäftsmodellinnovationen als eigenständige Innovationsart
betrachtet (vgl. Amit und Zott 2012, S. 42).

Geschäftsmodellkonzepte in der Theorie lassen sich mit dem Begriff im
praktischen Kontext nur schwer vergleichen. Dies ist teilweise darauf zurückzuführen, dass in der Praxis oftmals das Problem besteht, dass viele Manager das

Geschäftsmodell ihres Unternehmens meist nur vage erklären können. Grund dafür ist die unklare Definition und situative Verwendung des Begriffs (vgl. Gassmann et al. 2013, S. 1). In der Literatur gibt es inzwischen viele verschiedene theoretische Ansätze, die in Bezugsrahmen oder Modellen darstellen, wie ein Geschäftsmodell strukturell aufgebaut werden kann, welche Elemente darunter subsumiert werden und welcher Prozessablauf am ehesten zur Darstellung geeignet ist. Problematisch wird es, wenn diese theoretischen Modelle an die realen Geschäftsgegebenheiten anzupassen bzw. in der Praxis anzuwenden sind. Die verschiedenen Umweltsysteme, die in der Praxis auf ein Geschäftsmodell einwirken, lassen sich zusammen mit den vielen externen Faktoren nur sehr schwer oder oftmals gar nicht ganzheitlich darstellen. Dadurch steigt der Druck für mehr praxisorientierte Forschung und die Symbiose zwischen forschungsseitiger Problemlösung und praxisseitiger Anwendung (vgl. Gassmann et al. 2013, S. 2). Jedoch kommt diese Problematik nicht von ungefähr, sondern lässt sich teilweise auf die starke Verzweigung des Gegenstandes, die stark zunehmende Informationsdichte und das Auftreten von neuartigen Trendströmungen zurückführen (vgl. Gassmann et al. 2013, S. 1).

Inzwischen haben sich in der Literatur einige Konzepte zur Typologisierung von Geschäftsmodellen etabliert. Hierzu zählt unter anderem der St. Galler Business Model Navigator, dessen Einordnung von Geschäftsmodellen in 55 unterschiedliche Arten im Folgenden näher betrachtet werden soll (vgl. hierzu und im Folgenden: Gassmann et al. 2013). Die Einordnung in eine abzählbare Menge an Geschäftsmodellarten vereinfacht die Diskussion über Geschäftsmodelle und dient somit als wesentliche Hilfestellung in deren Weiterentwicklung. Weshalb bei der Kooperation, wie im vorliegenden Fall zwischen Mittelständlern und Start-ups, der Geschäftsmodellgedanke implementiert ist, lässt sich an der expliziten Nennung von Kooperationen als Geschäftsmodelltypus erkennen. Eine Geschäftsmodellart, die den Grundgedanken von Kooperationen innehat, lässt sich im sogenannten „Fractionalized Ownership", dessen effektive Teilnutzung von Teileigentum auch innerhalb von Kooperationen eine wesentliche Rolle spielt, finden. Der Typ „Make more of it" soll dabei helfen, Kompetenzen im Rahmen einer Partnerschaft zu bündeln und auch außerhalb der eigenen Kernkompetenzen nach komplementären Zusammenschlüssen zu suchen. Hierbei zeigt die Kooperation zwischen den vermeintlich stark unterschiedlich erscheinenden Gruppen der mittelständischen und Start-up-Unternehmen exemplarisch, wie diese Art der Zusammenarbeit erfolgreich umgesetzt werden kann. Zudem stellt der Typ „Open Business Model" eine gewisse kooperative Zusammenarbeit als erfolgversprechend im Rahmen von Geschäftsmodellinnovationen dar. Die Erklärung dieses Geschäftsmodelltyps stellt dabei bewusst die Kollaboration als wichtigen Faktor in den Mittelpunkt und hebt

Synergieeffekte durch kooperative Zusammenarbeit als wichtigsten Argumenta-
tionspunkt für Wertschöpfung hervor.

Diese, inzwischen als „traditionell" einzuschätzende Einordnung, wird forschungsseitig stetig erweitert. Horváth zeigt in seinem aktuellen Beitrag auf,
wie die Digitalisierung und das Internet der Dinge in die Geschäftsmodellthe-
matik implementiert werden können (vgl. hier und im Folgenden Horváth 2017,
S. 83). Als zwei Beispielkategorien lassen sich die „Digitally Charged Products",
deren Erweiterung darin besteht, dass Hardware bzw. traditionelle Produkte um
neue, technologische Dienstleistungen, wie z. B. aus dem Bereich der Sensorik,
ergänzt werden. Diese angesprochenen neuen Technologien bilden wiederum die
Basis für die zweite Beispielkategorie, nämlich die Bestimmung eigenständiger
Geschäftsmodelle, wie z. B. „Sensor as a Service", wobei die Sensortechnologie
dem Kunden als alleinstehende Leistung das Leben erleichtern soll. Diese Erweiterung des Geschäftsmodellverständnisses ist in Zeiten der Digitalisierung und der
stetigen Vernetzung von Objekten eine wichtige Maßnahme.

Wie bei jedem Vorhaben gibt es jedoch gewisse Grenzen, die es bereits im
Vorfeld zu beachten gilt. Diese Barrieren existieren auch bei Geschäftsmodellinnovationen. Mögliche Ursachen können sich dabei aus einer internen Perspektive,
also aus dem Unternehmen selbst, oder aus einer externen, die Unternehmensum-
welten betreffende Sicht, ergeben.

Aus der externen Perspektive können erste Barrieren bereits in einer frühen
Phase der Geschäftsmodellinnovation auftreten. Denn bevor sich Geschäftsmodelle entwickeln und den gewünschten Erfolg bringen, müssen sich diese erst auf
dem Markt bewähren. Das bedeutet, dass das angesprochene Marktsegment und
seine Kunden das neue Geschäftsmodell verstehen und akzeptieren müssen, was
aufgrund der sich ständig wechselnden und dynamischen Kundenbedürfnisse nicht
immer leicht ist (vgl. hierzu und im Folgenden Cavalcante et al. 2011, S. 1332).
Da ein Geschäftsmodell meist nicht von heute auf morgen entsteht, sind eine
präzise Analyse der Unternehmenstätigkeit mit all seinen Facetten und die Errich-
tung der neuen Geschäftsmodellidee notwendig. Dies kann dazu führen, dass der
gewünschte Markterfolg ausbleibt, weil Wettbewerber schneller waren oder neue
Start-ups ähnliche oder gleiche Ideen bereits umgesetzt haben.

Wirft man einen Blick auf die interne Sichtweise der Unternehmen, lassen sich
auch hier Risiken feststellen, die sich auf Geschäftsmodellinnovationen auswirken können. In der Literatur findet man dazu oftmals das Argument der fehlenden
kohärenten Unternehmensstruktur. Grundsätzlich sollte Unternehmen bewusst
sein, dass das Tagesgeschäft, meist auch mithilfe des bisherigen Geschäftsmodells, weiterhin funktionieren muss. Daher ist es wichtig, die Verantwortung

und die Ressourcen (Mitarbeiter, Know-How, Budget etc.) entsprechend so zu verteilen, dass eine Koordination der Gesamtunternehmensaufgaben sichergestellt werden kann (vgl. Cavalcante et al. 2011, S. 1332). Des Weiteren kann das Problem auftreten, dass mögliche neue Ideen nicht zum momentanen Geschäftsmodell passen und dadurch der Aufwand für eine Anpassung zu hoch ist (vgl. Cavalcante et al. 2011, S. 1328). Da das Ergebnis des neuen Geschäftsmodells nie vollständig prognostizierbar ist, gehen Manager dieses Risiko oftmals nicht ein und belassen es somit beim Althergebrachten (vgl. Chesbrough 2010, S. 358 ff.).

Wichtig für die erfolgreiche Umsetzung von Geschäftsmodellinnovationen ist auch die Unternehmenskultur (vgl. Hans 2007, S. 189). Sowohl die Führungsebene als auch die Mitarbeiter müssen für solch eine „Mammutaufgabe" vorbereitet und durch ein hohes Maß an Selbstbewusstsein, Durchhaltevermögen und Erfolgsdenken geprägt sein. Vorbereitend muss im gesamten Unternehmen eine offene, innovationsfördernde Atmosphäre geschaffen werden. Das hilft auch im Zuge der externen Kommunikation, um gegenüber den Wettbewerbern und dem externen Umfeld ein Gefühl von Selbstsicherheit und Tatendrang zu vermitteln (vgl. Davidsson und Klofsten 2003, S. 6). Für viele Unternehmen ist das „über den Tellerrand hinausschauen" jedoch im Alltagsgeschäft schwer umzusetzen (vgl. Gassmann et al. 2013, S. 2).

3.9   Start-up-Unternehmen

Gemäß der Definition des Bundesverbands Deutsche Startups e. V. gelten Unternehmen als Start-ups, wenn diese nicht älter als zehn Jahre sind, eine innovative Technologie und/oder ein innovatives Geschäftsmodell aufweisen sowie bedeutendes Wachstum hinsichtlich des Umsatzes und/oder der Mitarbeiteranzahl hervorbringen bzw. dieses anstreben (vgl. Kollmann et al. 2016, S. 14). Aufgrund ihrer Innovationskraft werden Start-up-Unternehmen eine besondere Bedeutung in Bezug auf Wettbewerbsfähigkeit, Arbeitsplatzschaffung und Wirtschaftswachstum beigemessen (vgl. Backes-Gellner und Werner 2007, S. 137 f.). Dies gilt insbesondere auch im Hinblick auf stetig aufkommende, neue Megatrends, wie z. B. die zunehmende Digitalisierung oder die Globalisierung (vgl. Metzger 2016, S. 6). Abb. 3.6 veranschaulicht die Gruppierung der Start-up-Unternehmen in den jeweiligen Lebenszyklusphasen des Unternehmens (vgl. Kollmann et al. 2016, S. 19).

Laut einer Studie zu Start-up-Unternehmen in Deutschland befinden sich rund 22 Prozent der Start-ups in der sogenannten Seed-Phase, in der eine konzeptionelle

	2013 (N = 439)	2014 (N = 900)	2015 (N = 1056)	2016 (N = 1215)
Seed-Stage	21,9 %	21,4 %	17,5 %	21,8 %
Start-up Stage	45,6 %	44,1 %	46,7 %	48,3 %
Growth-Stage	31,9 %	26,8 %	27,5 %	23,0 %
Later-Stage	0,7 %	2,3 %	2,1 %	1,6 %
Steady-Stage	0,0 %	4,1 %	4,0 %	2,6 %

Abb. 3.6 Entwicklungsphasen von Start-up-Unternehmen. (Eigene Darstellung)

Ausarbeitung der Geschäftsidee im Vordergrund steht und meist noch keine Umsätze realisiert werden. Mit ca. 48 Prozent kann knapp die Hälfte aller Start-ups der sogenannten Start-up-Phase zugeordnet werden. Hierbei wird die Erarbei-tung eines marktreifen Angebotes forciert, wobei mit ersten Umsätzen gerechnet werden kann. Weitere 23 Prozent der Start-ups ordnen sich der Wachstumsphase zu und realisieren mit einem marktreifen Angebot steigende Umsätze und nutzen ihr Wachstumspotenzial für die Etablierung am Markt. Eine Minderheit von lediglich knapp zwei Prozent der deutschen Start-up-Unternehmen hat sich bereits vollstän-dig am Markt etabliert und plant den Börsengang oder hat diesen bereits vollzogen (Later-Stage). In der letzten Phase des Lebenszyklusmodells, der Steady-Stage Phase, welche im Deutschen mit der Stagnations-/Degenerationsphase vergleich-bar ist, befinden sich rund drei Prozent der Start-ups. Charakterisiert wird diese Phase durch stagnierende und rückläufige Umsatzerlöse und meist abnehmende Unternehmenstätigkeiten (vgl. Kollmann et al. 2016, S. 18 f.).

Gegenwärtig ist die Anzahl der Neugründungen in Deutschland rückläufig. Im Vorjahresvergleich fiel im Jahr 2015 die Gesamtzahl der Existenzgründer um 17 Prozent. Positiv zu vermerken ist jedoch, dass die Zahl der innovativen Gründer[1] im gleichen Zeitraum um sechs Prozent auf 95.000 gestiegen ist (vgl. Metzger 2016, S. 1). Um den positiven Wachstumstrend von Start-up-Unternehmen weiter zu fördern, wird seitens des Staates vermehrt Unterstützung angeboten, z. B. in Form von Förderprogrammen oder Finanzierungshilfen.

---

[1] Unter innovativen Gründern sind Gründer zu verstehen, die technologische Innovationen mithilfe von Forschung und Entwicklung marktreif entwickeln (vgl. hierzu Metzger 2016, S. 5).

Nachdem die grundsätzlichen Charakteristika von Start-up-Unternehmen dargestellt wurden, beziehen sich die nachfolgenden Ausführungen auf den Betriebstyp des Mittelstands und dessen spezielle Ausprägungen.

3.10 Mittelstand

Mittelständische Unternehmen erwirtschaften einen Großteil der Wertschöpfung der deutschen Volkswirtschaft (vgl. Hausch 2004, S. 5), und sind in breiter Öffentlichkeit (vgl. Bundesministerium für Wirtschaft und Technologie 2007) und Wissenschaft (vgl. Becker und Ulrich 2011, S. 2 ff.) ein gern diskutierter Gegenstand. Verwunderlich ist, im Gegensatz zur großen praktischen Relevanz des Themenkomplexes, die forschungsseitig eher rudimentäre Ausgestaltung der Mittelstandsforschung (vgl. Becker et al. 2008b, S. 4). Diese zeichnet sich unter anderem durch eine Vielfalt ähnlicher oder synonym verwendeter Begrifflichkeiten aus, wie z. B. kleine und mittlere Unternehmen (KMU), Mittelstand und Familienunternehmen, deren Abgrenzung weitgehend uneinheitlich ist (vgl. Damken 2007, S. 57 ff.).

Grundsätzlich existieren in Deutschland drei verbreitete Definitionen, die für eine Zuordnung von Unternehmen zur Gruppe des Mittelstands verwendet werden können. Zum einen ist dies der Mittelstandsbegriff der EU-Kommission (vgl. Europäische Kommission 1996, 2003), der eine rein quantitative Einteilung vorsieht, während die Definition des Mittelstandsbegriffs des Instituts für Mittelstandsforschung (IfM) Bonn sowohl quantitative als auch qualitative Aspekte berücksichtigt (vgl. Günterberg und Kayser 2004, S. 11). Schließlich hat sich die Definition des Europäischen Forschungsfeldes für Angewandte Mittelstandsforschung (EFAM) herausgebildet, die dieser Untersuchung zugrunde liegt. Die Definition berücksichtigt neben den in Abb. 3.7 genannten Größenklassen auch qualitative Merkmale:

- Alle eigentümergeführten Unternehmen und Familienunternehmen;
- Managementgeführte Unternehmen bis zu einer Mitarbeiterzahl von ca. 3000 Mitarbeitern und/oder bis zu einer Umsatzgröße von ca. 600 Mio. Euro;
- Unternehmen, die beide Definitionsmerkmale aufweisen.

Die kombinierte, qualitativ-quantitative Sichtweise dient als Abbild des Selbstverständnisses sowie der betrieblichen Realität des Mittelstands.

Eine Eingrenzung des Begriffs Mittelstand alleine durch quantitative oder qualitative Definitionen erweist sich als unzureichend (vgl. Wallau 2005, S. 1 ff.).

Unternehmensgröße	Beschäftigte	Jahresumsatz
Kleinstunternehmen	bis ca. 30	bis ca. 6 Mio. EUR
Kleine Unternehmen	bis ca. 300	bis ca. 60 Mio. EUR
Mittlere Unternehmen	bis ca. 3.000	bis ca. 600 Mio. EUR
Große Unternehmen	3.000 und mehr	ab ca. 600 Mio. EUR

Abb. 3.7 Quantitative Mittelstandsdefinition des EFAM. (Vgl. Becker und Ulrich 2011, S. 29)

Deshalb wird die Betrachtung um die beiden Aspekte Besitz und Leitung erweitert und als Grundlage einer Typologie mittelständischer Unternehmen verwendet. Nach Definition des EFAM lassen sich fünf charakteristische Unternehmenstypen innerhalb des Mittelstands unterscheiden.[2] Die Typologie ist in einem zweiten Schritt mit den bereits diskutierten quantitativen und qualitativen Mittelstandskriterien zu kombinieren.

Für die vorliegende Untersuchung sollen insbesondere die drei in Abb. 3.8 dargestellten Betriebstypen Eigentümer-Unternehmen, Familienunternehmen und Fremdgeführter Mittelstand, also der gesamte Mittelstand mit Familientradition, thematisiert werden.

Eine Vielzahl mittelständischer Unternehmen kann als Eigentümer-Unternehmen klassifiziert werden. Diese Unternehmen besitzen hinsichtlich ihrer Leitungs- und Besitzstruktur besondere Merkmale. Sowohl Besitz als auch Leitung können eindeutig einer Einzelperson zugeordnet werden. Bezüglich dieses Unternehmenstyps sind insbesondere die Auswirkungen der vorliegenden Besitz- und Leitungsstruktur auf die Ausprägung des Geschäftsmodells von Interesse. Hier besteht die Vermutung, dass persönliche Neigungen und Eigenschaften des Eigentümers das Unternehmen in besonderem Maße prägen.

Familienunternehmen weisen in Bezug auf Leitungs- und Besitzstruktur einen unmittelbaren Einfluss der Eigentümerfamilie auf. Oberster Entscheidungsträger (z. B. als CEO) ist stets ein Familienmitglied – auch dann, wenn ein Fremdmanagement in der Geschäftsführung etabliert ist.

Der fremdgeführte Mittelstand zeichnet sich dadurch aus, dass sich das Unternehmen im Besitz einer Einzelperson oder einer Familie (mindestens zwei

---

[2] Die detaillierte Beschreibung der einzelnen Unternehmenstypen kann bei Becker und Ulrich (2011), S. 30 f. nachvollzogen werden.

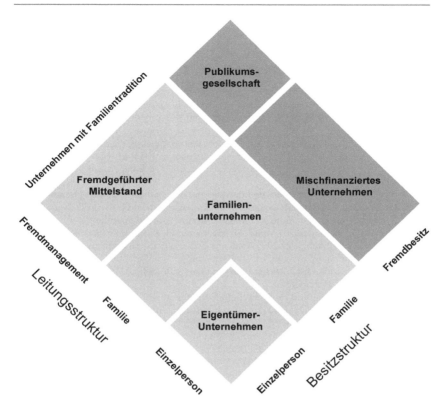

Abb. 3.8   Typologie des Mittelstands. (Vgl. Becker und Ulrich 2011, S. 30)

Personen) befindet, während die Leitung komplett an ein externes Management vergeben wurde. Aufgrund der zunehmenden Entfernung der Familie vom operativen Geschäft werden in Anlehnung an die quantitative Mittelstandsdefinition nur Unternehmen bis ca. 3000 Mitarbeiter oder 600 Mio. Euro Jahresumsatz zu dieser Gruppe gezählt. Größere Unternehmen mit ähnlichen Besitz- und Leitungsstrukturen sind qualitativ eher den Publikumsgesellschaften zuzuordnen.

Literatur

Antlitz, A. 1999. *Unternehmensgrenzen und Kooperationen: Make-cooperate-or-buy im Zusammenspiel von Kompetenz- und Strategieentwicklung.* Wiesbaden: Deutscher Universitätsverlag.

Bach, N., W. Buchholz, und B. Eichler. 2003. Geschäftsmodelle für Wertschöpfungsnetzwerke – Begriffe und konzeptionelle Grundlagen. In *Geschäftsmodelle für Wertschöpfungsnetzwerke*, Hrsg. N. Bach, W. Buchholz, und B. Eichler, 2–20. Wiesbaden: Gabler Verlag.

Backes-Gellner, U., und A. Werner. 2007. Entrepreneurial signaling via education: A success factor in innovative start-ups. *Small Business Economics* 29 (1–2): 173–190.

Barney, J. 1991. Firm resources and sustained competitive advantage. *Journal of Management* 17 (1): 99–120.

Becker, W. 2001. Integrierte Kosten- und Leistungsführerschaft als modernes Orientierungsmuster für das strategische Management. In *Bamberger Betriebswirtschaftliche Beiträge*, Nr. 129. Bamberg: Lehrstuhl für Unternehmensführung und Controlling.

Becker, W. 2017. Strategisches Value Management. In *Bamberger Betriebswirtschaftliche Beiträge*, 17. Aufl., Nr. 243. Bamberg: Lehrstuhl für Unternehmensführung und Controlling.

Becker, W., und P. Ulrich. 2011. *Mittelstandsforschung – Begriffe, Relevanz und Konsequenzen.* Stuttgart: Kohlhammer.

Becker, J., R. Knackstedt, und D. Pfeiffer. 2008a. Vorwort. In *Wertschöpfungsnetzwerke – Konzepte für das Netzwerkmanagement und Potenziale aktueller Informationstechnologien*, Hrsg. J. Becker, R. Knackstedt, und D. Pfeiffer, V–VII. Heidelberg: Physica-Verlag.

Becker, W., M. Staffel, und P. Ulrich. 2008b. *Mittelstand und Mittelstandsforschung.* Bamberg: Otto-Friedrich-Universität Bamberg.

Becker, W., B. Baltzer, und P. Ulrich. 2014. *Wertschöpfungsorientiertes Controlling – Konzeption und Umsetzung.* Stuttgart: Kohlhammer Verlag.

Bidlingmaier, J. 1967. Begriff und Formen der Kooperation im Handel. In *Absatzpolitik und Distribution – Karl Christian Behrens zum 60. Geburtstag*, Hrsg. J. Bidlingmaier, H. Jacobi, und E. W. Uherek, 353–395. Wiesbaden: Springer-Gabler Verlag.

Blohm, H. 1980. Kooperation. In *Handwörterbuch der Organisation*, Hrsg. E. Grochla, 1112–1117. Stuttgart: C.E. Poeschel Verlag.

Boehme, J. 1986. *Innovationsförderung durch Kooperation: Zwischenbetriebliche Zusammenarbeit als Instrument des Innovationsmanagements in kleinen und mittleren Unternehmen bei Einführung der Mikroelektronik in Produkte und Verfahren.* Berlin: Schmidt Verlag.

Bolz, A. E. 2008. *Innovation, Kooperation und Erfolg junger Technologieunternehmungen: Konzept – Panelstudie – Gestaltungsempfehlungen.* Wiesbaden: Gabler Verlag.

Bott, H. 1967. *Zwischenbetriebliche Kooperation und Wettbewerb.* Wiesbaden: Deutscher Universitätsverlag.

Bundesministerium für Wirtschaft und Technologie. 2007. Dokumentation Nr. 561: *Der Mittelstand der Bundesrepublik Deutschland – Eine volkswirtschaftliche Bestandsaufnahme.* http://www.ifm-bonn.org//uploads/tx_ifmstudies/BMWI-Dokumentation-561.pdf. Zugegriffen: 03. März 2017.

Burr, W., und M. Stephan. 2006. *Dienstleistungsmanagement: Innovative Wertschöpfungskonzepte im Dienstleistungssektor.* Stuttgart: Kohlhammer.

Casadesus-Masanell, R., und J. E. Ricart. 2010. From strategy to business models and onto tactics. *Long Range Planning* 43 (2–3): 195–215.

Cavalcante, S., P. Kesting, und J. Ulhøi. 2011. Business model dynamics and innovation. (re) establishing the missing linkages. *Management Decision* 49 (8): 1327–1342.

Charitou, C. D., und C. Markides. 2004. Competing with dual business models: A contingency approach. *The Academy of Management Executives* 18 (3): 22–36.

Chesbrough, H. 2007. Business model innovation. It's not just about technology anymore. *Strategy & Leadership* 35 (6): 12–17.

Chesbrough, H. 2010. Business model innovation. Opportunities and barriers. *Long Range Planning* 43 (2–3): 354–363.

Coase, R. H. 1937. The nature of the firm. *Economica* 4 (16): 386–405.

Coenenberg, A. G., und H.-G. Baum. 1987. *Strategisches Controlling – Grundfragen der strategischen Planung und Kontrolle.* Stuttgart: Kohlhammer Verlag.

Damken, N. 2007. *Corporate Governance in mittelständischen Kapitalgesellschaften – Bedeutung der Business judgment rule und der D & O-Versicherung für Manager im Mittelstand nach der Novellierung des § 93 AktG durch das UMAG.* Oldenburg: Edewecht.

Das, T. K., und B. Teng. 2000. A resource-based theory of strategic alliances. *Journal of Management* 26 (1): 31–61.

Davidsson, P., und M. Klofsten. 2003. The business platform: Developing an instrument to gauge and to assist the development of young firms. *Journal of small business management* 41 (1): 1–26.

Demil, B., und X. Lecocq. 2010. Business model evolution. In search of dynamic consistency. *Long Range Planning* 43 (2–3): 227–246.

Deutsch, M. 1949. A theory of cooperation and competition. *Human Relations* 2: 129–151.

Duden. 2017. http://www.duden.de/rechtschreibung/Kooperation. Zugegriffen: 05. März 2017.

Düttmann, B. 1989. *Forschungs- und Entwicklungskooperationen und ihre Auswirkungen auf den Wettbewerb.* Bergisch Gladbach. Köln: Josef Eul Verlag.

Europäische Kommission. 1996. KMU-Definition: Empfehlung der Kommission 96/280/EG vom 3. April 1996. In *Amtsblatt der Europäischen Gemeinschaft, Nr. L107 vom 30. April 1996.* Zitiert: Europäische Kommission 1996.

Europäische Kommission. 2003. KMU-Definition: Empfehlung der Kommission 2003/361/ EG vom 6. Mai 2003. In *Amtsblatt der Europäischen Gemeinschaft, Nr. L124 vom 20. Mai 2003.* Zitiert: Europäische Kommission 2003.

Fischer, B. 2006. *Vertikale Innovationsnetzwerke – Eine theoretische und empirische Analyse.* Wiesbaden: Gabler Verlag.

Frank, F. 1994. *Strategische Partnerschaften in mittelständischen Unternehmen.* Wiesbaden: Gabler Verlag.

Freitag, M. 1998. Die Bedeutung der Kooperation für den Innovationserfolg kleiner und mittlerer Unternehmen. In *Beitrag zu den Dresdner Innovationsgesprächen 5.–6.5.1998.* Dresden.

Friese, M. 1998. *Kooperation als Wettbewerbsstrategie für Dienstleistungsunternehmen.* Wiesbaden: Deutscher Universitätsverlag.

Gälweiler, A. 1990. *Strategische Unternehmensführung,* 2. Aufl. Frankfurt am Main/New York: Concept Verlag.

Gassmann, O., K. Frankenberger, und M. Csik. 2013. *Geschäftsmodelle entwickeln. 55 innovative Konzepte mit dem St. Galler Business Model Navigator.* München: Hanser Verlag.

George, G., und A. Bock. 2011. The business model in practice and its implications for entrepreneurship research. *Entrepreneurship Theory and Practice* 35 (1): 83–111.

Gerybadze, A. 2005. Management von Technologieallianzen und Kooperation. In *Handbuch Technologie- und Innovationsmanagement: Strategie, Umsetzung, Controlling*, Hrsg. S. Albers und O. Gassmann, 155–174. Wiesbaden: Gabler Verlag.

Grant, R. M. 1991. The resource-based theory of competitive advantage: Implication for strategy formulation. *California Management Review* 33 (3): 114–135.

Günterberg, B., und G. Kayser. 2004. *SMEs in Germany – facts and figures 2004*. IfM Materialien Nr. 161. Bonn: Institut für Mittelstandsforschung.

Hacker, W. 1998. *Allgemeine Arbeitspsychologie*. Bern: Huber Verlag.

Hagenhoff, S. 2004. Kooperationsformen: Grundtypen und spezielle Ausprägungen. In *Arbeitsbericht Nr.4/2004*, Hrsg. M. Schumann, 1–31. Goethe-August-Universität Göttingen: Institut für Wirtschaftsinformatik.

Hakansson, H., und J. Johanson. 1988. Formal and informal cooperation strategies in international industry networks. In *Cooperative strategies in international business*, Hrsg. F. J. Contractor und P. Lorange, 369–379. Lexington: Lexington Books.

Halecker, B., und K. Hölzle. 2014. Klassifikation von Methoden zur Geschäftsmodellinnovation entlang eines system-orientierten Gesamtkonzepts. *Zeitschrift für KMU und Entrepreneurship* 62 (2): 183–190.

Hans, R. 2007. Geschäftsmodell-Innovation und Notwendigkeit des Change Management – Anspruch, Wirklichkeit und mögliche Lösungsansätze. IBM Global Business Services. In *Nachhaltiges Change Management*, Hrsg. F. Keuper und H. Groten, 181–197. Wiesbaden: Springer Verlag.

Harrigan, K. R. 1988. Joint ventures and competitive strategy. *Strategic Management Journal* 9 (2): 141–158.

Hasse, R. 2010. Ökonomisierungstendenzen bei Non-Profits, Großunternehmen und Startups – eine theoriegeleitete Diskussion empirischer Trends. In *Die Ökonomie der Organisation*, Hrsg. M. Endreß und T. Thomas Matys, 93–121. Wiesbaden: VS Verlag für Sozialwissenschaften.

Hausch, K. T. 2004. *Corporate Governance im deutschen Mittelstand. Veränderungen externer Rahmenbedingungen und interner Elemente*. Wiesbaden: Springer Verlag.

Hensel, J. 2007. *Netzwerkmanagement in der Automobilindustrie: Erfolgsfaktoren und Gestaltungsfelder*. Wiesbaden: Gabler Verlag.

Hippe, A. 1996. Betrachtungsebenen und Erkenntnisziele in strategischen Unternehmensnetzwerken. In *Management von Unternehmensnetzwerken: interorganisationale Konzepte und praktische Umsetzung*, Hrsg. K. Bellmann und A. Hippe, 87–117. Wiesbaden: Gabler Verlag.

Hochstein, D., und C. Winkler. 2009. Die Entstehung und Gestaltung von Unternehmensnetzwerken: Eine Analyse im Lichte der Neuen Institutionenökonomik. *Wirtschaftswissenschaftliches Studium* 38 (12): 606–611.

Horváth, P. 2017. Geschäftsmodellinnovationen – ein Muss im digitalen Zeitalter. Die Struktur des Geschäfts ist permanent anzupassen. *Zeitschrift für Familienunternehmen und Strategie* 03 (1): 80–84.

Howaldt, J., und F. Ellerkmann. 2011. Entwicklungsphasen von Netzwerken und Unternehmenskooperationen. In *Netzwerkmanagement – Mit Kooperation zum Unternehmenserfolg*, Hrsg. T. Becker, I. Dammer, J. Howaldt, und A. Loose, 3. Aufl., 23–36. Heidelberg, Berlin: Springer Verlag.

Jansen, S. A. 2016. *Mergers & Acquisitions: Unternehmensakquisitionen und –kooperationen: Eine strategische, organisatorische und kapitalmarkttheoretische Einführung*, 6. Aufl. Wiesbaden: Springer Verlag.

Jorde, T., und D. Teece. 1992. *Antitrust, innovation, and competitiveness*. Oxford: Oxford University Press.

Kieser, A., Ebers, M. 2006. *Organisationstheorien*. W. Kohlhammer Verlag: Stuttgart.

Killich, S. 2011. Formen der Unternehmenskooperationen. In *Netzwerkmanagement – Mit Kooperation zum Unternehmenserfolg*, Hrsg. T. Becker, I. Dammer, J. Howaldt, und A. Loose, 3. Aufl., 13–22. Heidelberg, Berlin: Springer Verlag.

Kirsch, W., und H. Grebenc. 1986. Strategisches management. *Das Wirtschaftsstudium* 15 (1): 33–37.

Klein, S. 1996. *Interorganisationssysteme und Unternehmensnetzwerke*. Wiesbaden: Deutscher Universitätsverlag.

Knoblich, H. 1969. Zwischenbetriebliche Kooperation: Wesen, Formen und Ziele. *Zeitschrift für Betriebswirtschaft* 39 (8): 497–514.

Knop, R. 2009. *Erfolgsfaktoren strategischer Netzwerke kleiner und mittlerer Unternehmen – Ein IT-gestützter Wegweiser zum Kooperationserfolg*. Wiesbaden: Gabler Verlag.

Kollmann, T., C. Stöckmann, S. Hensellek, und J. Kensbock. 2016. *Deutscher Start-up monitor 2016: Der perfekte Start*. http://deutscherstartupmonitor.de/fileadmin/dsm/dsm-16/studie_dsm_2016.pdf. Zugegriffen: 28. Febr. 2017

von Kortzfleisch, H. F. O. 1999. Virtuelle Unternehmen. *Die Betriebswirtschaft* 59 (5): 664–685.

Kraege, R. 1997. *Controlling strategischer Unternehmenskooperationen: Aufgaben, Instrumente und Gestaltungsempfehlungen*. München: Hampp Verlag.

Kreikebaum, H. 1987. Strategische Führung. In *Handwörterbuch der Führung*, Hrsg. A. Kieser, G. Reber, und R. Wunderer, 1898–1906. Stuttgart: C.E. Poeschel Verlag.

Kreikebaum, H. 1989. *Strategische Unternehmensplanung*, 3. Aufl. Stuttgart: Kohlhammer Verlag.

Krüger, W., und G. Schwarz. 1997. Konzeptionelle Analyse und praktische Bestimmung von Erfolgsfaktoren und Erfolgspotentialen. In *Zukunftsperspektiven der Organisation, Festschrift zum 65. Geburtstag von Prof. Dr. Robert Staerkle*, Hrsg. K. Bleicher und P. Gomez, 179–209. Bern: Stämpfli Verlag.

Kutschker, M. 1994. Strategische Kooperationen als Mittel der Internationalisierung. In *Die Unternehmung im internationalen Wettbewerb*, Hrsg. L. Schuster, 121–157. Berlin: Erich Schmidt Verlag.

Markides, C. 2006. Disruptive innovation: In need of better theory. *The Journal of Product Innovation Management* 23 (1): 19–25.

Mellewigt, T. 2007. *Management von strategischen Kooperationen: Eine ressourcenorientierte Untersuchung in der Telekommunikationsbranche*. Wiesbaden: Deutscher Universitätsverlag.

Metzger, G. 2016. *KfW Research: KfW Gründungsmonitor*. https://www.kfw.de/PDF/Download-Center/Konzernthemen/Research/PDF-DokumenteGr%C3%BCndungsmonitor/Gr%C3%BCndungsmonitor-2016.pdf. Zugegriffen: 28. Febr. 2017.

Meyer, J.-A., und K. Lorenzen. 2002. *Internationale Kooperationen von kleinen und mittleren Unternehmen – dargestellt am Beispiel deutsch-dänischer Unternehmen*. Lohmar-Köln: Josef Eul Verlag.

Mitchell, W., P. Dussauge, und B. Garrette. 2002. Alliances with competitors: How to combine and protect key resources? *Creativity and Innovation Management* 11 (3): 203–223.

Müller, M. W. 1999. *Erfolgsfaktoren und Management strategischer Allianzen und Netzwerke: Gestaltungshinweise für erfolgreiche Kooperationen; mit Fallbeispielen internationaler Transportdienstleistungsnetzwerke*. Dissertation. Rostock.

Müller-Stewens, G. 1995. Unternehmenskooperation und Führung (Fusion, Allianz, Joint Ventures). In *Handwörterbuch der Führung*, Hrsg. A. Kieser, G. Reber, und R. Wunderer, 2063–2074. Stuttgart: Schäffer-Poeschel Verlag.

Nickel, Y. 2008. Auftragssicherheit durch Kooperation. *Sozialwirtschaft* 18 (6): 24–26.

Nielsen, R. 1988. Cooperative strategy. *Strategic Management Journal* 9 (5): 475–492.

von der Oelsnitz, D. 2005. Kooperationen: Entwicklung und Verknüpfung von Kernkompetenzen. In *Kooperationen, Allianzen und Netzwerke: Grundlagen – Ansätze – Perspektiven*, Hrsg. D. Morschett, J. Zentes, und J. Swoboda, 2. Aufl., 183–210. Wiesbaden: Gabler.

Penrose, E. T. 1959. *The theory of the growth of the firm*. Oxford: Oxford University Press.

Pfohl, H.-C. 1988. Strategische Kontrolle. In *Handbuch Strategische Führung*, Hrsg. H. A. Henzler, 801–824. Wiesbaden: Gabler Verlag.

Picot, A. 1982. Transaktionskostenansatz in der Organisationstheorie. Stand der Diskussion und Aussagewert. *Die Betriebswirtschaft* 42 (2): 267–284.

Picot, A. 1989. Zur Bedeutung allgemeiner Theorienansätze für betriebswirtschaftliche Informationen und Kommunikation: Der Beitrag der Transaktionskosten- und Principal-Agent-Theorie. In *Die Betriebswirtschaftslehre im Spannungsfeld zwischen Generalisierung und Spezialisierung*, Hrsg. W. Kirsch und A. Picot, 361–380. Wiesbaden: Gabler Verlag.

Picot, A., R. Reichwald, und R. T. Wigand. 1996. *Die grenzenlose Unternehmung – Information, Organisation und Management*. Wiesbaden: Gabler Verlag.

Porter, M. E. 1981. The contribution of industrial organization to strategic management. *The Academy of Management Review* 6 (4): 609–620.

Porter, M. E. 2008. *Wettbewerbsstrategien: Methoden zur Analyse von Branchen und Konkurrenten*, 11. Aufl. Frankfurt am Main: Campus Verlag.

Porter, M. E., und M. B. Fuller. 1989. Koalitionen und globale Strategien. In *Globaler Wettbewerb, Strategien der neuen Internationalisierung*, Hrsg. M. Porter, 363–399. Wiesbaden: Gabler Verlag.

Powell, W. W. 1990. Neither market nor hierarchy: Network forms of organization. *Research in Organizational Behaviour* 12: 295–336.

Powell, W. W., K. W. Koput, und L. Smith-Doerr. 1996. Interorganizational collaboration and the locus of innovation: Networks of learning in biotechnology. *Administrative Science Quarterly* 41 (1): 116–145.

Prahalad, C. K., und G. Hamel. 1990. The core competence of the corporation. *Harvard Business Review* 68 (3): 79–91.

Rautenstrauch, T., L. Generotzky, und T. Bigalke. 2003. *Kooperationen und Netzwerke – Grundlagen und empirische Ergebnisse*. Köln-Lohmar: Josef Eul Verlag.

Reichwald, R., und M. Rupprecht. 1992. Einsatz von Informations- und Kommunikationstechnologien im Rahmen zwischenbetrieblicher Kooperation. In *Handbuch des Electronic Marketing – Funktionen und Anwendungen der Informations- und Kommunikationstechnik im Marketing*, Hrsg. A. Hermanns und V. Flegel, 407–428. München: C.H. Beck.

Richardson, G. B. 1972. The organisation of industry. *Economic Journal* 87 (327): 883–896.

Rief, A. 2008. *Entwicklungsorientierte Steuerung strategischer Unternehmensnetzwerke.* Wiesbaden: Gabler Verlag.

Rotering, J. 1993. *Zwischenbetriebliche Kooperation als alternative Organisationsform: ein transaktionskostentheoretischer Erklärungsansatz.* Stuttgart: Schäffer-Poeschel Verlag.

Rugman, A. M., und A. Verbeke. 2002. Edith Penrose's contribution to the resource-based view of strategic management. *Strategic Management Journal* 23 (8): 769–780.

Rupprecht-Däullary, M. 1994. *Zwischenbetriebliche Kooperationen: Möglichkeiten und Grenzen durch neue Informations- und Kommunikationstechnologien.* Wiesbaden: Deutscher Universitätsverlag.

Schäper, C. 1997. *Entstehung und Erfolg zwischenbetrieblicher Kooperation: Möglichkeiten öffentlicher Förderung.* Wiesbaden: Gabler Verlag.

Schilke, O. 2007. *Allianzfähigkeit – Konzeption, Messung, Determinanten, Auswirkung.* Wiesbaden: Gabler Verlag.

Schneider, S., und P. Spieth. 2013. Business model innovation: Towards an integrated future research agenda. *International Journal of Innovation Management* 17 (1): 1–34.

Scholz, C. 1987. *Strategisches Management – Ein integrativer Ansatz.* Berlin, New York: De Gruyter.

Schonert, T. 2008. *Interorganisationale Wertschöpfungsnetzwerke in der Automobilindustrie: Die Ausgestaltung von Geschäftsbeziehungen am Beispiel internationaler Standortentscheidungen.* Wiesbaden: Gabler Verlag.

Semlinger, K. 2006. Effizienz und Autonomie in Zulieferungsnetzwerken – Zum strategischen Gehalt von Kooperation. In *Management von Netzwerkorganisationen – Beiträge aus der Managementforschung*, Hrsg. J. Sydow, 5. Aufl., 29–74. Wiesbaden: Springer Gabler Verlag.

Siebert, H. 2010. Ökonomische Analyse von Unternehmensnetzwerken. In *Management von Netzwerkorganisation – Beiträge aus der Managementforschung*, Hrsg. J. Sydow, 5. Aufl., 7–29. Wiesbaden: Springer Gabler Verlag.

Simon, A. 2013. Wettbewerbsvorteile durch Innovationskooperationen: Eine ressourcen- und beziehungsorientierte Untersuchung in der deutschen Metall- und Elektroindustrie. In *Technologiemanagement, Innovation und Beratung*, Hrsg. H. Klandt, N. Szyperski, und J. G. Bischoff, Bd. 31. Lohmar-Köln: Josef Eul Verlag.

Skarzynski, P., und R. Gibson. 2008. *Innovation to the core. A blueprint for transforming the way your company innovates.* Boston: Harvard Business Press.

Smith, K. G., J. C. Stephen, und J. A. Susan. 1995. Intra- and interorganizational cooperation: Towards a research agenda. *The Academy of Management Journal* 38 (1): 7–23.

Sontag, B. 2012. *Strategische Erfolgsfaktoren professioneller Sportorganisationen.* Wiesbaden: Gabler Verlag.

Spieß, E. 2004. Kooperation und Konflikt. In *Enzyklopädie der Psychologie/Organisationspsychologie. Band 4: Organisationspsychologie – Gruppe und Organisation*, Hrsg. H. Schuler, 193–250. Göttingen: Hogrefe.

Stähler, P. 2002. *Geschäftsmodelle in der digitalen Ökonomie. Merkmale, Strategien und Auswirkungen. Merkmale von Geschäftsmodellen in der digitalen Ökonomie*, 2. Aufl. Lohmar-Köln: Josef Eul Verlag.

Stopford, J. M., und C. W. F. Baden-Fuller. 1992. *Rejuvenating the mature business: The competitive challenge.* Boston: Harvard Business School Press.

Sydow, J. 1991. *Unternehmensnetzwerke: Begriffe, Erscheinungsformen und Implikationen für die Mitbestimmung.* Düsseldorf: Hans-Böckler-Stiftung.

Sydow, J. 1992. Strategische Netzwerke und Transaktionskosten: Über die Grenzen einer transaktionskostentheoretischen Erklärung der Evolution strategischer Netzwerke. In *Managementforschung 2*, Hrsg. W. H. Staehle und P. Conrad, 239–311. Berlin: De Gryter.

Sydow, J., und G. Möllering. 2009. *Produktion in Netzwerken – Make, Buy & Cooperate*, 2. Aufl. München: Vahlen Verlag.

Tjaden, G. 2002. *Erfolgsfaktoren virtueller Unternehmen – eine theoretische und empirische Untersuchung.* Wiesbaden: Deutscher Universitätsverlag.

Tröndle, D. 1987. *Kooperationsmanagement.* Bergisch Gladbach: Josef Eul Verlag.

Udy, S. H. 1959. „Bureaucracy" and „rationality" in Weber's organization theory: An empirical study. *American Sociological Review* 24: 791–795.

Wallau, F. 2005. Mittelstand in Deutschland – Vielzitiert, aber wenig bekannt. In *Mittelstand in Lehre und Praxis – Beiträge zur mittelständischen Unternehmensführung und zur Betriebswirtschaftslehre mittelständischer Unternehmen*, Hrsg. F. Meyer, F. Wallau, J. Wiese, und H. Wilbert, 1–15. Aachen: Shaker Verlag.

Wernerfelt, B. 1984. A resource-based view of the firm. *Strategic Management Journal* 5: 171–180.

Westerbarkey, M. 2004. *Jenseits der Grenzen: Transnationales Networking von Nonprofit-Organisationen – Commitment in der Beziehungsgestaltung von Netzwerken der humanitären Hilfe.* Bad Heilbrunn: Julius Klinkhardt Verlag.

Whetten, D. A. 1977. Toward a contingency model for designing interorganizational service delivery systems. *Organization and Administrative Science* 8 (1): 77–96.

Williamson, O. E. 1975. *Markets und hierarchies: Analysis and antitrust implications.* New York: Free Press.

Williamson, O. E. 1985. *The economic institutions of capitalism.* New York: Free Press.

Williamson, O. E. 1991. Comparative economic organization: The analysis of discrete structural alternatives. *Administrative Science Quarterly* 36: 269–296.

Wöhe, G., und U. Döhring. 2002. *Einführung in die allgemeine Betriebswirtschaftslehre*, 21. Aufl. München: Vahlen Verlag.

Wolf, J. 2013. *Organisation, Management, Unternehmensführung. Theorien, Praxisbeispiele und Kritik*, 5. Aufl. Wiesbaden: Springer-Gabler Verlag.

Woodward, J. 1958. *Management and Technology.* London: HMSO.

Wunder, T. 2016. Geschäftsmodellinnovation. Systematisch neue Wettbewerbsvorteile schaffen. *Zeitschrift für Führung und Organisation* 85 (5): 358–361.

Zentes, J., und B. Swoboda. 2001. *Grundbegriffe des Marketing*, 5. Aufl. Stuttgart: Schaeffer-Poeschel Verlag.

Zott, C., und R. Amit. 2012. Creating value through business model innovation. *MIT Sloan Management Review* 53 (3): 40–49.

Zott, C., R. Amit, und L. Massa. 2011. The business model: Recent developments and future research. *Journal of Management* 37 (4): 1019–1042.

Forschungsmethodik 4

Das nachfolgende Kapitel widmet sich der Darstellung des allgemeinen Forschungsdesigns, der Erhebungsmethoden sowie der Beschreibung des Ablaufs der Datenerhebung. Weiterhin soll auf die Methoden der Datenauswertung und die Erfüllung der Gütekriterien eingegangen werden. Die hier vorliegende Studie verfolgt den Ansatz der Triangulation und enthält somit Ausführungen aus der quantitativen, online-basierten Umfrage sowie den qualitativ-empirischen Experteninterviews, die paradigmatisch in Fallstudienform dargestellt werden. Mit dieser Vorgehensweise, lassen sich die quantitativen empirischen Ergebnisse aus der großzahlig angelegten Forschungsstudie mit den Interviewdaten und stark fallbasierten Meinungen kontrastieren und dadurch weitere wertvolle Erkenntnisse erlangen. Des Weiteren spielt die praxisorientierte Sicht auf das Thema in diesem Kapitel eine wesentliche Rolle und leistet somit einen maßgeblichen Beitrag in der vermehrt geforderten praxisorientierten Forschung.

4.1 Forschungsdesign

Die Ableitung des Forschungsdesigns soll aus den Zielsetzungen des Forschungsprojekts erfolgen. Hierzu wird zunächst das Feld möglicher Forschungsdesigns aufgespannt. Anschließend wird vor dem Hintergrund der Ziele des vorliegenden Beitrags ein geeignetes Forschungsdesign ausgewählt. Die daraus folgenden Konsequenzen für den Aufbau der Studie werden ebenfalls erläutert.

Grundsätzlich folgt jede empirische Forschungsarbeit einem logischen Aufbau, der Auskunft über zentrale Arbeitsschritte und eingesetzte Forschungsinstrumente gibt (vgl. Atteslander 2003, S. 55). Dieser schematische Forschungsaufbau wird in der Literatur als Forschungsdesign oder Untersuchungsanordnung bezeichnet (vgl.

© Springer Fachmedien Wiesbaden GmbH, ein Teil von Springer Nature 2018   55
W. Becker et al., *Kooperationen zwischen Mittelstand und Start-up-Unternehmen*,
Management und Controlling im Mittelstand,
https://doi.org/10.1007/978-3-658-19646-2_4

Schnell et al. 2005, S. 211). Er beschreibt die grundlegende Art und Weise, in der eine empirische Fragestellung untersucht werden soll.

Damit verbunden sind alle Entscheidungen, welche beispielsweise die Stichprobenauswahl, die Wahl der Erhebungsmethoden und der Analysestrategien betreffen. Dabei ist ein Forschungsdesign nicht mit der Methode der Datensammlung (qualitativ und/oder quantitativ) gleichzusetzen. Vielmehr ist ein Forschungsdesign umfassender zu betrachten. Es bildet die logische Struktur einer Untersuchung ab, welche die Methode der Datensammlung beinhaltet. Durch Reduktion eines Forschungsdesigns ausschließlich auf die Methodenebene wird vielfach die Gesamtsicht auf die Zielsetzung der Untersuchung, nämlich möglichst widerspruchsfreie Erkenntnisse abzuleiten, verengt (vgl. Homburg et al. 2009, S. 175). Um bestmöglich Forschungsfragen zu klären, gewinnen deshalb Forschungsdesigns, die pragmatisch sowohl quantitative als auch qualitative Methoden umfassen (sog. Mixed Method Research) zunehmend an Bedeutung, wobei der Einsatz, wie in Abb. 4.1 ersichtlich, parallel oder sequenziell erfolgen kann (vgl. Creswell und Plano Clark 2007, S. 5).

Quantitative Forschungsmethoden basieren auf der zahlenmäßigen Erhebung und Beschreibung von Sachverhalten. In dieser numerischen Abbildung der Realität grenzen sie sich von qualitativen Methoden ab, die die verbale Beschreibung ihrer Untersuchungsobjekte anstreben.

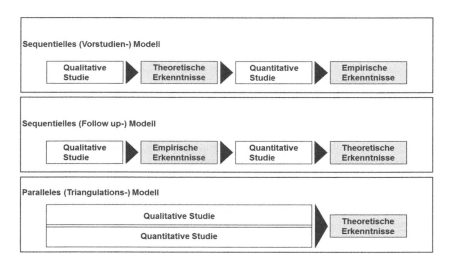

Abb. 4.1   Integration qualitativer/quantitativer Designs. (Vgl. Srnka 2007, S. 254)

Qualitative Methoden sind deshalb durch die Umwandlung von Merkmalsausprägungen in numerischem Format gekennzeichnet, wo Daten nicht natürlich in Zahlenform vorliegen (vgl. Schwaiger und Zimmermann 2009, S. 421 f.). Im Hinblick auf die Erklärungsmethodik lassen sich Forschungsdesigns in explorativ und konfirmatorisch differenzieren. Dabei versucht der explorative Ansatz unter einer großen Zahl eventuell möglicher Variablen, Strukturen und Zusammenhänge zu erkunden und zu entdecken. Die konfirmatorische Forschung hingegen baut auf bereits untersuchten Wirkungszusammenhängen auf und überprüft die aus der verwendeten Theorie begründeten Thesen empirisch (siehe Abb. 4.2) (vgl. Backhaus et al. 2003, S. 7).[1]

Aus den Ausführungen der Grundlagenkapitel wird deutlich, dass Kooperationen grundsätzlich als Erfolgsfaktor fungieren können. Weniger weit verbreitet ist jedoch der Einblick in Kooperationen zwischen noch jungen, vor allem technologiespezialisierten Start-up-Unternehmen und etablierten Mittelständlern, was Gegenstand des hier vorliegenden Beitrags ist. Zudem ist festzuhalten, dass dieser spezielle Sachverhalt in der Literatur und angewandten Wissenschaft bisher eher rudimentär behandelt wurde und daher nur eine geringe Zahl an konzeptionellen und empirischen Studien dazu vorliegt.

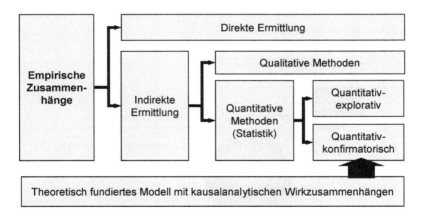

Abb. 4.2 Ermittlung empirischer Zusammenhänge. (Vgl. Becker 2011, S. 88)

---

[1] Backhaus et al. unterscheiden im Hinblick auf die der Forschung zugrunde liegenden Fragestellung allgemein in strukturentdeckende und strukturprüfende Verfahren.

Das grundlegende Ziel der hier vorliegenden Studie besteht darin, die Kooperationen zwischen Start-up-Unternehmen und Mittelständlern phänomenbezogen
zu untersuchen und zu spezifizieren. Hierin begründet sich die Notwendigkeit,
neue Daten zu generieren und in diesem Kontext zur Mehrung der Wissensbasis
für den Mittelstand beizutragen. Es soll insbesondere geklärt werden, wie sich der
Kooperationsprozess gestaltet und welche Nutzenaspekte durch Kooperationen
realisiert werden können. Dies führt dazu, dass in der vorliegenden Forschungs-
aktion quantitativ-konfirmatorische Elemente zum Einsatz kommen. Gleichzeitig soll der bisher eher rudimentäre Charakter des Kenntnisstands um wichtige
Aspekte erweitert werden, was wiederum mit einer Erweiterung um qualitativ-
exploratorische Elemente erreicht werden soll. Neben der wissenschaftlich moti-
vierten Zielsetzung sollen die Studienergebnisse zudem Handlungsempfehlungen
für eine mögliche Kooperationsausgestaltung in der Praxis liefern.

Sinnvolle Forschungserkenntnisse können nach der Ansicht Beckers nur
durch die Synthese von aus betriebswirtschaftlichen Theorien abgeleiteten und
aus empirischen Daten hergeleiteten Argumentationsschritten entstehen (siehe
Abb. 4.3) (vgl. Becker 1990, S. 296). Die Forschung im Gegenstrom nach Becker
findet in der vorliegenden Studie Anwendung, indem deduktiv aus theoretischen
Erkenntnissen und induktiv aus bestehenden empirischen Studien mögliche Aus-
gestaltungsformen von Kooperationen zwischen Mittelständlern und Start-up-Unternehmen abgeleitet werden.

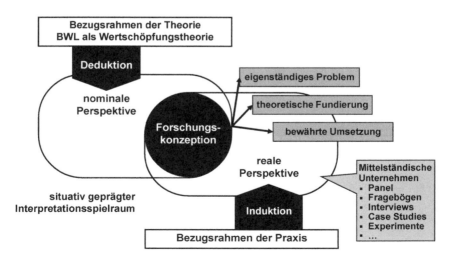

Abb. 4.3 Forschung im Gegenstrom. (In Anlehnung an Becker 1990, S. 296)

4.2 Erhebungsmethoden

Für die Gewinnung von Daten stehen vielfältige Möglichkeiten zur Verfügung. Die Auswahl eines geeigneten Erhebungsverfahrens hängt von drei zentralen Faktoren ab: der inhaltlichen Fragestellung, dem Zugang zum Feld sowie von den Kosten, die die Studie verursachen darf und denen, die bei der Anwendung der Erhebungsmethode tatsächlich entstehen. Im Rahmen einer quantitativen Untersuchung ist es häufig nicht möglich, alle Objekte einer Grundgesamtheit zu untersuchen. Die relevante Grundgesamtheit kann unbekannt oder eine Vollerhebung durch die Größe der untersuchten Population zu aufwendig sein (vgl. Bortz und Döring 2002, S. 399). In solchen Fällen werden Stichproben gezogen und untersucht.

Gemäß der Zielsetzung soll sich die Untersuchung daher auf der einen Seite auf mittelständische Unternehmen in Deutschland beschränken und andererseits näher auf technologiespezialisierte Start-up-Unternehmen in Deutschland eingehen. Als Grundgesamtheit dienen somit all diejenigen mittelständischen und Start-up-Unternehmen, welche unter die anfangs genannten Definitionen fallen. Aufgrund der Vielzahl der unter die ebengenannte Definition fallenden Unternehmen bietet sich eine Teilerhebung an. Diese bezieht lediglich einen Teil der Grundgesamtheit, eine sog. Stichprobe, in die Untersuchung ein. Dabei sollen die Merkmalsträger so ausgewählt werden, dass sie hinsichtlich der Untersuchungsmerkmale repräsentativ für die Grundgesamtheit sind und somit einen sog. Repräsentationsschluss von der Stichprobe auf die Grundgesamtheit ermöglichen. Voraussetzung hierfür ist eine Strukturgleichheit (Isomorphie) zwischen Stichprobe und Grundgesamtheit, d. h. die in der übergeordneten Grundgesamtheit bestehenden Relationen müssen sich in der Stichprobe wiederfinden (vgl. Böhler 2004, S. 131 f.).

Als klassisches Verfahren der Datenerhebung kann die Befragung genannt werden. Es lassen sich persönlich-mündliche, schriftliche, telefonische und Onlinebefragungen unterscheiden. Zur Verfolgung eines quantitativen Ansatzes muss darauf geachtet werden, die Daten möglichst standardisiert zu erheben (vgl. Diekmann 2007, S. 373 f.). Geleitet von dem Ziel, eine möglichst breite Querschnittserhebung durchzuführen, wird zur Erhebung der Daten auf das Erhebungsinstrument der schriftlichen Befragung mithilfe eines semi-standardisierten Fragebogens zurückgegriffen. Bei einer rein schriftlichen Befragung wird der Nachteil in Kauf genommen, dass die Erhebungssituation unkontrolliert ist und die befragten Personen Fragen möglicherweise falsch verstehen (vgl. Bortz und Döring 2006, S. 253). Die Konstruktion eines Fragebogens ist als Kunstlehre (vgl. Schumann 2000, S. 51) zu bezeichnen. Dabei ist die Operationalisierung der Forschungsfragen im Fragebogen das Hauptproblem bei der Fragebogen-Entwicklung. In der Fachliteratur werden mittlerweile alle Arten von Fragetypen beschrieben.

Offenheit bis hin zu respektiver Geschlossenheit einer Frage bezeichnen den Spielraum, der dem Antwortenden gelassen wird. Die offene Frage enthält keine festen Antwortkategorien. Die befragte Person kann ihre Antwort völlig selbstständig formulieren. Diese wird erst später bei der Auswertung bestimmten Kategorien zugeordnet. Bei der geschlossenen Frage werden dem Befragten zugleich auch alle möglichen oder zumindest alle relevanten Antworten – nach Kategorien geordnet – vorgelegt (vgl. Atteslander 2010, S. 146). Offene Fragen helfen Unwissenheit und Missverständnisse zu entdecken. Geschlossene Fragen bringen dagegen eine größere Einheitlichkeit der Antworten und erhöhen die Vergleichbarkeit. Bei einer skalierten Frage wird die Intensität einer Meinung messbar gemacht.

Zum Zweck der größtmöglichen Standardisierung wurden in der vorliegenden Studie mehrheitlich geschlossene Fragen formuliert, sowohl in skalierter als auch in nicht-skalierter Form. Skalierte Fragen enthalten stärker differenzierte Antwortmöglichkeiten, nicht-skalierte Fragen dagegen enthalten oft nur ja/nein-Antwortmöglichkeiten. Das Vorgeben fester Antwortalternativen fordert nur das Wiedererkennungsvermögen der Befragten. Dies erleichtert sowohl die Beantwortung als auch die Auswertung des Fragebogens.

Einige Fragen wurden als halboffene Fragen konzipiert, d. h. es erfolgte eine Kombination aus offenen und geschlossenen Antwortalternativen. Der Befragte kann somit bei Bedarf zusätzlich zu den standardisierten Antwortalternativen ergänzende, in der Regel qualitative Aussagen formulieren (vgl. Diekmann 2007, S. 408). In Bereichen, in denen die Literatur nur wenig Anhaltspunkte für die Formulierung geschlossener bzw. halboffener Fragen lieferte, wurden offene Fragen gestellt. Der Verwendung geeigneter Skalen kommt im Forschungsprozess überragende Bedeutung zu. Die Skalentypen der Fragen entscheiden darüber, welche sinnvollen Aussagen daraus abgeleitet werden können. Grundsätzlich sind Nominal-, Ordinal-, Intervall-, Ratio- und Absolutskalen zu unterscheiden. Im hier eingesetzten Fragebogen kam v. a. die sogenannte Likert-Skala (Ordinalskala) zum Einsatz. Sie dient zur Messung von Einschätzungen (vgl. Rodeghier 1997, S. 19).

Die der vorliegenden Studie zugrunde liegenden Fragebögen wurden jeweils für die zwei Betriebstypen, Mittelstand und Start-up-Unternehmen, separat erstellt und ausgearbeitet, wie in Abb. 4.4 vereinfacht dargestellt. Der Aufbau der Fragebögen ist jedoch für die jeweiligen Unternehmensgruppen thematisch identisch und besteht aus insgesamt acht Teilen. Der erste Teil bezieht sich auf die allgemeinen klassifikatorischen Angaben zum Unternehmen, woran anschließend der gegenwärtige Kooperationsstand im zweiten Teil thematisiert wird. Diese Frage wiederum fungiert als Filter, der die Stichprobe entsprechend gruppiert. In Fall 1 werden diejenigen Unternehmen inkludiert, die bereits Erfahrungen mit Kooperationen aufweisen und/oder sich in einer Kooperation befinden. In Fall 2 werden

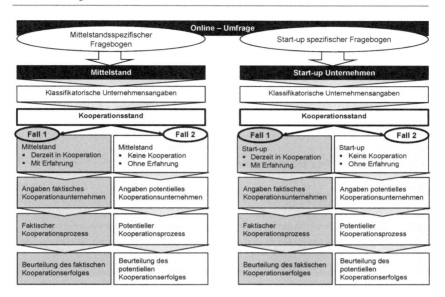

Abb. 4.4   Vereinfachter Aufbau des Fragebogens. (Eigene Darstellung)

indes Unternehmen berücksichtigt, die keinerlei Erfahrungen mit Kooperationen aufweisen und/oder derzeit nicht kooperieren. Im Anschluss daran erfolgen für beide Stichprobengruppen jeweils Angaben zur Kooperation (Teil 3), zur Anbahnung bzw. Initiierung von Kooperationen (Teil 4), der Durchführung der Kooperation (Teil 5), der Ausstiegs- und Fortsetzungsszenarien (Teil 6) sowie der Selbst- und Fremdbildreflexion (Teil 7). Abschließend gilt es, eine Erfolgsbeurteilung der Kooperation abzugeben (Teil 8), die Fragen nach den Auswirkungen auf das Geschäftsmodell sowie nach dem Neigungsverhalten gegenüber zukünftigen Kooperationen beinhaltet.

Eine Triangulation bezieht sich auf die Verbindung unterschiedlicher qualitativer und quantitativer Erhebungsmethoden. Beide Methoden lassen sich nach Kluge miteinander kombinieren und verbinden (vgl. Kluge 2001, S. 63 ff.). Im vorliegenden Fall wurde die Fokussierung der standardisierten Befragung für die Gestaltung des Leitfadens für die Interviews genutzt, um so die quantitativen Ergebnisse der schriftlichen Befragung durch Experteninterviews zu flankieren bzw. zu verifizieren.

Nach Gläser und Laudel sind Experten definiert als „[…] Menschen, die ein besonderes Wissen über soziale Sachverhalte besitzen, und Experteninterviews sind eine Methode, dieses Wissen zu erschließen" (Gläser und Laudel 2006, S. 10). Sie sind folglich kein Untersuchungsobjekt, sondern Medien, die befragt werden, um Erkenntnisse zum eigentlichen Untersuchungsobjekt zu erlangen. Schließlich wurde durch die Experteninterviews die Äquidistanz der Skalenwerte validiert und somit wird die vorgenannte Likert-Skala, die im Wesentlichen eine Ordinalskala ist, zu einer Intervallskala, bei der von gleichgroßen Abständen zwischen den Ausprägungen auszugehen ist.

4.3   Ablauf der Datenerhebung

Im Folgenden soll der Ablauf der Datenerhebung der empirischen Studie dargestellt werden. Die Herangehensweise an die Datensammlung für die empirische Studie ist an einen Standardartikel zur Konzeptualisierung komplexer Konstrukte angelehnt (vgl. Homburg und Giering 1996, S. 11 f.).[2] Es werden folgende fünf Schritte verfolgt:

Der erste Schritt der Grobkonzeptualisierung ist bedeutend, um ein grundlegendes Verständnis für die zu untersuchende Fragestellung zu erhalten. In der vorliegenden Studie wurde hierzu eine ausführliche Literaturrecherche genutzt, um den Status Quo der Forschungslandschaft zu diesem Thema darzustellen. Der nächste Schritt ist die Konstruktion einer ersten Version des Fragebogens. Diese wurde in einem Pretest von insgesamt 10 Probanden evaluiert. Ziel war hierbei vor allem die Überprüfung nachfolgender Aspekte:

- Interesse gegenüber der Befragung;
- Verständnis der Fragen;
- Schwierigkeitsgrad der Fragen;
- Dauer der Befragung sowie
- Effekte der Frageanordnung.

Neben diesen Kriterien wurde der Fragebogen mehrfach überarbeitet und dann eine endgültige Version erstellt. Darauf erfolgte die eigentliche Datenerhebung im Zeitraum von Juli bis August 2016. Als Methode wurde, wie bereits erwähnt, eine Primärerhebung ausgewählt. Der standardisierte Fragebogen richtete sich an den/die Top-Entscheider/in für Kooperationen und Strategie aus mittelständischen und Start-up-Unternehmen und war von diesen selbstständig und schriftlich

---

[2] Siehe für einen vergleichbaren Ablauf Schnell et al. 2005, S. 8 ff.

auszufüllen. Die Einladung inkl. Link zur Online-Umfrage erfolgte per E-Mail. Insgesamt wurden 11.043 Mittelständler und 2042 Start-up-Unternehmen auf diesem Wege kontaktiert. Bezogen auf die mittelständischen Unternehmen erklärten sich 55 Unternehmen zur Teilnahme an der Umfrage bereit, sodass die Erfolgsquote 0,50 Prozent beträgt. Von den kontaktierten Start-up-Unternehmen erklärten sich 23 zur Teilnahme bereit, was einer Rücklaufquote von 1,13 Prozent entspricht.

4.4 Methoden der Datenanalyse

Wichtige Eigenschaft quantitativer Methoden ist die Anwendbarkeit statistischer Verfahren (vgl. Schnell et al. 2005, S. 447 f.).

Die Daten der insgesamt 78 Fragebögen wurden mithilfe einer Excel-Tabellenkalkulation erfasst. Die Auswertung wurde jeweils für mittelständische und Start-up-Unternehmen separiert durchgeführt. Nach Abschluss der Dateneingabe wurden alle Angaben einer Plausibilitätskontrolle unterzogen, bei der Fehleingaben und Werte bereinigt sowie unwahrscheinliche und unmögliche Wertkombinationen in den Datensätzen korrigiert wurden.

Zur Auswertung der offenen Fragen erscheint eine inhaltsanalytische Vorgehensweise nach Mayring zweckmäßig (vgl. hierzu und im Folgenden Mayring 2007, S. 70 ff.). Dies bedeutet, dass das gesamte Antwortmaterial zur offenen Frage als Basis für die Kategorienbildung fungiert.

Der Prozess der qualitativen Inhaltanalyse gestaltet sich im vorliegenden Fall wie folgt: In einem ersten Schritt muss für die Frage das Thema zur Kategorienbildung gewählt werden. Nach dieser Vorannahme wird nun das Material sorgfältig durchgearbeitet, mit dem Ziel, inhaltlich sinnvolle Kategorien zu bilden. Eine neue Kategorie entsteht, sofern sich eine Antwort oder ein Antwortbestandteil nicht den vorherigen Kategorien zuordnen lässt.

Generell ist im Rahmen der Analysemethodik der vorliegenden Studie noch auf folgende zwei Punkte hinzuweisen. Aufgrund fehlender Antworten zu einzelnen Fragen konnten nicht immer alle Datensätze bei allen verwendeten Auswertungsverfahren berücksichtigt werden. Angesicht der im Vorfeld bereits großzügig aussortierten unvollständigen Fragebögen handelt es sich hierbei allerdings nur um wenige Fragebögen mit einer sehr geringen Anzahl an fehlenden Angaben.

Ferner ist, aufbauend auf den analysierten Untersuchungsergebnissen, bei der Interpretation der Untersuchungsergebnisse schließlich zu beachten, dass sich jene Probanden, die sich die Zeit und Mühe nehmen, einen Fragebogen zu beantworten und zu retournieren, von anderen Probanden hinsichtlich ihrer Kooperationsneigung, der Gestaltung von Kooperationen sowie ihrer Expertise zum Thema stark unterscheiden können. Es besteht aus diesem Grund immer die Gefahr einer möglichen Antwortverzerrung, weshalb ein diesbezüglicher systematischer Fehler in den Untersuchungsergebnissen nicht mit Gewissheit ausgeschlossen werden kann.

4.5   Gütekriterien

Es gibt verschiedene anerkannte Kriterien, nach denen die Güte bzw. Qualität eines Fragebogens beurteilt werden kann. Zu den Hauptgütekriterien zählen Objektivität, Reliabilität und Validität (siehe Abb. 4.5). Sie stehen miteinander in folgendem Zusammenhang: Die Objektivität bildet die Voraussetzung für die Reliabilität, die ihrerseits wiederum die Voraussetzung für die Validität eines Fragebogens ist. Die Standardisierung wirkt sich am meisten auf die Objektivität aus, am wenigsten auf die Validität (vgl. Berekoven et al. 2004, S. 91).

Entsprechend diesem inneren Sinnzusammenhang wird zunächst die Objektivität, darauf aufbauend die Reliabilität und zuletzt die Validität des erstellten Fragebogens betrachtet.

Das Kriterium Objektivität zeigt an, wie unabhängig die Testergebnisse von den Forscher/innen sind, die die Daten erheben oder auswerten. Die Objektivität einer Untersuchung ist vom Standardisierungsgrad der Mess- bzw. der Erhebungsmethoden abhängig. Stark standardisierte Erhebungsinstrumente garantieren ein hohes Maß an Objektivität bei der Datenerhebung, standardisierte Auswertungsverfahren (z. B. mathematische Operationen) ermöglichen Objektivität bei der

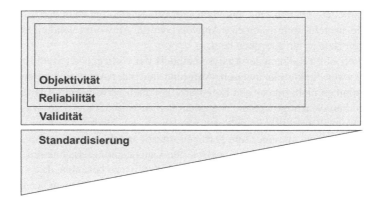

Abb. 4.5   Zusammenhang quantitativer Gütekriterien. (Eigene Darstellung)

Datenauswertung. Es lassen sich verschiedene Arten von Objektivität analog der Forschungsphasen unterscheiden: Durchführungsobjektivität, Auswertungsobjektivität und Interpretationsobjektivität (vgl. hierzu und im Folgenden Berekoven et al. 2004, S. 88 f.; Bühner 2004, S. 28).

Die Durchführungsobjektivität ist umso höher, je weniger die Forscher durch ihr äußeres Erscheinungsbild sowie ihre Bedürfnis-, Ziel- und Wertstruktur Einfluss nehmen. Hieraus ergibt sich die Forderung nach einer geringstmöglichen sozialen Interaktion zwischen den Befragten und den Forschenden sowie nach standardisierten Bearbeitungshinweisen. Die Durchführungsobjektivität der vorliegenden Untersuchung ist insofern gewährleistet, als dass den Befragten ein standardisierter Fragebogen elektronisch zugeschickt wurde, den diese eigenständig – unbeeinflusst von einem Forscher – im Unternehmen ausfüllten.

Das Kriterium der Auswertungsobjektivität ist erfüllt, wenn verschiedene Untersuchungsleiter bei der Auswertung desselben Fragebogens zu dem gleichen Ergebnis kommen. Dies ist gewährleistet, wenn die Fragen weitestgehend geschlossen gestellt und die Itemformulierungen standardisiert sind. Bei den geschlossen unskalierten und skalierten Fragen handelt es sich um durchweg standardisierte Fragestellungen, bei denen die ankreuzbaren Antwortmöglichkeiten bereits vorgegeben wurden, weshalb keinerlei Freiheitsgrade für die Auswertung der Fragebögen bestanden. Bei den wenigen offen gestellten Fragen wurde bei der Kodierung und Eingabe der Antworten sowohl auf die Wahrung der intraindividuellen wie auch interindividuellen Objektivität geachtet.

Die Interpretationsobjektivität ist schließlich abhängig von den Freiheitsgraden, die ein Forscher bei der Interpretation der Ergebnisse hat. Je unbeeinflusster die Interpretation der Fragebogenergebnisse von der individuellen Deutung des Forschenden ist, desto höher die Interpretationsobjektivität. Aufgrund der vorliegenden Struktur des Fragebogens ergaben sich nur geringe Freiheitsgrade bei der Interpretation der Fragebogenergebnisse, womit auch die Interpretationsobjektivität als gegeben angesehen werden kann.

Unter Reliabilität wird die Zuverlässigkeit, d. h. die formale Messgenauigkeit eines Fragebogens, verstanden. Unter der Voraussetzung konstanter Messbedingungen ist ein Fragebogen dann reliabel, wenn die einzelnen Messwerte präzise und stabil, d. h. bei wiederholter Messung reproduzierbar sind (vgl. Berekoven et al. 2004, S. 89). Generell können drei Arten, nämlich die Retest-, Paralleltestsowie Testhalbierungsreliabilität unterschieden werden (vgl. Bortz und Döring 2002, S. 196 ff.; Bühner 2004, S. 29 f.).

Da für die Überprüfung der Retest-Reliabilität derselbe Fragebogen zu zwei unterschiedlichen Testzeitpunkten der gleichen Testgruppe vorgelegt werden muss und die Messung der Paralleltest-Reliabilität zwei unterschiedliche Fragebögen bedingt, die das gleiche Konstrukt operationalisieren, kommt für die Reliabilitäts-messung des erstellten Fragebogens nur die Überprüfung der Testhalbierungs-Reliabilität in Betracht.

Die Validität (Gültigkeit) zeigt an, ob ein Messinstrument tatsächlich das misst, was es messen soll. Sie gilt als das wichtigste Testkriterium und gibt an, ob ein Fragebogen Testgültigkeit besitzt. Es lassen sich die drei Formen der Inhalts-, Kriteriums- und Konstruktvalidität unterscheiden. Inhaltsvalidität ist gegeben, wenn möglichst alle Aspekte der Dimension, die gemessen werden sollte, berücksichtigt wurden (vgl. Schnell et al. 1999, S. 148).

Die Höhe der Inhaltsvalidität eines Fragebogens kann jedoch nicht nummerisch bestimmt werden, da keinerlei objektive Kriterien hierfür existieren. Indes beruht sie allein auf subjektiven Einschätzungen sowie fachlichen und logischen Überlegungen (vgl. Bühner 2004, S. 30). Bei der Konstruktion des vorliegenden Fragebogens orientierte sich die Auswahl der Items an den in der Literatur zur Verfügung stehenden Untersuchungen und hierzu vorhandenen Erfahrungswerten. Dabei wurde versucht, möglichst alle relevanten Determinanten zu erfassen. Für den Fall, dass ein Item vergessen wurde, hatten die Probanden am Ende einer jeden Frage ein offenes Antwortfeld für weitere Determinanten zur Verfügung. Da prinzipiell jedoch keine objektive Aussage über die Güte der Zusammenstellung getroffen werden kann, wird die Inhaltsvalidität nicht als Testkriterium, sondern eher als Zielvorgabe betrachtet, die bei der Konstruktion bedacht werden sollte (vgl. Bortz and Döring 2002, S. 199).

Die Kriteriumsvalidität bezieht sich auf den Zusammenhang zwischen den empirisch gemessenen Ergebnissen des Messinstruments und einem anders gemessenen empirischen Außenkriterium.

Eine hohe Konstruktvalidität liegt schließlich vor, wenn der Fragebogen das zu messende theoretische Konstrukt, auch tatsächlich erfasst. In der Regel sind diese Konstrukte jedoch nicht direkt messbar, sondern müssen aufgrund logischer Folgerungen erschlossen werden. Da die Überprüfung der Konstruktvalidität auf einem Vergleich mit anderen theoretischen Konstrukten basiert, bei dem mehrere Konstrukte durch mehrere Erhebungsmethoden erfasst werden (vgl. hierzu Schnell et al. 1999, S. 150 ff.; Bühner 2004, S. 32 f.), kann im Rahmen dieser Studie mangels Vergleichswerte keine Aussage zur Konstruktvalidität des erstellten Fragebogens getroffen werden.

Mayring stellt fest, dass sich diese Maße nicht für die Beurteilung qualitativer Analysen eignen (vgl. Mayring 2002, S. 141). Er schlägt für ihre Beurteilung sechs alternative Kriterien vor: Nähe zum Gegenstand, Verfahrensdokumentation, Regelgeleitetheit, Argumentative Interpretationsabsicherung, Triangulation und Kommunikative Validierung.

Die nachfolgenden Ausführungen geben detaillierte Einblicke in die Ergebnisauswertung der von den Probanden ausgefüllten Fragebögen.

Literatur

Atteslander, P. 2003. *Methoden der empirischen Sozialforschung*, 10. Aufl. Berlin: De Gruyter.

Atteslander, P. 2010. *Methoden der empirischen Sozialforschung*, 13. Aufl. Berlin: Erich Schmidt Verlag.

Backhaus, K., B. Erichson, W. Plinke, R. Weiber. 2003. *Multivariate Analysemethoden: Eine anwendungsorientierte Einführung*, 10. Aufl. Berlin: Springer.

Becker, W. 1990. Funktionsprinzipien des Controlling. *Zeitschrift für Betriebswirtschaft* 60 (3): 295–318.

Becker, W. 2011. Integrierte Kosten- und Leistungsführerschaft als modernes Orientierungsmuster für das strategische Management. In *Bamberger Betriebswirtschaftliche Beiträge*, Nr. 129. Bamberg: Lehrstuhl für Unternehmensführung und Controlling.

Berekoven, L., W. Eckert, und P. Ellenrieder. 2004. *Marktforschung*, 10. Aufl. Wiesbaden: Gabler Verlag.

Böhler, H. 2004. *Marktforschung*, 3. Aufl. Stuttgart: Kohlhammer-Verlag.

Bortz, J., und N. Döring. 2002. *Forschungsmethoden und Evaluation. Für Human- und Sozialwissenschaftler*, 3. Aufl. Berlin: Springer Verlag.

Bortz, J., und N. Döring. 2006. *Forschungsmethoden und Evaluation für Human- und Sozialwissenschaftler*, 4. Aufl. Berlin: Springer Verlag.

Bühner, R. 2004. *Betriebswirtschaftliche Organisationslehre*, 10. Aufl. München: Oldenbourg Wissenschaftsverlag.

Creswell, J. W., und V. L. Plano Clark. 2007. *Designing and conducting mixed methods research*. Thousand Oaks: Sage Publications.

Diekmann, A. 2007. *Empirische Sozialforschung: Grundlagen, Methoden, Anwendungen*, 15. Aufl. Hamburg: Rowohlt Taschenbuch Verlag.

Gläser, J., und G. Laudel. 2006. *Experteninterviews und qualitative Inhaltsanalyse*, 2. Aufl. Wiesbaden: VS Verlag für Sozialwissenschaften.

Homburg, C., und A. Giering. 1996. Konzeptualisierung und Operationalisierung komplexer Konstrukte – Ein Leitfaden für die Marketingforschung. *Marketing – Zeitschrift für Forschung und Praxis* 18 (1): 5–24.

Homburg, C., O. Schilke, und M. Reimann. 2009. Triangulation von Umfragedaten in der Marketing- und Managementforschung. *Die Betriebswirtschaft* 69 (2): 175–195.

Kluge, S. 2001. Strategien zur Integration qualitativer und quantitativer Erhebungs- und Auswertungsverfahren. In *Methodeninnovation in der Lebenslaufforschung*, Hrsg. S. Kluge und U. Kelle, 37–88. Weinheim, München: Juventa Verlag.

Mayring, P. 2002. *Einführung in die qualitative Sozialforschung: Eine Anleitung zu qualitativem Denken*, 5. Aufl. Weinheim: Beltz Verlag.

Mayring, P. 2007. *Qualitative Inhaltsanalyse: Grundlagen und Techniken*, 9. Aufl. Weinheim: Beltz Verlag.

Rodeghier, M. 1997. *Marktforschung mit SPSS – Analyse, Datenerhebung und Auswertung*. Bonn: International Thomson Publishing.

Schnell, R., P. B. Hill, und E. Esser. 1999. *Methoden der empirischen Sozialforschung*, 6. Aufl. München: Oldenbourg Wissenschaftsverlag.

Schnell, R., P. B. Hill, und E. Esser 2005. *Methoden der empirischen Sozialforschung*, 7. Aufl. München: Oldenbourg Wissenschaftsverlag.

Schumann, S. 2000. *Repräsentative Umfrage: Praxisorientierte Einführung in empirische Methoden und statistische Analyseverfahren*, 3. Aufl. München: Oldenbourg Verlag.

Schwaiger, M., und L. Zimmermann. 2009. Quantitative Forschung: Ein Überblick. In *Theorien und Methoden der Betriebswirtschaft*, Hrsg. M. Schwaiger und A. Meyer, 419–438. München: Vahlen Verlag.

Srnka, K. J. 2007. Integration qualitativer und quantitativer Forschungsmethoden. Der Einsatz kombinierter Forschungsdesigns als Möglichkeit zur Förderung der Theorienentwicklung in der Marketingforschung als betriebswirtschaftliche Disziplin. *Marketing ZFP Journal of Research and Management* 29 (4): 247–260.

Charakterisierung der Probanden 5

Im Folgenden werden die Charakteristika der befragten mittelständischen und Start-up-Unternehmen anhand unternehmensklassifikatorischer Angaben dargelegt. Als Merkmale fungieren die Branchenzugehörigkeit, die Rechtsform, Angaben zu Mitarbeiteranzahl und Jahresumsatz, die Position der Probanden im Unternehmen, das Gründungsjahr und die Lebenszyklusphase des Unternehmens sowie die Anzahl der Niederlassungen und spezifische Angaben zum Leitungs- und Aufsichtsgremium. Die Auswertung der Fragebögen wurde jeweils separat für Mittelständler und Start-up-Unternehmen durchgeführt, weshalb zunächst die Ergebnisse der jeweiligen Gruppe dargestellt werden, gefolgt von einer Kontrastierung der Ergebnisse.

5.1 Branchenzugehörigkeit

In einer geschlossenen Fragestellung zur Charakterisierung der Befragten wird die Branchenzugehörigkeit ermittelt. Diese beinhaltet eine Branchenkategorisierung gem. den Angaben des Statistischen Bundesamtes welches hinsichtlich der Branchen Land-/Forstwirtschaft, Fischerei; verarbeitendes Gewerbe, Bergbau, Energie/Wasser; Baugewerbe; Handel, Gastgewerbe, Verkehr; Finanzierung, Vermietung, Unternehmensdienstleistungen sowie öffentliche und private Dienstleister unterscheidet.

Bezogen auf die Branchenzugehörigkeit der befragten mittelständischen Unternehmen stammen 39 Prozent aus dem verarbeitenden Gewerbe, 22 Prozent aus öffentlichen und privaten Dienstleistungen, sieben Prozent aus dem Baugewerbe, sechs Prozent aus den Branchen Handel, Gastgewerbe und Verkehr sowie weitere sechs Prozent aus den Bereichen Finanzierung, Vermietung und

© Springer Fachmedien Wiesbaden GmbH, ein Teil von Springer Nature 2018
W. Becker et al., *Kooperationen zwischen Mittelstand und Start-up-Unternehmen*,
Management und Controlling im Mittelstand,
https://doi.org/10.1007/978-3-658-19646-2_5

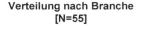

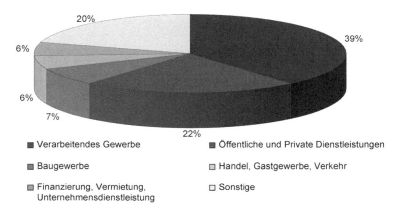

Abb. 5.1   Branchenzugehörigkeit Mittelstand. (Eigene Darstellung)

Unternehmensdienstleistungen. 20 Prozent der Mittelständler ordnen sich hingegen sonstigen Branchen zu (siehe Abb. 5.1).

Bezogen auf die Branchenzugehörigkeit der befragten Start-up-Unternehmen stammen neun Prozent aus dem verarbeitenden Gewerbe, 31 Prozent aus öffentlichen und privaten Dienstleistungen, 30 Prozent aus den Branchen Handel, Gastgewerbe und Verkehr sowie vier Prozent aus den Bereichen Finanzierung, Vermietung und Unternehmensdienstleistungen. 26 Prozent der Start-ups ordnen sich hingegen sonstigen Branchen zu (siehe Abb. 5.2).

5.2   Rechtsform

Die Rechtsform der befragten Unternehmen wurde ebenfalls in einer geschlossenen Frage thematisiert.

Unter den befragten Mittelständlern halten 67 Prozent die Rechtsform der GmbH, 18 Prozent der GmbH und Co. KG sowie neun Prozent der AG. Zwei Prozent ordnen sich sonstigen Rechtsformen zu. Vier Prozent machten keine Angaben zu der unternehmerischen Rechtsform (siehe Abb. 5.3).

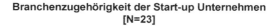
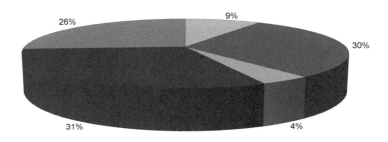

Branchenzugehörigkeit der Start-up Unternehmen [N=23]

☐ Verarbeitendes Gewerbe, Bergbau, Energie/Wasser   ■ Handel, Gastgewerbe, Verkehr
☐ Finanzierung, Vermietung, Unternehmensdienstleister   ■ Öffentliche und private Dienstleister
☐ Sonstige

Abb. 5.2 Branchenzugehörigkeit Start-up. (Eigene Darstellung)

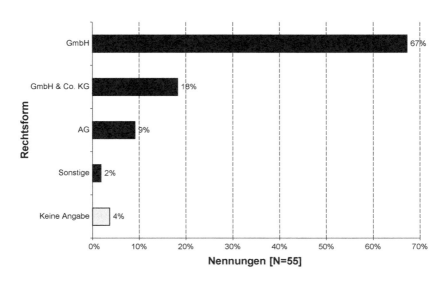

Abb. 5.3 Rechtsform Mittelstand. (Eigene Darstellung)

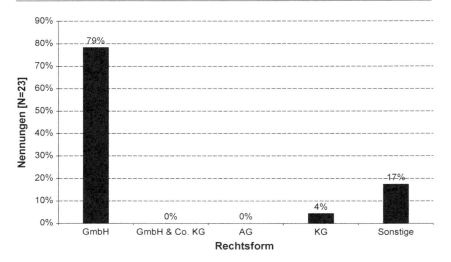

Abb. 5.4   Rechtsform Start-up. (Eigene Darstellung)

Unter den befragten Start-ups halten 79 Prozent die Rechtsform der GmbH und vier Prozent der KG. Weitere 17 Prozent der Teilnehmer ordnen sich sonstigen Rechtsformen zu (siehe Abb. 5.4).

5.3   Unternehmensgröße

Weiterhin wurden die Probanden gebeten, spezifische Angaben zu ihrer Mitarbeiteranzahl, ihrem voraussichtlichen jährlichen Gesamtumsatz sowie der Anzahl ihrer Niederlassungen zu tätigen. Diese Charakteristika werden im Folgenden detailliert betrachtet.

Mitarbeiteranzahl In einer offenen Frage wurden die Probanden gebeten, die Anzahl derzeit im Unternehmen beschäftigter Mitarbeiter zu beziffern.

Die befragten Mittelständler weisen in Bezug auf die Mitarbeiteranzahl einen Median von 220 Mitarbeitern auf. Konkretisiert nach den einzelnen Größenkategorien, beschäftigen 53 Prozent zwischen 30 und 300 Mitarbeiter. 31 Prozent beschäftigen zwischen 300 und 3000 Mitarbeiter, sieben Prozent bis zu 30 Mitarbeiter und fünf Prozent beschäftigen über 3000 Mitarbeiter. Vier Prozent der befragten Mittelständler tätigten keine Angaben (siehe Abb. 5.5).

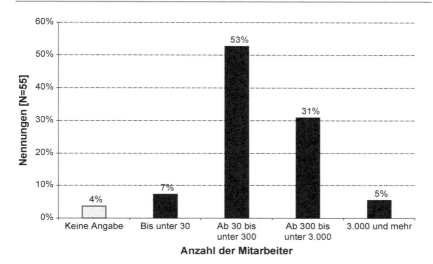

Abb. 5.5 Mitarbeiteranzahl Mittelstand. (Eigene Darstellung)

Die befragten Start-up-Unternehmen weisen in Bezug auf die Mitarbeiteranzahl einen Median von 8,5 Mitarbeitern auf. Innerhalb der einzelnen Größenkategorien weisen 48 Prozent eine Mitarbeiteranzahl von bis zu fünf auf. Neun Prozent beschäftigen zwischen sechs und zehn Mitarbeiter und 26 Prozent zwischen elf und 50 Mitarbeiter. Jeweils vier Prozent beschäftigen zwischen 50 und 100 sowie über 100 Mitarbeiter. Neun Prozent tätigten keine Angaben (siehe Abb. 5.6).

Voraussichtlicher jährlicher Gesamtumsatz Analog der Mitarbeiteranzahl sollte ebenfalls der voraussichtliche Gesamtjahresumsatz in einer offenen Fragestellung von den Probanden angegeben werden.

Gemäß Abb. 5.7 beziffert sich der voraussichtliche Gesamtumsatz des laufenden Geschäftsjahres der befragten Mittelständler im Median auf 33 Mio. Euro. Wie aus der Abbildung hervorgeht, weisen 15 Prozent der Unternehmen einen Umsatz kleiner als 6 Mio. Euro auf. 45 Prozent haben einen Umsatz zwischen 6 und 60 Mio. Euro; 25 Prozent zwischen 60 und 600 Mio. Euro und vier Prozent der Mittelständler haben mehr als 600 Mio. Euro Umsatz. Elf Prozent tätigten keine Angabe.

Der voraussichtliche Gesamtumsatz des laufenden Geschäftsjahres der befragten Start-up-Unternehmen beziffert sich im Median auf 200.000 Euro. 22 Prozent generieren derzeit keinen Umsatz. 22 Prozent haben einen Umsatz kleiner

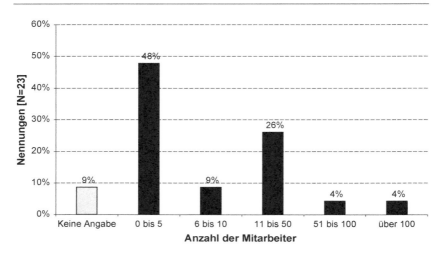

Abb. 5.6   Mitarbeiteranzahl Start-up. (Eigene Darstellung)

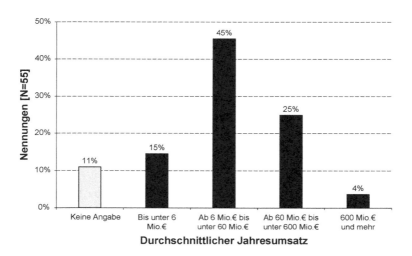

Abb. 5.7   Durchschnittlicher Jahresumsatz Mittelstand. (Eigene Darstellung)

oder gleich 1 Mio. Euro. 17 Prozent haben einen Umsatz zwischen 1 und 3 Mio.
Euro und neun Prozent über 3 Mio. Euro. 30 Prozent der Start-ups tätigten keine
Angabe (siehe Abb. 5.8).

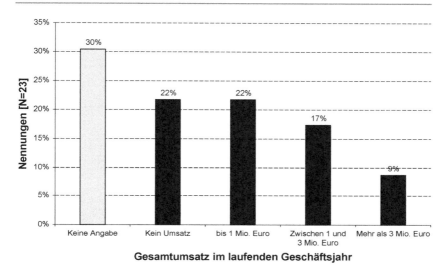

Abb. 5.8   Durchschnittlicher Jahresumsatz Start-up. (Eigene Darstellung)

Größenklassifikation gemäß des EFAMs   Anhand der Angaben zum Umsatz und der Mitarbeiteranzahl wird gem. der quantitativen Mittelstandsdefinition des EFAM eine Zuordnung der befragten mittelständischen Unternehmen in unterschiedliche Größenklassen vorgenommen. Die Größenkategorisierung ist anhand der Abb. 5.9 ersichtlich.

Die Einordnung zeigt, dass 45 Prozent der teilnehmenden Mittelständler als Kleinunternehmen zu klassifizieren sind. Weitere 24 Prozent der Unternehmen sind als mittlere Unternehmen einzuordnen, während Kleinstunternehmen mit sieben Prozent und Großunternehmen mit vier Prozent in der Stichprobe vertreten sind. 20 Prozent der Unternehmen konnten aufgrund mangelnder Angaben zur Mitarbeiteranzahl und zum Jahresumsatz nicht der hier aufgezeigten Einteilung unterzogen werden.

Anzahl der Standorte   Als weiterer Maßstab zur Größeneinordnung wurden die Probanden zusätzlich gebeten, die Anzahl der Standorte in einer offenen Fragestellung anzugeben.

Bezogen auf die Anzahl der Standorte weisen die Mittelständler einen Median von zwei Niederlassungen auf. 42 Prozent der Mittelständler lokalisieren sich an einem Standort. 24 Prozent verfügen über zwei bis fünf Standorte und neun Prozent über sechs bis zehn Niederlassungen. 16 Prozent geben an, an über zehn Standorten vertreten zu sein, während neun Prozent keine Angabe tätigten.

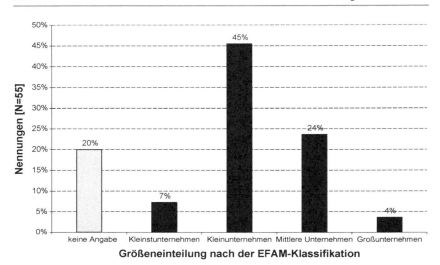

Abb. 5.9   Größenklassifikation Mittelstand. (Eigene Darstellung)

Die Start-up-Unternehmen sind im Median an einem Standort vertreten. 70 Prozent lokalisieren sich an einem Standort. 17 Prozent halten zwei Standorte und neun Prozent drei Standorte. Vier Prozent tätigten keine Angabe.

5.4   Position im Unternehmen

Neben den größenklassifikatorischen Angaben wurde zudem die von dem antwortenden Unternehmensvertreter eingenommene Position als Eigentümer/ Gesellschafter oder (angestellter) Manager im Unternehmen im Rahmen einer geschlossenen Frage ergründet.

Die Auswertung verdeutlicht, dass 67 Prozent der mittelständischen Probanden als (angestellte) Manager im Unternehmen positioniert sind. 22 Prozent halten die Position des Eigentümers bzw. Gesellschafters inne. Elf Prozent tätigten keine Angabe (siehe Abb. 5.10).

Laut Abb. 5.11 sind 74 Prozent der befragten Probanden aus Start-up-Unternehmen in der Position des Gründers bzw. Mitgründers. 26 Prozent der Probanden sind (angestellte) Mitarbeiter.

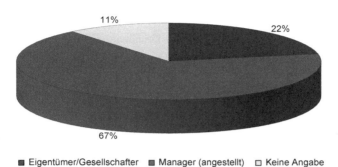

Abb. 5.10   Position im Unternehmen Mittelstand. (Eigene Darstellung)

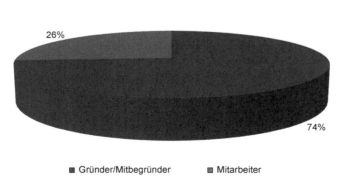

Abb. 5.11   Position im Unternehmen Start-up. (Eigene Darstellung)

5.5   Gründungsjahr

Ferner wurden die teilnehmenden Unternehmen in einer offenen Frage gebeten, das Unternehmensgründungsjahr anzugeben.

Abb. 5.12 ist zu entnehmen, dass das Gründungsjahr der mittelständischen Unternehmen im Median im Jahr 1965 liegt. Wie die Grafik verdeutlicht, lässt sich eine Verteilung für Jahreskategorien wie folgt aufschlüsseln: 35 Prozent der Mittelständler wurden zwischen 1900 und 1945 gegründet; 28 Prozent der Unternehmen zwischen 1946 und 1990 und 31 Prozent nach 1990. Zwei Prozent der Unternehmen wurden vor 1900 gegründet. Vier Prozent der Probanden enthielten sich der Frage.

Das Gründungsjahr der Start-up-Unternehmen liegt im Median im Jahr 2014. Die einzelnen Jahreskategorien lauten wie folgt: Jeweils vier Prozent wurden vor 2000 sowie zwischen 2006 und 2010 gegründet. 71 Prozent wurden zwischen 2011 und 2015 und weitere 17 Prozent nach 2015 gegründet. Vier Prozent machten keine Angabe zum Gründungsjahr (siehe Abb. 5.13).

5.6   Führungsstruktur

Um fundierte Einblicke in die Führungsstruktur der mittelständischen Probanden zu gewinnen, wurde zudem die Zusammensetzung des Aufsichts- und

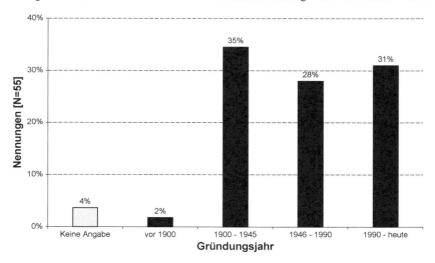

Abb. 5.12   Gründungsjahr Mittelstand. (Eigene Darstellung)

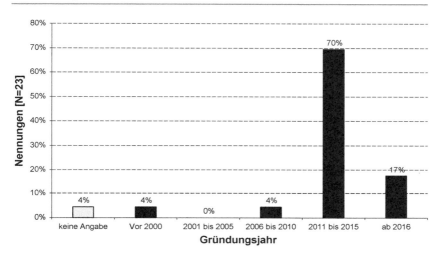

Abb. 5.13 Gründungsjahr Start-up. (Eigene Darstellung)

Leitungsgremiums der Unternehmen thematisiert. In diesem Kontext wurde die Anzahl der Familienangehörigen innerhalb der Führungsstruktur erfragt.

Aufsichtsgremium In einer weiteren offenen Frage wurde die Zusammensetzung des Aufsichtsgremiums hinsichtlich der absoluten Anzahl der Mitglieder sowie der Anzahl Familienangehöriger analysiert.

Das Aufsichtsgremium der mittelständischen Unternehmen setzt sich im Median aus 2,5 Mitgliedern zusammen. Wie die nachfolgende Abb. 5.14 veranschaulicht, haben 25 Prozent der Unternehmen zwischen einem und drei Mitglieder im Aufsichtsrat. Bei 18 Prozent der Unternehmen setzt sich das Aufsichtsgremium aus vier bis sechs Mitgliedern zusammen. Fünf Prozent der Mittelständler haben zwischen sieben und zehn Mitglieder und 20 Prozent der Unternehmen geben explizit an, über kein Aufsichtsgremium zu verfügen. 27 Prozent der mittelständischen Unternehmen geben keine Auskunft über die Anzahl ihrer Mitglieder im Aufsichtsgremium, was interpretativ vermuten lässt, dass auch diese über kein Aufsichtsgremium verfügen.

Ferner wurden die Mittelständler gebeten, die Anzahl ihrer Familienmitglieder im Aufsichtsgremium in einer offenen Frage zu beziffern.

Im Aufsichtsgremium der befragten Mittelständler sind unter den Mitgliedern im Median null Familienangehörige vertreten. Die Auswertungsergebnisse verbildlichen in Abb. 5.15 ein relativ austariertes Verhältnis. Während 36

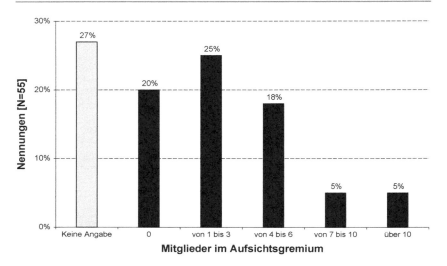

Abb. 5.14   Mitglieder im Aufsichtsgremium Mittelstand. (Eigene Darstellung)

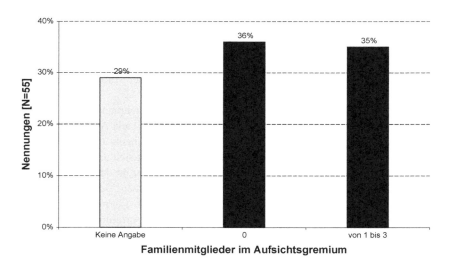

Abb. 5.15   Familienmitglieder im Aufsichtsgremium Mittelstand. (Eigene Darstellung)

Prozent der Unternehmen kein Familienmitglied im Aufsichtsrat haben, geben 35 Prozent der Mittelständler an, ein bis drei Familienmitglieder im Aufsichtsrat vertreten zu haben. 29 Prozent der Probanden machten keine Angabe, was wiederum die Interpretation zulässt, dass auch diese keine Familienmitglieder im Aufsichtsgremium haben.

Auf eine Befragung der Start-up-Unternehmen zum Thema Aufsichts- und Leitungsgremium wurde an dieser Stelle bewusst verzichtet, da Start-ups definitorisch meist aus einer begrenzten Anzahl an Mitarbeitern bestehen, was vornehmlich ihrem jungen Alter von weniger als zehn Jahren geschuldet ist. Daher wird davon ausgegangen, dass Start-ups mehrheitlich kein Aufsichts- und Leitungsgremium in dem hier abgefragten Sinne aufweisen und stattdessen der Gründer und/oder Geschäftsführer selbst die Leitungs- und Aufsichtsfunktion innehat.

Leitungsgremium Analog zum Aufsichtsgremium wurde ebenso die Zusammensetzung des Leitungsgremiums in einer offenen Frage hinsichtlich der totalen Anzahl der Mitglieder und der Anzahl der Familienmitglieder erfragt.

Das Leitungsgremium der mittelständischen Unternehmen setzt sich im Median aus zwei Mitgliedern zusammen. Konkret haben 80 Prozent der Mittelständler zwischen ein und drei Mitglieder im Leitungsgremium. Bei neun Prozent der Mittelständler setzt sich das Leitungsgremium aus vier bis sechs Mitgliedern, bei vier Prozent aus sieben bis zehn Mitgliedern und bei zwei Prozent aus über zehn Mitgliedern zusammen. Fünf Prozent der Mittelständler machten keine Angabe zur Mitgliederanzahl im Leitungsgremium (siehe Abb. 5.16).

47 Prozent der Mittelständler geben explizit an, kein Familienmitglied im Leitungsgremium vertreten zu haben. 40 Prozent der Unternehmen hingegen haben zwischen einem und drei Familienmitglieder im Leitungsgremium. 13 Prozent enthielten sich und tätigten keine Angabe (siehe Abb. 5.17).

5.7 Anteilseigner

Zudem wurde die Struktur der Anteilseigner der befragten Mittelständler und Start-up-Unternehmen in einer offenen Frage erhoben. Diesbezüglich wurden die Probanden gebeten, die drei wichtigsten Anteilseigner zu nennen sowie deren Anteil am Gesamtunternehmen prozentual zu beziffern. Die Klassifikation der Anteilseigner erfolgt auf Basis der getätigten Angaben. Abb. 5.18 gibt einen Überblick über die prozentuale Anzahl der Häufigkeit der genannten Anteilseigner.

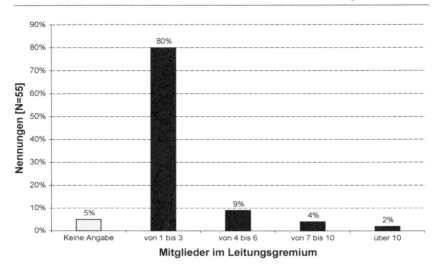

Abb. 5.16   Mitglieder im Leitungsgremium Mittelstand. (Eigene Darstellung)

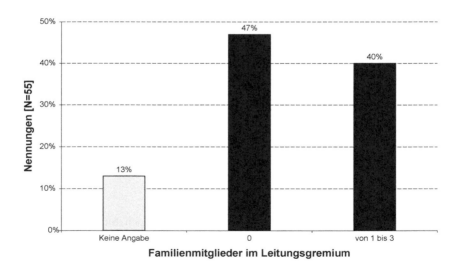

Abb. 5.17   Familienmitglieder im Leitungsgremium Mittelstand. (Eigene Darstellung)

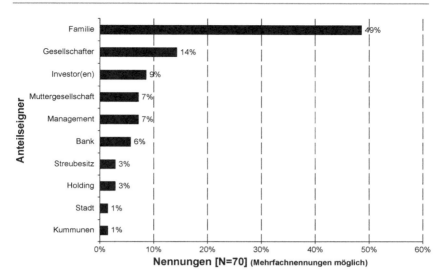

Abb. 5.18 Anteilseigner Mittelstand. (Eigene Darstellung)

Bezogen auf die drei wichtigsten Anteilseigner (nur Nennung der am häufigsten genannten) der mittelständischen Unternehmen nennen 49 Prozent die Familie. Die Familie wird folglich als häufigster Anteilseigner genannt. 14 Prozent der mittelständischen Unternehmen führen den Gesellschafter, neun Prozent Investoren und jeweils sieben Prozent die Muttergesellschaft sowie das Management an. Auf die Bank entfallen sechs Prozent aller Nennungen. Drei Prozent führen jeweils den Streubesitz und die Holding an, ein Prozent jeweils Stadt und Kommunen.

Hinsichtlich der Anteilsstruktur wurde das Maximum, Minimum sowie der Durchschnitt der prozentualen Anteile der Anteilseigner am Gesamtunternehmen analysiert, um die Anteilshöhe der jeweiligen Anteilseigner bestimmen zu können.

Wie in Abb. 5.19 ersichtlich, ist die Familie in mittelständischen Unternehmen mit durchschnittlich 73 Prozent als häufigster Anteilseigner am Unternehmen beteiligt (Max. 100 Prozent; Min. 17 Prozent). Die Gesellschafter als zweithäufigste Anteilseigner sind zu durchschnittlich 80 Prozent am Gesamtunternehmen beteiligt (Max. 100 Prozent; Min. 5 Prozent). Auch das Management als fünfthäufigster der genannten Anteilseigner hält durchschnittlich knapp 80 Prozent

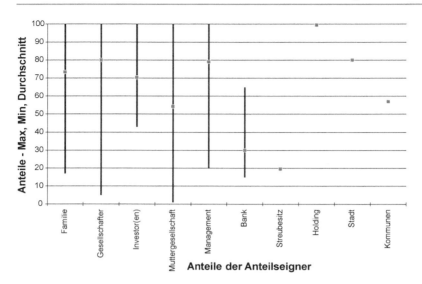

Abb. 5.19   Anteile der Anteilseigner Mittelstand. (Eigene Darstellung)

Anteil am Unternehmen (Max. 100 Prozent; Min. 20). Einen durchschnittlichen Anteil von 70 Prozent halten Investoren (Max. 100 Prozent; Min. 43 Prozent); gefolgt von Muttergesellschaften mit durchschnittlich anteilig 54 Prozent (Max. 100 Prozent; Min. 1 Prozent). Banken werden mit durchschnittlich 30 Prozent Anteil am Unternehmen angeführt (Max. 65 Prozent; Min. 15 Prozent), gefolgt von dem Streubesitz, der durchschnittlich 20 Prozent der Anteile hält (Max. 20 Prozent; Min. 20 Prozent). Holding, Stadt und Kommunen werden nur von sehr wenigen Unternehmen als Anteilseigner angeführt, weshalb sich die Durchschnittsberechnung nur auf eine sehr geringe Stichprobe bezieht. Die Holding hält den Angaben von drei Prozent der Mittelständler zufolge durchschnittlich 99,5 Prozent (Max. 100 Prozent; Minimum 99 Prozent), die Stadt 80 Prozent (Max. 80 Prozent; Min. 80 Prozent) und die Kommunen 57 Prozent (Max. 57 Prozent; Min. 57 Prozent) der Anteile am Unternehmen.

Bezogen auf die drei wichtigsten Anteilseigner der Start-up-Unternehmen nennen 83 Prozent die Gründer mit einem durchschnittlichen Anteil von 62 Prozent (Max. 100 Prozent; Min. 10 Prozent). Drei Prozent nennen Corporate Venture Capital mit einem durchschnittlichen Anteil von 90 Prozent (Max. 90 Prozent; Min. 90 Prozent); ebenfalls drei Prozent nennen die Investoren mit einem durchschnittlichen Anteil von 25 Prozent (Max. 25 Prozent; Min. 25 Prozent).

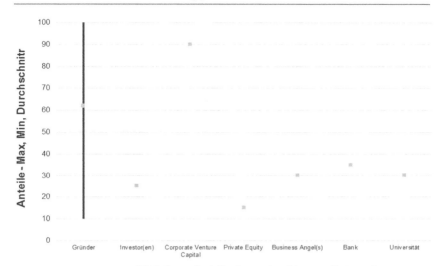

Abb. 5.20 Anteile der Anteilseigner Start-up. (Eigene Darstellung)

Die Universitäten werden von weiteren drei Prozent mit einem durchschnittlichen Anteil von 30 Prozent genannt (Min. 30; Max. 30 Prozent) an. Dem schließen sich die Private Equity Gesellschaften wiederum mit drei Prozent der Nennungen und einem durchschnittlichen Anteil von 15 Prozent (Max. 15 Prozent; Min. 15 Prozent) an sowie Business Angels mit drei Prozent und einem durchschnittlichen Anteil von 30 Prozent (Max. 30 Prozent; Min. 30 Prozent). Ähnlich bedeutsam wird mit wiederum drei Prozent die Anteilseignergruppe der Banken eingestuft, mit einem durchschnittlichen Anteil von 35 Prozent (Max. 35 Prozent; Min. 35 Prozent) (siehe Abb. 5.20).

5.8   Anzahl der Gründer im Gründungsjahr

Im Rahmen der allgemeinen Unternehmensangaben enthielt der speziell an Start-up-Unternehmen adressierte Fragebogen eine offene Frage zur Anzahl der Gründer im Gründungsjahr.

Die Anzahl der Gründer der Start-up-Unternehmen manifestiert sich im Median auf zwei Gründer. Wie sich Abb. 5.21 entnehmen lässt, haben 17 Prozent der

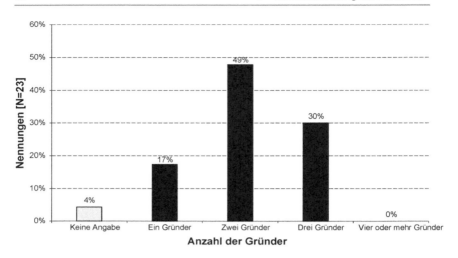

Abb. 5.21   Anzahl der Gründer Start-up. (Eigene Darstellung)

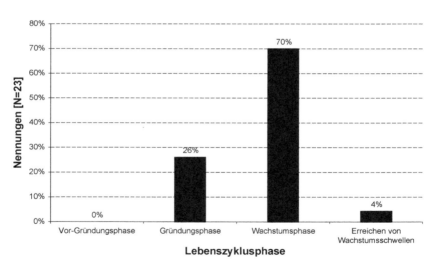

Abb. 5.22   Lebenszyklusphase Start-up. (Eigene Darstellung)

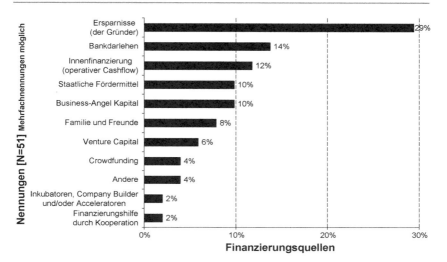

Abb. 5.23   Finanzierungsquellen Start-ups. (Eigene Darstellung)

Start-ups lediglich einen Gründer. 49 Prozent haben zwei Gründer, weitere 30 Prozent haben drei Gründer. Vier Prozent tätigten keine Angabe.

5.9   Lebenszyklusphase

Analog zur Anzahl der Gründer wurde zudem die Lebenszyklusphase, in der sich Start-up-Unternehmen befinden, erfragt.

Bezogen auf die Lebenszyklusphase der befragten Start-up-Unternehmen befinden sich 70 Prozent in der Wachstumsphase, vier Prozent erreichen Wachstumsschwellen und 26 Prozent befinden sich in der Gründungsphase. Unter den Probanden befindet sich kein Unternehmen in der Vor-Gründungsphase (siehe Abb. 5.22).

5.10   Finanzierungsquellen

Gemäß Abb. 5.23 finanzieren sich 29 Prozent der befragten Start-up-Unternehmen durch die Ersparnisse der Gründer und 14 Prozent durch Bankdarlehen. Weitere 12 Prozent nutzen die Innenfinanzierung (operativer Cash-Flow) und jeweils zehn

Prozent geben an, staatliche Fördermittel und Business Angel Capital in Anspruch zu nehmen. Eine etwas schwächere Bedeutung wird mit acht Prozent der Finanzquelle Familie und Freunde zugeschrieben und weitere sechs Prozent geben Venture Capital als probates Finanzierungsmittel an. Mit jeweils vier Prozent der Nennungen für Mittel aus Crowdfunding und anderen Quellen und zwei Prozent durch Hilfen von Inkubatoren oder Acceleratoren stellen diese nachrangige Positionen der Finanzquellen dar.

Fall 1: Mit Kooperationserfahrung

Sofern die Mittelständler bzw. Start-ups derzeit in einer Kooperation mit Start-ups bzw. Mittelständlern sind oder Kooperationserfahrungen aufweisen, wurden sie dem Fall 1 zugeordnet. Hierauf aufbauend wurden zunächst generische Angaben zu den jeweilig bestehenden oder vergangenen Kooperationspartnern erfragt. Daran anschließend thematisiert der Fragebogen die in den unterschiedlichen Phasen eines Kooperationsprozesses wesentlichen Gestaltungsaspekte, um tiefgründigere Einblicke zu generieren. Abschließend erfolgt die Erfolgsbetrachtung der derzeitigen oder vergangenen Kooperation sowohl für Start-ups als auch für mittelständische Unternehmen.

6.1 Aktueller Kooperationsstand

Der aktuelle Kooperationsstand zielt darauf ab zu ergründen, welche Unternehmen bereits Kooperationserfahrungen aufweisen oder sich gegenwärtig in einer Kooperation befinden. Hierauf aufbauend konnte die Stichprobe gefiltert werden, sodass Fall 1 sich lediglich auf Unternehmen bezieht, die derzeit in einer Kooperation sind oder Erfahrungen mit Kooperationen aufweisen und Fall 2 (siehe Kap. 7) diejenigen Unternehmen inkludiert, die die Fragen in den Auswertungen negiert haben.

Die Auswertung (siehe Abb. 6.1) verdeutlicht, dass 18 Prozent der Mittelständler sich derzeit in Kooperation mit Start-up-Unternehmen befinden. 80 Prozent haben derzeit keine Kooperationen mit Start-ups. Zwei Prozent der Mittelständler machten hierzu keine Angabe.

Wie in Abb. 6.2 ersichtlich, haben 22 Prozent der mittelständischen Unternehmen bereits Erfahrungen mit Kooperationen mit Start-up-Unternehmen. Indes weisen 76 Prozent der Unternehmen keine Erfahrungen auf. Zwei Prozent der Mittelständler machten keine Angabe zu ihrer Erfahrung mit Kooperationen.

© Springer Fachmedien Wiesbaden GmbH, ein Teil von Springer Nature 2018
W. Becker et al., *Kooperationen zwischen Mittelstand und Start-up-Unternehmen*,
Management und Controlling im Mittelstand,
https://doi.org/10.1007/978-3-658-19646-2_6

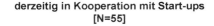

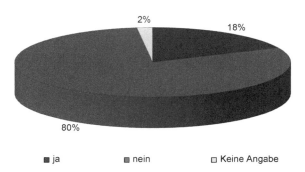

Abb. 6.1   Derzeit in Kooperation mit Start-ups – Mittelstand. (Eigene Darstellung)

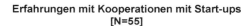

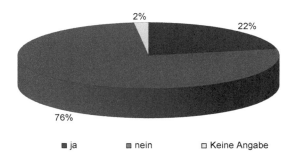

Abb. 6.2   Erfahrungen mit Kooperation mit Start-ups – Mittelstand. (Eigene Darstellung)

Unter den Start-up-Unternehmen haben 48 Prozent eine Kooperation mit einem mittelständischen Unternehmen. Weitere 48 Prozent der Unternehmen haben derzeit keine Kooperation und vier Prozent machten hierzu keine Angabe (siehe Abb. 6.3).

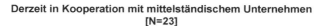

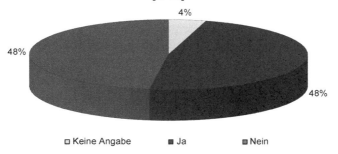

Abb. 6.3 Derzeit in Kooperation mit Mittelständlern – Start-up. (Eigene Darstellung)

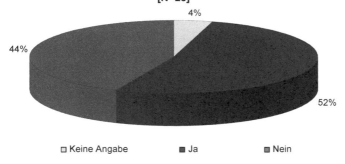

Abb. 6.4 Erfahrungen mit Kooperation mit Mittelständlern – Start-up. (Eigene Darstellung)

Bei der Frage nach der Erfahrung mit Kooperationen dieser Art gaben 54 Prozent der Start-ups an, bereits Erfahrungen gesammelt zu haben. 42 Prozent der Unternehmen weisen keine Erfahrungen in diesem Bereich auf. Vier Prozent machten keine Angabe zum Erfahrungsstand mit Kooperationen mit Mittelständlern (siehe Abb. 6.4).

6.2   Mittelständler über kooperierende Start-up-Unternehmen

Mittelständische Unternehmen wurden zunächst gebeten, Angaben zu ihren derzeitigen oder vergangenen Kooperationspartnern zu tätigen. Hierzu wurden, in Anlehnung an die erhobenen Charakteristika der Probanden, klassifikatorische Unternehmensmerkmale der Start-up-Unternehmen erfragt, welche im Folgenden präsentiert werden.

Branchenzugehörigkeit der kooperierenden Start-up-Unternehmen Zunächst wurden die Mittelständler gebeten, die Branchenzugehörigkeit der kooperierenden Start-up-Unternehmen anzugeben.

Wie aus Abb. 6.5 ersichtlich, stammen die mit Mittelständlern kooperierenden Start-up-Unternehmen zu 46 Prozent aus sonstigen Branchen; 38 Prozent aus öffentlichen und privaten Dienstleistungen und jeweils acht Prozent aus dem verarbeitendem Gewerbe bzw. der Finanzierung, Vermietung und Unternehmensdienstleistung.

Lebenszyklusphase der kooperierenden Start-up-Unternehmen Ferner wurde in einer geschlossenen Frage die Lebenszyklusphase der kooperierenden Start-up-Unternehmen thematisiert.

Bezogen auf die Lebenszyklusphase der kooperierenden Start-ups befinden sich 63 Prozent in der Wachstumsphase, 19 Prozent in der Gründungsphase, 12 Prozent

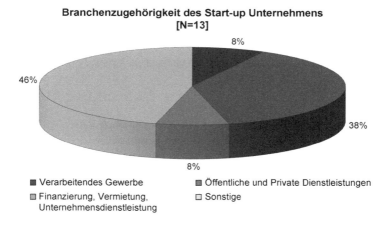

Abb. 6.5   Branchenzugehörigkeit des kooperierenden Start-ups. (Eigene Darstellung)

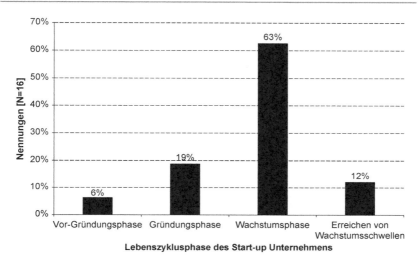

Abb. 6.6 Lebenszyklusphase der kooperierenden Start-ups. (Eigene Darstellung)

erreichen Wachstumsschwellen und sechs Prozent befinden sich in der Vor-Gründungsphase (siehe Abb. 6.6).

Größenangaben zum Start-up-Unternehmen Als weitere speziell für Start-up-Unternehmen charakteristische Merkmale wurden in offenen Fragen das Gründungsjahr sowie die Anzahl der Gründer und der Mitarbeiter im Gründungsjahr erfragt.

Das Gründungsjahr der Start-up-Unternehmen liegt im Median im Jahr 2012. 72 Prozent der Mittelständler geben an, dass das Start-up ab 2011 gegründet wurde. Jeweils 14 Prozent nennen als Gründungsjahr zwischen 2005 und 2010 sowie vor 2000 (siehe Abb. 6.7).

Die Anzahl der Gründer im Gründungsjahr der Start-up-Unternehmen liegt laut Angabe der Mittelständler im Median bei zwei Gründern. 45 Prozent der Start-ups hatten drei Gründer; 36 Prozent hatten zwei Gründer; 19 Prozent geben an, einen Gründer im Gründungsjahr gehabt zu haben (siehe Abb. 6.8).

Laut Angaben der Mittelständler lag die Mitarbeiteranzahl der kooperierenden Start-ups im Gründungsjahr im Median bei drei Mitarbeitern. 40 Prozent hatten drei Mitarbeiter; jeweils 20 Prozent hatten zwei oder mehr als fünf Mitarbeiter; jeweils 10 Prozent hatten fünf oder keine Mitarbeiter zum Zeitpunkt der Gründung (siehe Abb. 6.9).

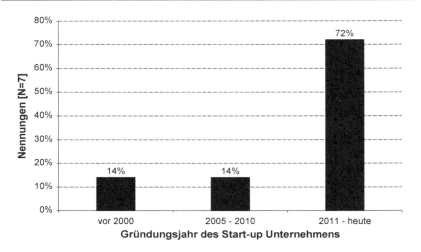

Abb. 6.7   Gründungsjahr der kooperierenden Start-ups. (Eigene Darstellung)

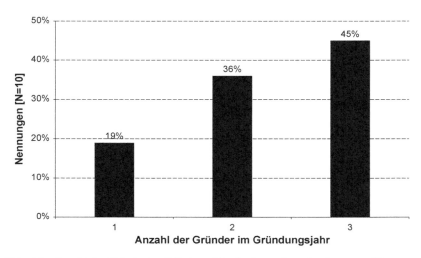

Abb. 6.8   Anzahl der Gründer im Gründungsjahr der kooperierenden Start-ups. (Eigene Darstellung)

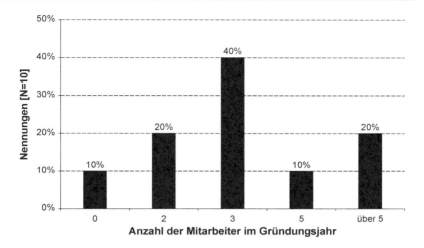

Abb. 6.9   Anzahl der Mitarbeiter im Gründungsjahr der kooperierenden Start-ups. (Eigene Darstellung)

Umsatz der kooperierenden Start-up-Unternehmen Zudem wurden die Mittelständler gebeten, den voraussichtlichen Gesamtjahresumsatz der bestehenden oder vergangenen Kooperationspartner in einer offenen Fragestellung anzugeben.

Den voraussichtlichen Gesamtumsatz der Start-ups beziffern die Mittelständler im laufenden Geschäftsjahr im Median auf 1 Mio. Euro. Abb. 6.10 zeigt, dass 80 Prozent der Mittelständler den Umsatz des Start-up-Unternehmens auf bis zu 2 Mio. Euro beziffern. Weitere 20 Prozent geben einen Umsatz zwischen 2 und 4 Mio. Euro an.

Finanzierungsquellen   der   kooperierenden   Start-up-Unternehmen Ferner wurden die Mittelständler nach den Finanzierungsquellen der Kooperationsunternehmen gefragt.

Bezüglich der Finanzierungsquellen nennen jeweils 24 Prozent die Ersparnisse der Gründer und die Finanzierung durch Familie und Freunde; jeweils 14 Prozent der Mittelständler geben eine Finanzierung der Start-ups durch staatliche Fördermittel und Bankdarlehen an; weitere zwölf Prozent finanzieren sich durch Kooperationen; jeweils drei Prozent durch Business Angels, Mittel aus Crowdfunding, Venture Capital oder Innenfinanzierung (operativer Cash-Flow) (siehe Abb. 6.11).

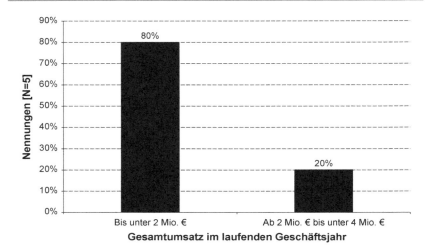

Abb. 6.10   Gesamtumsatz der kooperierenden Start-ups. (Eigene Darstellung)

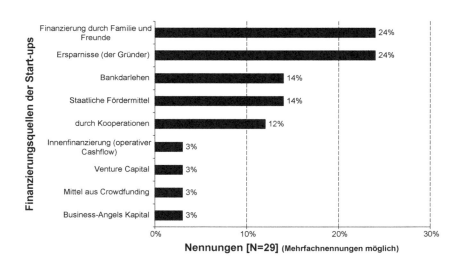

Abb. 6.11   Finanzierungsquellen der kooperierenden Start-ups. (Eigene Darstellung)

Anteilseigner der kooperierenden Start-up-Unternehmen Darüber hinaus wurden die mittelständischen Unternehmen gebeten, Angaben zu der Struktur der Anteilseigner der Kooperationsunternehmen zu tätigen. Analog zur Charakterisierung der Probanden sollten auch hier die drei wichtigsten Anteilseigner der Start-ups genannt sowie deren Anteil an Gesamtunternehmen prozentual beziffert werden.

Zu den drei wichtigsten Anteilseignern (nur Nennung der am häufigsten genannten) der Start-ups gehören laut Angaben der Mittelständler mit 55 Prozent die Gründer. Mit 18 Prozent der Nennungen sind die Eigentümer die zweithäufigst genannten Anteilseigner der Start-up-Unternehmen. Gesellschafter, das Management und die Familie werden mit jeweils neun Prozent als wichtigste Anteilseigner angeführt (siehe Abb. 6.12).

Hinsichtlich der Anteilsstruktur wurde zudem das Maximum, Minimum sowie der Durchschnitt der prozentualen Anteile der Anteilseigner am Gesamtunternehmen der Start-ups durch die Mittelständler angegeben, um die Anteilshöhe der jeweiligen Anteilseigner bestimmen zu können.

Als am häufigsten genannte Anteilseignergruppe halten die Gründer durchschnittlich 64 Prozent am Start-up (Max. 100 Prozent; Min. 20 Prozent), gefolgt

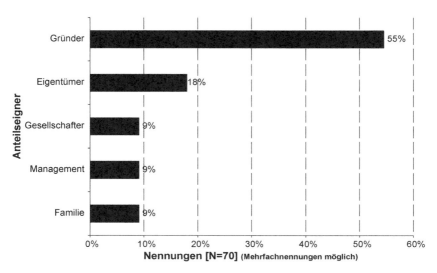

Abb. 6.12   Anteilseigner der kooperierenden Start-ups. (Eigene Darstellung)

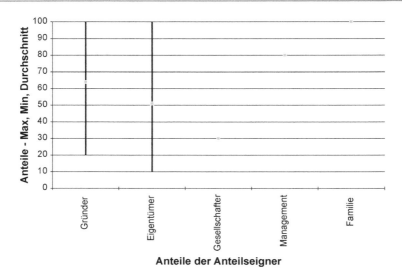

Abb. 6.13   Anteile der Anteilseigner der kooperierenden Start-ups. (Eigene Darstellung)

von den Eigentümern, die im Durchschnitt 51 Prozent der Unternehmensanteile halten (Max. 100 Prozent; Min. 10 Prozent). Gesellschafter, das Management sowie die Familie wurden nur von wenigen Mittelständlern angeführt, weswegen sich die Durchschnittsberechnung auf eine geringe Stichprobenzahl bezieht. Diesbezüglich halten die Gesellschafter im Durchschnitt 30 Prozent (Max. 30 Prozent; Min. 30 Prozent), das Management durchschnittlich 80 Prozent (Max. 80 Prozent; Min. 80 Prozent) und die Familie durchschnittlich 100 Prozent (Max. 100 Prozent; Min. 100 Prozent) Beteiligung an den Start-up-Unternehmen (siehe Abb. 6.13).

6.3   Start-ups über kooperierende Mittelständler

Zur Kontrastierung wurden auch die Start-up-Unternehmen gebeten, Angaben über ihre mittelständischen Kooperationspartner zu tätigen. Daher stellen die nachfolgenden Ausführungen die Antworten der Start-ups zu den Mittelständlern dar.

Branchenzugehörigkeit der kooperierenden Mittelständler Wie Abb. 6.14 zu entnehmen ist, stammen die kooperierenden mittelständischen Unternehmen zu 29 Prozent aus sonstigen Branchen; 22 Prozent aus öffentlichen und privaten

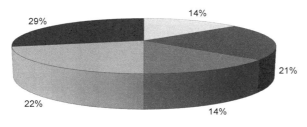

□ Keine Angabe   ▣ Verarbeitendes Gewerbe, Bergbau, Energie/Wasser
▣ Handel, Gastgewerbe, Verkehr   □ Öffentliche und private Dienstleister
▣ Sonstige

Abb. 6.14   Branchenzugehörigkeit der mittelständischen Kooperationspartner. (Eigene Darstellung)

Dienstleistungen sowie 21 Prozent aus dem verarbeitenden Gewerbe, Bergbau, Energie/Wasser. 14 Prozent stammen aus Handel, Gastgewerbe und Verkehr und weitere 14 Prozent machten hierzu keine Angabe.

Lebenszyklusphase der kooperierenden Mittelständler 58 Prozent der mittelständischen Kooperationsunternehmen befinden sich in der Marktsättigungsphase; 25 Prozent in der Wachstumsphase und 17 Prozent in der Reifephase. Die Phasen der Einführung und Degeneration sind unter den mittelständischen Kooperationspartnern nicht vertreten (siehe Abb. 6.15).

Größenangaben der kooperierenden Mittelständler Bezüglich des Gründungsjahres der mittelständischen Kooperationsunternehmen wird folgendes Bild deutlich: Das Gründungsjahr der mittelständischen Unternehmen liegt im Median im Jahr 1970. 67 Prozent der Mittelständler wurden zwischen 1946 und 1990 gegründet; 17 Prozent vor 1900 und 18 Prozent zwischen 1900 und 1945 (siehe Abb. 6.16).

Die Mitarbeiteranzahl der Mittelständler beziffert sich im Gründungsjahr im Median auf zwei Mitarbeiter. 50 Prozent hatten einen Mitarbeiter; 33 Prozent hatten mehr als fünf Mitarbeiter und 17 Prozent hatten drei bis fünf Mitarbeiter zum Zeitpunkt der Gründung (siehe Abb. 6.17).

Der voraussichtliche Gesamtumsatz der Mittelständler beziffert sich im laufenden Geschäftsjahr im Median auf 275 Mio. Euro. 50 Prozent gehen von einem

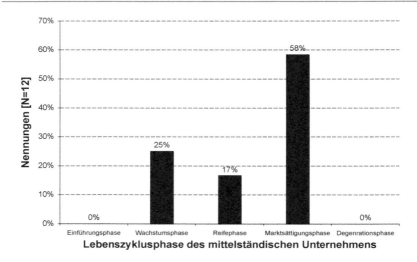

Abb. 6.15   Lebenszyklusphase der kooperierenden Mittelständler. (Eigene Darstellung)

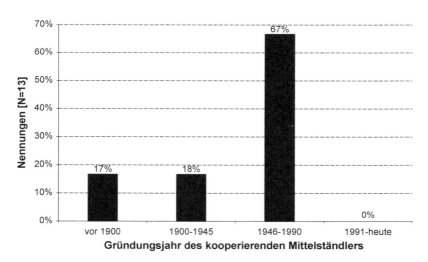

Abb. 6.16   Gründungsjahr der kooperierenden Mittelständler. (Eigene Darstellung)

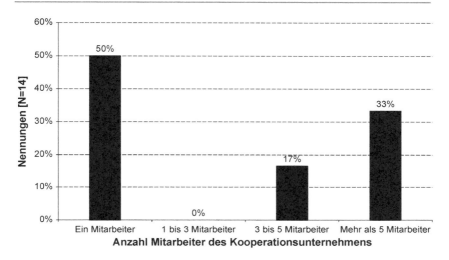

Abb. 6.17 Mitarbeiteranzahl der kooperierenden Mittelständler. (Eigene Darstellung)

Umsatz zwischen 60 und 600 Mio. Euro aus; jeweils 25 Prozent von einem Umsatz zwischen 6 und 60 Mio. Euro sowie mehr als 600 Mio. Euro (siehe Abb. 6.18).

Die Verteilung der Mitglieder im Aufsichtsgremium der mit den Start-ups kooperierenden Mittelständler setzt sich wie folgt zusammen: 40 Prozent der Mittelständler verfügen über kein Aufsichtsgremium, weitere 40 Prozent geben an, vier bis sechs Mitglieder im Aufsichtsgremium zu platzieren und lediglich 20 Prozent setzen dabei mehr als zehn Mitglieder ein (siehe Abb. 6.19).

Bei Betrachtung der Besetzung des Aufsichtsgremiums mit Familienmitgliedern bei den kooperierenden Mittelständlern in Abb. 6.20 geben 50 Prozent an, dass kein Familienmitglied im Aufsichtsgremium vertreten ist. Jeweils 25 Prozent nennen ein oder zwei Familienmitglieder im Aufsichtsgremium.

Die Frage nach der Anzahl der Mitglieder im Leitungsgremium wurde wie folgt beantwortet (Abb. 6.21): Die befragten Start-up-Unternehmen geben an, dass die kooperierenden Mittelständler im Median von zwei Familienmitgliedern im Aufsichtsgremium vertreten werden. Jeweils sieben Prozent der Unternehmen haben kein oder vier bis sechs Mitglieder im Leitungsgremium. Die Mehrheit von 57 Prozent macht hierzu keine Angabe und weitere 29 Prozent nennen die Mitgliedschaft von einem bis drei Mitgliedern im Leitungsgremium des Mittelständlers.

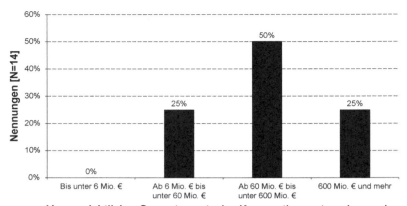

Abb. 6.18 Voraussichtlicher Gesamtumsatz der kooperierenden Mittelständler. (Eigene Darstellung)

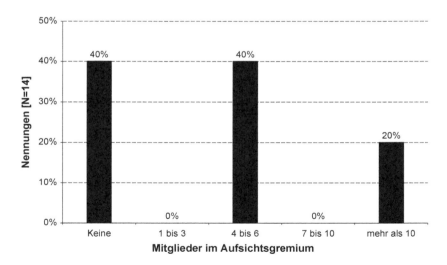

Abb. 6.19 Mitglieder im Aufsichtsgremium der kooperierenden Mittelständler. (Eigene Darstellung)

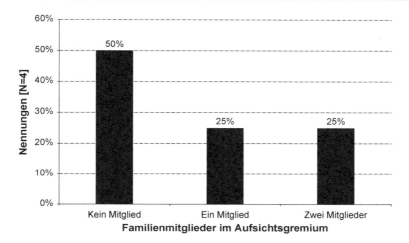

Abb. 6.20   Familienmitglieder im Aufsichtsgremium der kooperierenden Mittelständler. (Eigene Darstellung)

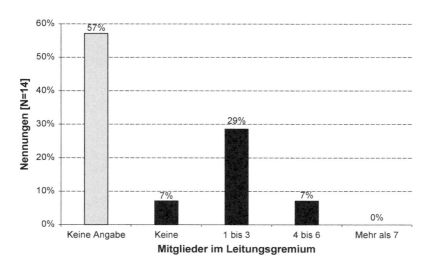

Abb. 6.21   Mitglieder im Leitungsgremium der kooperierenden Mittelständler. (Eigene Darstellung)

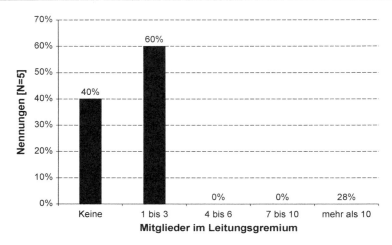

Abb. 6.22 Familienmitglieder im Leitungsgremium der kooperierenden Mittelständler. (Eigene Darstellung)

Bezüglich der Besetzung mit Familienmitgliedern geben 60 Prozent an, in ihrem Leitungsgremium ein bis drei Mitglieder zu haben und weitere 40 Prozent der Unternehmen haben keine Familienmitglieder im Leitungsgremium (siehe Abb. 6.22).

6.4   Allgemeine Angaben zur Kooperation

Nach der Charakterisierung der Kooperationspartner wurden grundsätzliche Angaben zur Kooperation erfragt. Diesbezüglich wurden die Probanden gebeten, die Relevanz der Kooperation für das eigene Kerngeschäft zu beurteilen, die Motive zur Kooperationsbildung zu nennen sowie Aussagen bezüglich der Zufriedenheit mit der Kooperation zu tätigen. Die Ergebnisse werden im Folgenden im Detail dargestellt.

Relevanz für das eigene Kerngeschäft Wie Abb. 6.23 zu entnehmen ist, erachten jeweils 36 Prozent der Mittelständler die Kooperation mit dem Start-up-Unternehmen als sehr relevant oder eher relevant für ihr Kerngeschäft. 21 Prozent der Mittelständler nehmen eine neutrale Haltung ein, während sieben Prozent die Kooperation als eher irrelevant in Bezug auf ihr eigenes Kerngeschäft erachten.

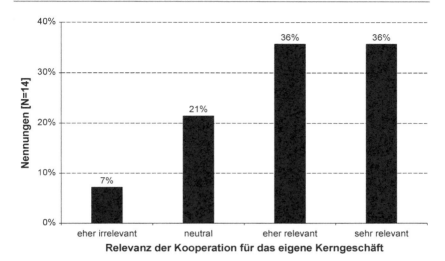

Abb. 6.23 Relevanz der Kooperation für das eigene Kerngeschäft –Mittelstand. (Eigene Darstellung)

46 Prozent der Start-up-Unternehmen erachten die Kooperation mit Mittelständlern als sehr relevant für das eigene Kerngeschäft. 23 Prozent halten die Kooperation für eher relevant und 15 Prozent nehmen eine neutrale Haltung ein. Jeweils acht Prozent beurteilen sie als eher irrelevant oder sehr irrelevant für das eigene Kerngeschäft (siehe Abb. 6.24).

Motive zur Kooperationsbildung Hinsichtlich der Motive zur Kooperationsbildung geben 86 Prozent (sehr stark und eher stark) der Mittelständler an, einen Wettbewerbsvorteil bzw. den Aufbau von Markteintrittsstrategien zu verfolgen. Die Steigerung der Innovationsfähigkeit, die Erschließung neuer Märkte sowie der gemeinsame Wissens- und Erfahrungsaustausch fungieren bei jeweils 72 Prozent der Mittelständler als Kooperationsmotive. Für 65 Prozent stellen der Aufbau eines neuen Geschäftsmodells und der Zugang zu neuen Technologien die wesentlichen Motive dar. Ein eher nachrangiges Motiv bildet mit 14 Prozent die Risikoreduktion. Auch der Erhalt der eigenen Überlebensfähigkeit sowie die Kostensenkung sind mit jeweils 29 Prozent weniger ausschlaggebende Kooperationsmotive für Mittelständler (siehe Abb. 6.25).

Als Motive zur Kooperationsbildung geben 83 Prozent (eher stark und sehr stark) der Start-up-Unternehmen gemäß Abb. 6.26 den Reputationsgewinn durch

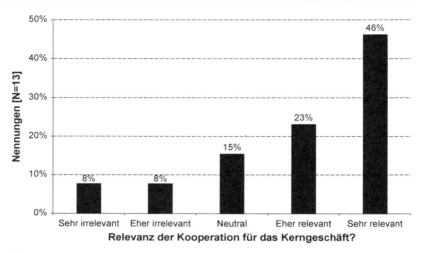

Abb. 6.24 Relevanz der Kooperation für das eigene Kerngeschäft – Start-ups. (Eigene Darstellung)

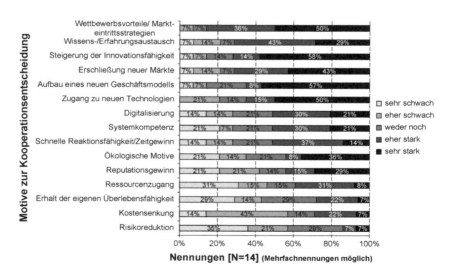

Abb. 6.25 Kooperationsmotive Mittelstand. (Eigene Darstellung)

Abb. 6.26   Kooperationsmotive Start-ups. (Eigene Darstellung)

Nutzung der Unternehmensmarke des Mittelständlers als wesentliches Motiv an. 67 Prozent nennen die Erschließung neuer Märkte und jeweils 59 Prozent den gemeinsamen Wissens- und Erfahrungsaustausch, den Aufbau eines neuen Geschäftsmodells sowie den Wettbewerbsvorteil bzw. den Aufbau von Markteintrittsbarrieren. Mit 23 Prozent stellt die schnelle Reaktionsgeschwindigkeit bzw. der Zeitgewinn unter den Start-up-Unternehmen ein untergeordnetes Motiv für die Kooperationsbildung dar. Dazu zählen auch der Zugang zu neuen Technologien, die Digitalisierung und die Risikoreduktion mit jeweils 25 Prozent.

Zufriedenheit mit der Kooperation   Bezüglich der Zufriedenheit mit der Kooperation wurden die Probanden gebeten, ihre Zufriedenheit mit dem Gesamteindruck der Kooperation in einer geschlossenen Frage zu bewerten.

Insgesamt sind 62 Prozent der Mittelständler eher zufrieden oder sehr zufrieden mit dem Gesamteindruck der Kooperation. 23 Prozent geben an, eher unzufrieden zu sein. Weitere sieben Prozent sind neutral eingestellt und acht Prozent sehr unzufrieden mit dem Gesamteindruck der Kooperation (siehe Abb. 6.27).

Von den befragten Start-up-Unternehmen sind insgesamt 46 Prozent eher zufrieden oder sehr zufrieden mit dem Gesamteindruck der Kooperation; acht

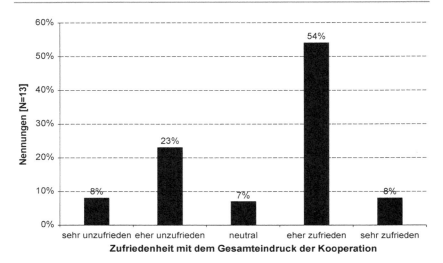

Abb. 6.27   Zufriedenheit mit dem Gesamteindruck der Kooperation – Mittelstand.
(Eigene Darstellung)

Prozent halten sich neutral; 31 Prozent sind eher unzufrieden und 15 Prozent sind
sehr unzufrieden (siehe Abb. 6.28).

Um differenziertere Einblicke in die Zufriedenheit mit Kooperationen generieren zu können, wurden die Probanden gebeten, Thesen zur Zufriedenheit mit
der Kooperation zu bewerten. Die Ergebnisse werden im Folgenden detailliert
beschreiben.

Wie Abb. 6.29 verdeutlicht, zeigen mittelständische Unternehmen zu 46
Prozent eine sehr starke Übereinstimmung mit der These, dass der Fit der jeweiligen Geschäftsmodelle die Voraussetzung für eine zufriedenstellende Kooperation
darstellt. Zu 69 Prozent (stimme voll zu und stimme eher zu) unterstützen die Mittelständler die These, dass die Zufriedenheit mit der Kooperation steigt, wenn sich
die Kooperationspartner im Vorfeld bereits kennen. 31 Prozent der Mittelständler
sind der Meinung, dass die Abstammung aus derselben Branche die Zufrieden-
stellung mit dem Kooperationsergebnis vermutlich erhöht. Diese Meinung wird
hingegen von 38 Prozent der Mittelständler eher nicht geteilt. Lediglich 24 Prozent
unterstützen die These, dass die Zufriedenheit vermutlich am höchsten ist, wenn
die Kooperationspartner unterschiedlichen Branchen angehören. Diese These wird
von 46 Prozent der Probanden als neutral bewertet.

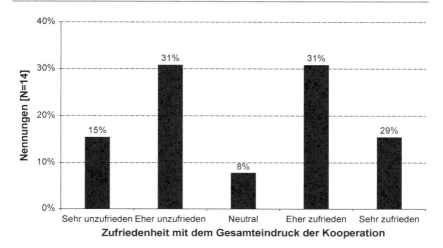

Abb. 6.28   Zufriedenheit mit dem Gesamteindruck der Kooperation – Start-up. (Eigene Darstellung)

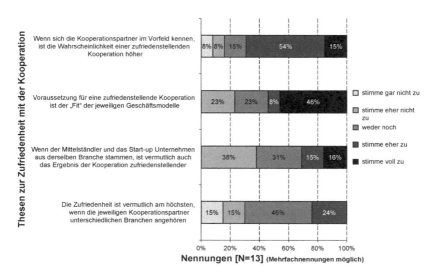

Abb. 6.29   Thesen zur Zufriedenheit einer Kooperation – Mittelstand. (Eigene Darstellung)

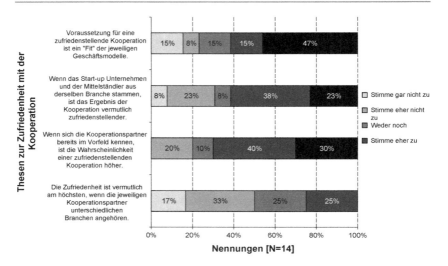

Abb. 6.30   Thesen zur Zufriedenheit einer Kooperation – Start-up. (Eigene Darstellung)

Unter den Start-up-Unternehmen halten 62 Prozent den Fit der jeweiligen Geschäftsmodelle für eine wesentliche Voraussetzung einer zufriedenstellenden Kooperation. Weitere 61 Prozent schätzen das Ergebnis der Kooperation als zufriedenstellender ein, wenn die Kooperationspartner derselben Branche entstammen. 70 Prozent der Start-ups halten das Ergebnis der Kooperation für zufriedenstellender, wenn sich die Kooperationspartner bereits im Vorfeld kennen. Lediglich 25 Prozent gehen von einer zufriedenstellenderen Kooperation aus, wenn die Partner unterschiedlichen Branchen entstammen (siehe Abb. 6.30).

6.5   Anbahnung und Initiierung der Kooperation

Im folgenden Fragebogenabschnitt wurde die Art und Weise der Anbahnung und Initiierung der Kooperation thematisiert. Von besonderem Interesse war zudem der Zeitraum zwischen Anbahnung und Initiierung. Die detaillierten Auswertungen werden im Folgenden dargelegt.

32 Prozent der Mittelständler geben an, direkt von Start-up-Unternehmen auf eine mögliche Kooperation angesprochen zu werden; 21 Prozent der Mittelständler werden jeweils durch Empfehlungen von Kollegen, Freunden und Bekannten

oder auf anderen Wegen auf das Start-up-Unternehmen aufmerksam. Elf Prozent der Mittelständler nutzen Messen und Events zur Kontaktaufnahme mit Start-up-Unternehmen. Mit nur fünf Prozent der Nennungen nutzen Mittelständler kaum die Hilfe von Kooperationsnetzwerken, Intermediären oder die Internetrecherche, um auf geeignete Start-up-Unternehmen aufmerksam zu werden (siehe Abb. 6.31). Abb. 6.32 ist zu entnehmen, dass Messen und Events mit 17 Prozent auch für die Start-ups ein wichtiges Medium zur Kontaktaufnahme darstellen. Mit jeweils 13 Prozent nutzen Start-ups die gezielte Ansprache, Internetrecherche, Empfehlungen von Freunden, Kollegen oder Bekannten, bereits bestehende Partnerschaften oder auch den zufälligen Kontakt, um auf mittelständische Kooperationsunternehmen aufmerksam zu werden. Auf die positive Reputation des Mittelständlers achten acht Prozent der Befragten bei der Kontaktaufnahme. Am wenigsten nutzen Start-up-Unternehmen mit vier Prozent Kooperationsnetzwerke und mit jeweils drei Prozent die Hilfe von Acceleratoren oder Intermediären.

Hinsichtlich der Anbahnung von Kooperationen nehmen 57 Prozent der Mittelständler direkten Kontakt zu den Start-up-Unternehmen auf, um die Kooperation zu initiieren. 31 Prozent hingegen initiieren die Kooperation durch direkte Anfragen und den Erstkontakt auf Events. Lediglich sechs Prozent nutzen Intermediäre oder Kontakte durch Mitgliedschaften zur Initiierung der Kooperation (siehe Abb. 6.33).

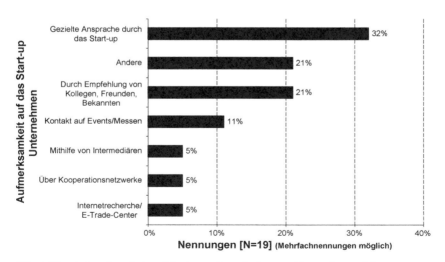

Abb. 6.31   Aufmerksamkeit auf das kooperierende Start-up-Unternehmen. (Eigene Darstellung)

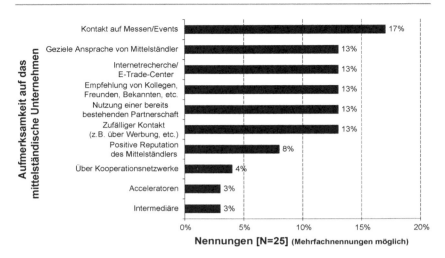

Abb. 6.32 Aufmerksamkeit auf das kooperierende mittelständische Unternehmen.
(Eigene Darstellung)

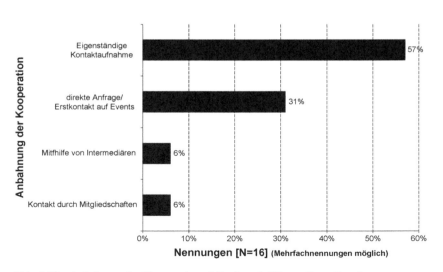

Abb. 6.33 Anbahnung der Kooperation – Mittelstand. (Eigene Darstellung)

Ein etwas abweichendes Bild zeigt sich in Abb. 6.34 bei den Start-up-Unternehmen. 60 Prozent initiieren ihre Kooperationen durch eigenständige Kontaktaufnahme und weitere 33 Prozent stellen direkte Anfragen an Mittelständler. Sieben Prozent geben an, sonstige Initiierungsmöglichkeiten zu nutzen. Der Weg über Ausschreibungen, Kontakt durch Mitgliedschaften und die Mithilfe von Intermediären wird nicht genutzt.

Die Angabe des Zeitraumes zwischen der Anbahnung und dem Beginn der Kooperation erfolgte in einer offenen Fragestellung.

Der Zeitraum zwischen Anbahnung und dem Kooperationsbeginn bemisst sich bei den Mittelständlern im Median auf drei Monate. Konkret bemessen 46 Prozent der Mittelständler den Zeitraum auf zwischen zwei und vier Monate. 27 Prozent geben für den Zeitraum zwischen Anbahnung und Initiierung der Kooperation vier bis sechs Monate und 18 Prozent unter zwei Monate an. Bei neun Prozent der Mittelständler bemisst sich der Zeitraum auf über ein halbes Jahr (siehe Abb. 6.35).

Der Zeitraum zwischen Anbahnung und Kooperationsbeginn liegt bei den Start-ups im Median bei vier Monaten. Eine detaillierte Betrachtung der Abb. 6.36 zeigt, dass mit 36 Prozent die Zeitdauer zwischen Anbahnung und Kooperationsbeginn bei 4 bis 6 Monaten liegt. 27 Prozent geben an, zwischen zwei und vier Monate benötigt zu haben und jeweils 18 Prozent nennen die Extremwerte der Skala mit Zeiträumen von unter zwei Monaten und mehr als sechs Monaten.

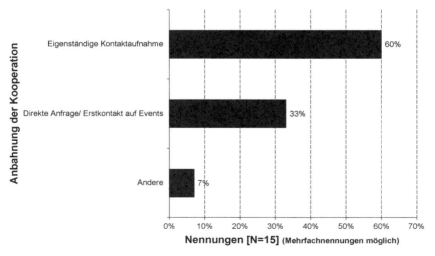

Abb. 6.34   Anbahnung der Kooperation – Start-up. (Eigene Darstellung)

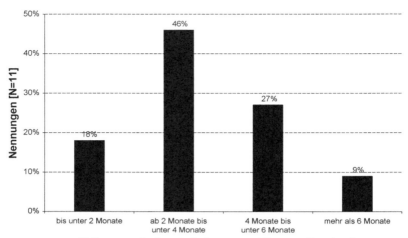

Abb. 6.35   Zeitraum zwischen Anbahnung und Kooperationsbeginn – Mittelstand. (Eigene Darstellung)

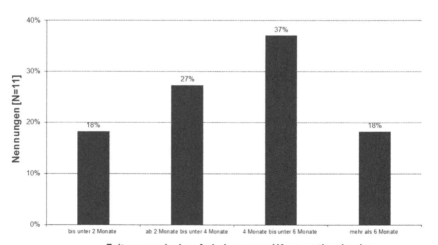

Abb. 6.36   Zeitraum zwischen Anbahnung und Kooperationsbeginn – Start-ups. (Eigene Darstellung)

6.6 Durchführung der Kooperation

Im Rahmen der Durchführung der Kooperation wurden die Probanden gebeten, detaillierte Angaben hinsichtlich der vertraglichen Ausgestaltung, der Wahl der Kooperationsform, der Integrationsgrade innerhalb der Kooperation, der Beteiligungen an der Kooperation, der Zielbeziehungen sowie des gegenseitigen Vertrauens und der Kommunikation zu tätigen. Die Ergebnisse werden im Folgenden detailliert dargestellt.

Vertragsausgestaltung Bezugnehmend auf die vertragliche Ausgestaltung der Kooperation wurden die befragten Unternehmen vorerst gebeten, die Wichtigkeit eines schriftlichen Vertrags für ein Kooperationsvorhaben einzuschätzen.

Wie in Abb. 6.37 dargestellt, erachten 67 Prozent der Mittelständler einen schriftlichen Kooperationsvertrag als eher oder sehr wichtig. 13 Prozent nehmen eine neutrale Stellung ein oder erachten ihn als eher unwichtig. Lediglich sieben Prozent erachten den schriftlichen Kooperationsvertrag als sehr unwichtig.

In Abb. 6.38 wird deutlich, dass auch eine Mehrheit der Start-ups, in diesem Fall 62 Prozent, den schriftlichen Kooperationsvertrag als eher und sehr wichtig erachten. Lediglich acht Prozent halten sich diesbezüglich neutral. Eine deutliche Abweichung zu den Aussagen der Mittelständler nennen die Start-up-Unternehmen

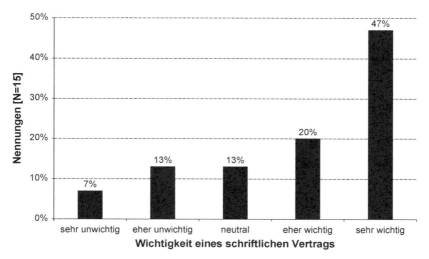

Abb. 6.37 Wichtigkeit eines schriftlichen Vertrags – Mittelstand. (Eigene Darstellung)

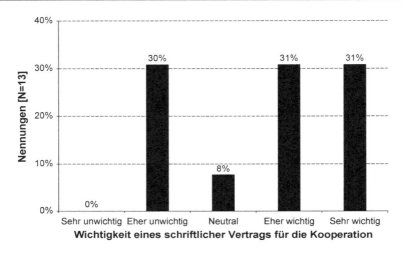

Abb. 6.38 Wichtigkeit eines schriftlichen Vertrags – Start-up. (Eigene Darstellung)

mit 30 Prozent bei eher unwichtig. Keiner der Probanden beurteilt den schriftlichen Vertrag als sehr unwichtig.

Zudem wurde erfragt, ob die Inanspruchnahme juristischer Hilfe bei der Vertragsgestaltung notwendig ist. In einer offenen Fragestellung konnten die Unternehmen angeben, von wem sie juristische Hilfe in Anspruch genommen haben.

Hinsichtlich der Beanspruchung von juristischer Hilfe zeigt sich unter den Mittelständlern in Abb. 6.39 ein relativ austariertes Verhältnis. 58 Prozent haben keine juristische Hilfe in Anspruch genommen; 42 Prozent hingegen schon.

Im Gegensatz dazu zeigt sich bei den Start-ups ein deutlicheres Bild. 71 Prozent haben keine juristische Hilfe beansprucht; 29 Prozent hingegen schon (siehe Abb. 6.40).

Sofern die befragten Mittelständler juristische Hilfe in Anspruch genommen haben, nutzen sie mit 38 Prozent vorwiegend die Unterstützung von Rechtsanwälten. 25 Prozent involvieren die interne Rechtsabteilung oder Andere und 12 Prozent konsultieren den Steuerberater (siehe Abb. 6.41).

Sofern die Start-ups sich für juristische Unterstützung entscheiden, dann mehrheitlich zu 80 Prozent für Rechtsanwälte und zu 20 Prozent für Unternehmensberater. Andere Antwortmöglichkeiten, wie z. B. Steuerberater, Organisation/Vereine und die interne Rechtsabteilung wurden von den Start-ups nicht ausgewählt (siehe

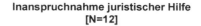
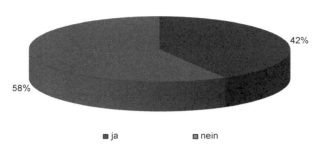

Abb. 6.39 Notwendigkeit Inanspruchnahme juristischer Hilfe – Mittelstand. (Eigene Darstellung)

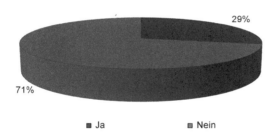

Abb. 6.40 Notwendigkeit Inanspruchnahme juristischer Hilfe – Start-ups. (Eigene Darstellung)

Abb. 6.42). Zumindest die fehlende Inanspruchnahme der Hilfe der eigenen Rechtsabteilung macht für Start-ups insofern Sinn, als dass viele aufgrund von mangelnden Ressourcen und der deutlich kleineren Unternehmensgröße meist gar keine eigene interne Rechtsabteilung haben.

Wahl der Kooperationsform Im Rahmen der Durchführung der Kooperation wurden die Probanden ferner gebeten, die gewählte Kooperationsform anzugeben. Die Auswertungen werden in Abb. 6.43 dargestellt.

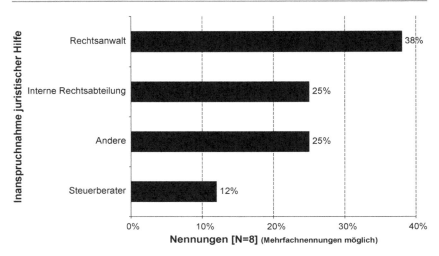

Abb. 6.41   Inanspruchnahme juristischer Hilfe Mittelstand. (Eigene Darstellung)

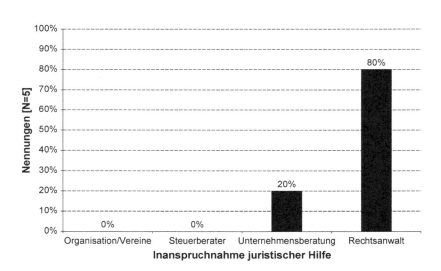

Abb. 6.42   Inanspruchnahme juristischer Hilfe – Start-ups. (Eigene Darstellung)

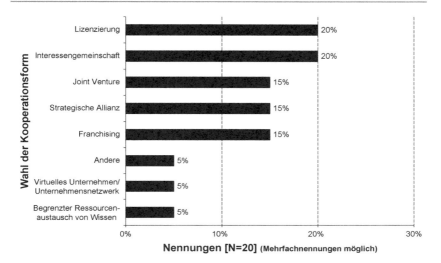

Abb. 6.43   Wahl der Kooperationsform – Mittelstand. (Eigene Darstellung)

Bei der Wahl der Kooperationsform zeigt sich innerhalb der mittelständischen Unternehmen ein diversifiziertes Bild. Mit jeweils 20 Prozent fällt die Wahl auf eine Interessengemeinschaft oder Lizenzierung. 15 Prozent wählen Franchising, strategische Allianzen oder Joint Ventures. Jeweils fünf Prozent wählen den begrenzten Ressourcenaustausch von Wissen, eine virtuelle Unternehmenskooperation bzw. Unternehmensnetzwerke oder andere Kooperationsformen (siehe Abb. 6.43).

Abb. 6.44 ist zu entnehmen, dass die Start-up-Unternehmen hingegen mit jeweils 28 Prozent die Interessengemeinschaft oder die Bildung einer strategischen Allianz mit ihrem Kooperationsunternehmen favorisieren. Mit jeweils elf Prozent folgen der begrenzte Ressourcenaustausch von Wissen, die Lizenzierung oder andere Kooperationsformen, wie z. B. eine Marketingkooperation. Lediglich fünf bzw. sechs Prozent wählen das virtuelle Unternehmen oder das Joint Venture und keines der befragten Unternehmen wählt Franchising als Kooperationsform.

Zudem wurden die befragten Unternehmen gebeten, den Zeitraum des Bestehens der Kooperation in einer offenen Fragestellung zu beziffern.

Der Zeitraum des Bestehens der Kooperation ist bei Mittelständlern mit einem Median von 36 Monaten wesentlich höher als bei Start-up-Unternehmen, die lediglich einen Median von acht Monaten aufweisen.

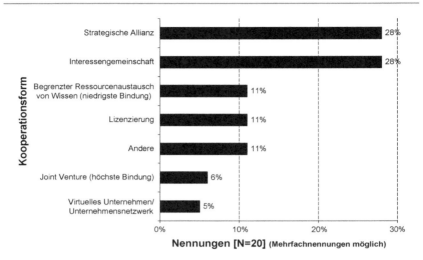

Abb. 6.44   Wahl der Kooperationsform – Start-up. (Eigene Darstellung)

37 Prozent der Mittelständler geben für die bestehende Kooperation einen Zeitraum von über zwei Jahren an. 36 Prozent terminieren die Zusammenarbeit auf
einen Zeitraum von einem Jahr bis zwei Jahren. 18 Prozent wiederum bemessen
den Zeitraum zwischen zwei und sechs Monaten. Weitere neun Prozent geben an,
dass die Kooperation nicht länger als zwei Monate besteht (siehe Abb. 6.45).
     Im Median besteht die Kooperation bei Start-up-Unternehmen seit acht
Monaten, wobei sich 30 Prozent der Start-ups in einer noch jungen, frischen
Kooperation befinden, die zwischen zwei und vier Monaten besteht. Jeweils 20
Prozent nennen eine Dauer von sechs bis zwölf Monaten und mehr als 36 Monaten.
Die Dauer des Bestehens von vier bis sechs Monaten, zwölf bis 18 Monaten oder
18 bis 36 Monaten geben jeweils zehn Prozent der befragten Probanden an (siehe
Abb. 6.46).

Integrationsgrad innerhalb der Kooperation Zur Beurteilung des Integrations-
grades der Kooperationspartner wurden die Probanden gebeten, Thesen zu verschiedenen Integrationsmöglichkeiten zu bewerten. Die Auswertung zeigt folgendes Bild:
     Sowohl 38 Prozent der Mittelständler als auch 57 Prozent der Start-up-Unterneh-
men forcieren eine völlige Beibehaltung der Autonomie innerhalb der Kooperation.

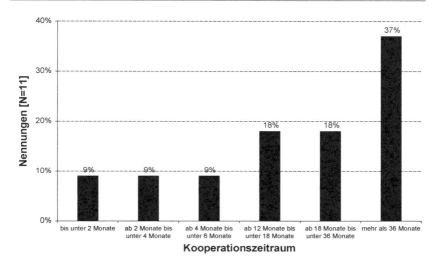

Abb. 6.45 Kooperationszeitraum – Mittelstand. (Eigene Darstellung)

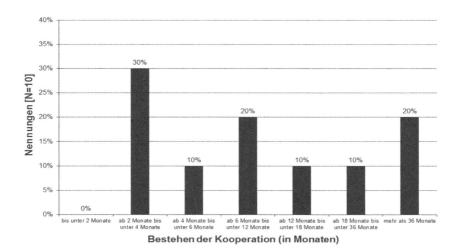

Abb. 6.46 Kooperationszeitraum – Start-up. (Eigene Darstellung)

Ein weitestgehend autonomes Agieren der Partner wird von 46 Prozent der Mittelständler und 43 Prozent der Start-up-Unternehmen praktiziert. Eine vollständige Übernahme durch den Kooperationspartner wird von Mittelständlern und Start-ups weitestgehend abgelehnt (siehe Abb. 6.47 und 6.48).

Beteiligung der Unternehmensbereiche an der Kooperation Neben den Integrationsgraden wurde zudem erfragt, welche Unternehmensbereiche in welcher Intensität an der Kooperation beteiligt sind.

Eine besonders federführende Rolle nimmt in mittelständischen Unternehmen mit 62 Prozent das Top-Management ein. Mitwirkend sind daneben vorwiegend die Produktion mit 80 Prozent, der Bereich Controlling und Finanzen mit 72 Prozent und mit jeweils 67 Prozent Forschung und Entwicklung sowie externe Akteure (siehe Abb. 6.49).

Abb. 6.50 kann entnommen werden, dass bei den Start-up-Unternehmen insbesondere die Forschungs- und Entwicklungsabteilung mit 64 Prozent und das Top-Management mit 55 Prozent federführende Rollen einnehmen. An der Kooperation mitwirkend agieren vor allem die Produktion mit 80 Prozent sowie externe Akteure und der Rechtsbeistand mit jeweils 67 Prozent.

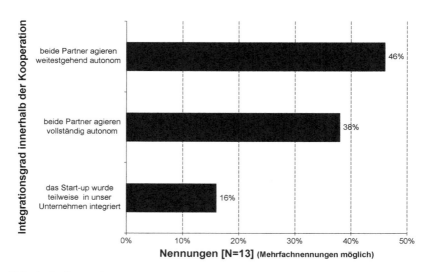

Abb. 6.47 Integrationsgrade innerhalb der Kooperation – Mittelstand. (Eigene Darstellung)

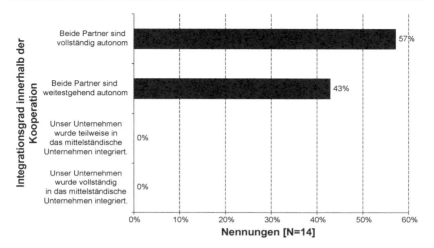

Abb. 6.48   Integrationsgrade innerhalb der Kooperation Start-up. (Eigene Darstellung)

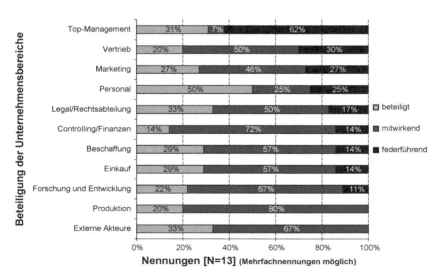

Abb. 6.49   Beteiligung der Unternehmensbereiche – Mittelstand. (Eigene Darstellung)

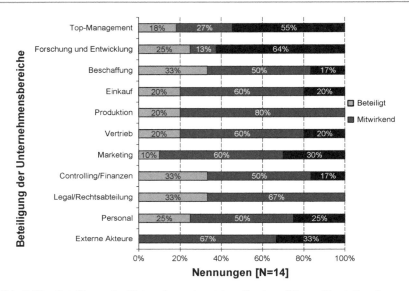

Abb. 6.50   Beteiligung der Unternehmensbereiche – Start-up. (Eigene Darstellung)

Zielbeziehungen und Zielerreichung innerhalb der Kooperation Um konstitu-
ierende Einblicke in die Kooperationsdurchführung zu erhalten, wurden zudem die
partnerschaftliche Zielbeziehung sowie Maßnahmen zur Zielerreichung innerhalb
der Kooperation thematisiert.

Wie in den Abb. 6.51 und 6.52 ersichtlich, gestalten sich die Zielbeziehungen
bei Start-up-Unternehmen und Mittelständlern ähnlich. Eine komplementäre Zielbeziehung verfolgen 64 Prozent der Mittelständler; 29 Prozent geben eine neutrale
und sieben Prozent eine konfliktäre Zielbeziehung an. Start-ups charakterisieren
ihre Zielbeziehung ebenfalls zu 67 Prozent als komplementär, zu 17 Prozent als
neutral und zu 16 Prozent als konfliktär.

Ferner wurden die befragten Unternehmen gebeten, die mit der Kooperation
verfolgten Ziele anzugeben.

Die mit der Kooperation verfolgten Ziele sind vielfältig. Zu den am häufigsten genannten Zielen der Mittelständler gehören mit 18 Prozent kundenorientierte
Ziele; mit jeweils 16 Prozent innovations- und strategieorientierte Ziele sowie
finanzielle Ziele mit 13 Prozent. Auf prozessorientierte Ziele entfallen elf Prozent
aller Nennungen. Weniger häufig verfolgte Ziele sind mit jeweils sechs Prozent der
Nennungen ökologieorientierte, ressourcenorientierte und mitarbeiterorientierte
Ziele (siehe Abb. 6.53).

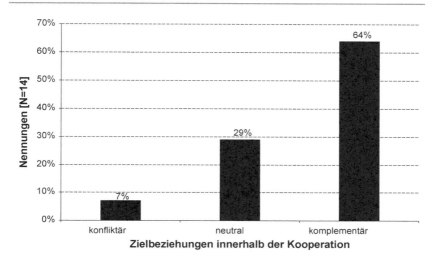

Abb. 6.51   Zielbeziehungen innerhalb der Kooperation – Mittelstand. (Eigene Darstellung)

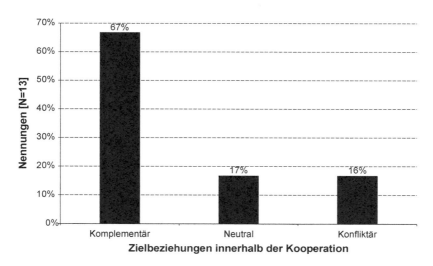

Abb. 6.52   Zielbeziehungen innerhalb der Kooperation – Start-up. (Eigene Darstellung)

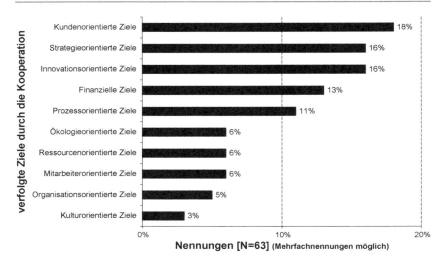

Abb. 6.53   Verfolgte Ziele durch die Kooperation – Mittelstand. (Eigene Darstellung)

Analog dazu verfolgen Start-up-Unternehmen zu 24 Prozent primär finanzielle, zu 22 Prozent kundenorientierte und zu 16 Prozent innovationsorientierte Ziele durch die Kooperation. Strategieorientierte Ziele werden mit 14 Prozent eher nachrangig verfolgt. Prozess- und kulturorientierte Ziele werden mit acht und fünf Prozent nicht als primär wichtig erachtet und alle anderen Ziele sind mit weniger oder gleich drei Prozent kaum von Bedeutung (siehe Abb. 6.54).

An die mit der Kooperation verfolgten Ziele anknüpfend wurden Fragen zur Zielerreichung gestellt. Diesbezüglich wurden die Probanden gebeten, zunächst anzugeben, ob Instrumente zur Zielerreichung eingesetzt werden. In einer offenen Fragestellung wurde den Unternehmen die Möglichkeit gegeben, die speziell hierfür eingesetzten Instrumente zu benennen.

Sowohl Mittelständler mit 62 Prozent als auch Start-up-Unternehmen mit 58 Prozent nutzen Instrumente zur Sicherstellung der Zielerreichung innerhalb der Kooperation (siehe Abb. 6.55 und 6.56).

Die Mittelständler nennen bezüglich der Instrumente unter anderem Meetings, Reportings, Quartalsberichte, Buchhaltung sowie teilweise Produktionsüberwachungen (siehe Abb. 6.57).

Wie in Abb. 6.58 dargestellt ist, geben die Start-up-Unternehmen bei der Frage nach der Art der Instrumente den ausgearbeiteten Business Plan und die vertraglich

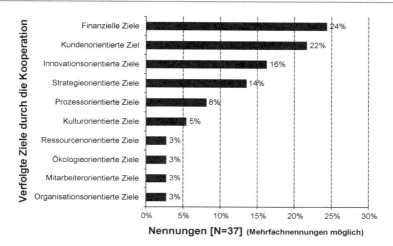

Abb. 6.54   Verfolgte Ziele durch die Kooperation – Start-up. (Eigene Darstellung)

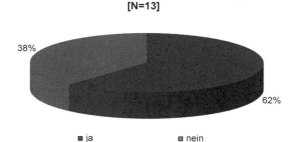

Abb. 6.55   Instrumenteneinsatz zur Zielerreichung – Mittelstand. (Eigene Darstellung)

festgelegte Zielgestaltung mit jeweils 33 Prozent an. Jeweils 17 Prozent nennen Aktionscodes bzw. Gutscheine als Motivationshilfe für die Zielerreichung sowie den gesunden Menschenverstand.

Vertrauen innerhalb der Kooperation Als weiterer wesentlicher Aspekt im Rahmen der Durchführung von Kooperationen wurde das Vertrauen thematisiert.

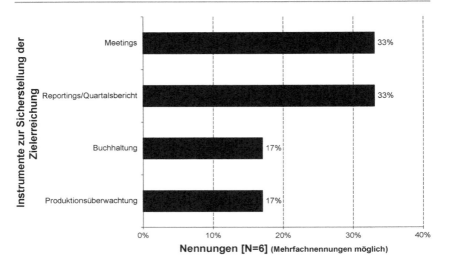

Abb. 6.56 Instrumenteneinsatz zur Zielerreichung – Mittelstand. (Eigene Darstellung)

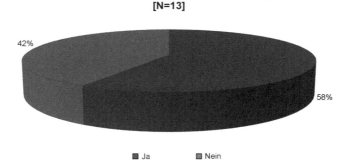

Abb. 6.57 Instrumente zur Sicherstellung der Zielerreichung – Start-ups. (Eigene Darstellung)

Hierbei wurden die Probanden zunächst gebeten, die Wichtigkeit des gegenseitigen Vertrauens im Rahmen der Kooperation zu beurteilen. Die Ergebnisse werden im Folgenden detailliert dargestellt.

Vertrauen wird von den Mittelständlern mit 93 Prozent grundsätzlich als sehr wichtig und zu lediglich sieben Prozent als sehr unwichtig erachtet (siehe Abb. 6.59).

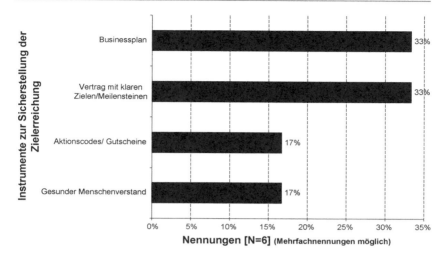

Abb. 6.58   Instrumente zur Sicherstellung der Zielerreichung – Start-ups. (Eigene Darstellung)

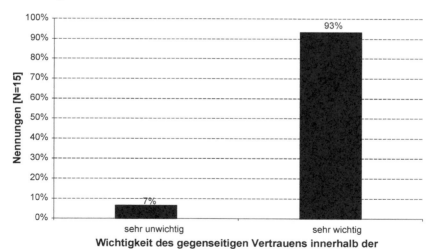

Abb. 6.59   Wichtigkeit gegenseitiges Vertrauen innerhalb der Kooperation – Mittelstand. (Eigene Darstellung)

Unter den Start-up-Unternehmen zeichnet sich ein etwas differenzierteres Bild ab. Für Start-up-Unternehmen ist das gegenseitige Vertrauen innerhalb der Kooperation grundsätzlich mit 85 Prozent (eher und sehr wichtig) fundamental wichtig. Jedoch nehmen acht Prozent der befragten Start-ups eine neutrale Stellung ein und weitere acht Prozent schätzen Vertrauen sogar als sehr unwichtig ein (siehe Abb. 6.60).

Zudem wurde erfragt, ob die jeweiligen Unternehmen ihrem Kooperationspartner vertrauen. Im Gegenzug wurden die Unternehmen gebeten, einzuschätzen, ob der Kooperationspartner ihnen vertraut.

Auf die Frage, ob der Mittelständler seinem Kooperationspartner vertraut, antworten 100 Prozent mit ja und auch die Gegenfrage, ob der Mittelständler glaubt, dass das Kooperationsunternehmen ihm vertraut, wurde zu 100 Prozent bejaht (siehe Abb. 6.61).

Bezogen auf die Start-up-Unternehmen geben 83 Prozent an, dem Kooperationsunternehmen zu vertrauen. 17 Prozent geben an, ihrem Kooperationspartner zu misstrauen. Gleichermaßen beantworten die befragten Start-up-Unternehmen die Gegenfrage (siehe Abb. 6.62).

Kommunikation innerhalb der Kooperation Neben dem gegenseitigen Vertrauen wurde ebenfalls die Kommunikation innerhalb der Kooperation erfragt. Diesbezüglich wurden die befragten Unternehmen zunächst gebeten, die

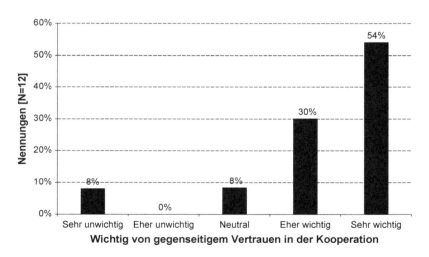

Abb. 6.60 Wichtigkeit gegenseitiges Vertrauen innerhalb der Kooperation – Start-up. (Eigene Darstellung)

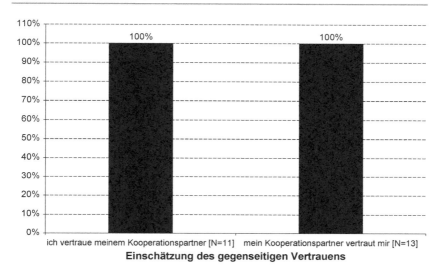

Abb. 6.61   Einschätzung gegenseitiges Vertrauen – Mittelstand. (Eigene Darstellung)

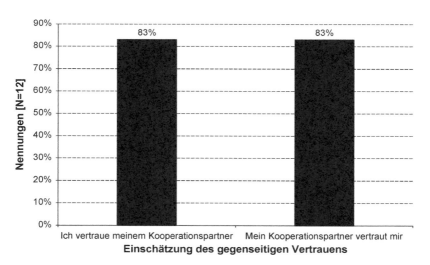

Abb. 6.62   Einschätzung gegenseitiges Vertrauen Start-up. (Eigene Darstellung)

Zufriedenheit mit möglichen Kommunikationskanälen zu bewerten. Darauf aufbauend wurde ebenfalls die Häufigkeit des gegenseitigen Kommunikationsaustau-
sches im Rahmen einer geschlossenen Fragestellung thematisiert.

In den Abb. 6.63 und 6.64 wird deutlich, dass sich hinsichtlich der Zufriedenheit mit den genutzten Kommunikationskanälen ein stark kontrastiertes Bild zwischen Mittelständlern und Start-up-Unternehmen ergibt. Während Mittelständler
zu 93 Prozent (eher und sehr zufrieden) überwiegend persönliche Treffen und zu
100 Prozent gemeinsame Telefonkonferenzen (eher und sehr zufrieden) nutzen,
dienen den Start-up-Unternehmen mit 73 Prozent primär webbasierte Kommu-
nikations-/Austauschportale, wie z. B. Dropbox oder Sharepoint, als präferierte
Kommunikationsmedien. Mit jeweils 70 Prozent führen die Start-ups zusätzlich
die Internettelefonie, wie z. B. Skype, und gemeinsame Softwaretools, wie z. B.
Cloud-Anwendungen, an.

Der Austausch zwischen den Kooperationspartnern findet aus Sicht der Mittelständler bei 31 Prozent mehrmals pro Woche und bei 24 Prozent einmal pro Monat
statt (siehe Abb. 6.65). Dies zeigt sich in ähnlicher Weise bei den Start-up-Unternehmen, die zu 54 Prozent einen monatlichen und zu 23 Prozent einen wöchent-
lichen Austausch durchführen (siehe Abb. 6.66).

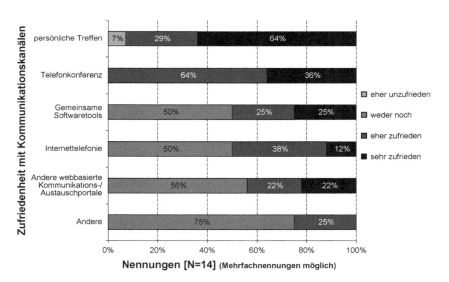

Abb. 6.63 Zufriedenheit mit Kommunikationskanälen – Mittelstand. (Eigene
Darstellung)

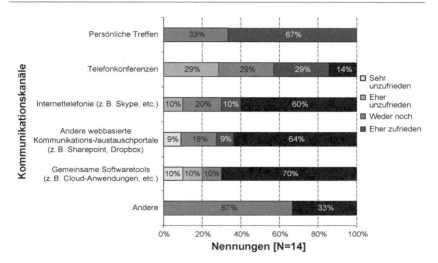

Abb. 6.64 Zufriedenheit mit Kommunikationskanälen – Start-up. (Eigene Darstellung)

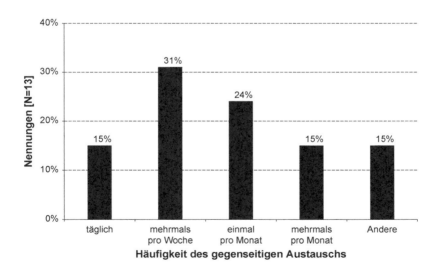

Abb. 6.65 Häufigkeit des gegenseitigen Austausches – Mittelstand. (Eigene Darstellung)

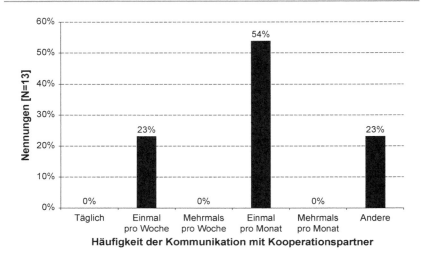

Abb. 6.66   Häufigkeit des gegenseitigen Austausches – Start-up. (Eigene Darstellung)

6.7   Ausstiegs- und Fortsetzungsszenarien

Im Rahmen möglicher Ausstiegs- und Fortsetzungsszenarien der Kooperation wurden neben den Rechten und Pflichten der Unternehmen zudem die Wahrscheinlichkeit für und die Umsetzung von Ausstiegs- und Fortsetzungsszenarien erfragt.

Rechte und Pflichten   Bezogen auf die Rechte und Pflichten wurden die Probanden gebeten, die für sie jeweils wesentlichsten Rechte und Pflichten innerhalb der Kooperation anzugeben.

Mit jeweils 86 Prozent (eher und sehr wichtig) stellen Datenschutz und Datensicherheit die wichtigsten Rechte für mittelständische Unternehmen dar. Mit 80 Prozent nennen die Mittelständler daneben Auftragserfüllungs- und Gewährleistungsansprüche, mit 71 Prozent IP-Rechte[1] und mit 70 Prozent Ansprüche auf anteilige Vergütungen als mitunter wichtigste Rechte (siehe Abb. 6.67).

Der Datenschutz zeigt sich auch unter den Start-up-Unternehmen mit 77 Prozent (eher wichtig und sehr wichtig) als wichtigstes Recht, gefolgt von den anteiligen Vergütungsansprüchen mit 72 Prozent, der Datensicherheit mit 69 Prozent und den

---

[1] IP Rechte stehen für den Begriff der Intellectual Property Rights und können im Deutschen mit dem Begriff des Geistigen Eigentums übersetzt werden.

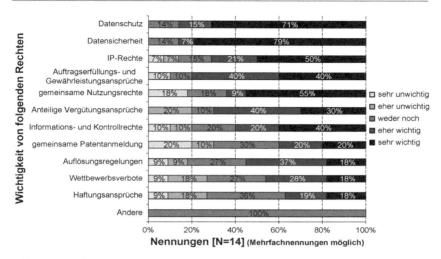

Abb. 6.67   Wichtigkeit von Rechten – Mittelstand. (Eigene Darstellung)

IP-Rechten sowie Auftragserfüllungs- und Gewährleistungsansprüchen mit jeweils 63 Prozent (siehe Abb. 6.68).

Zu den wichtigsten Pflichten im Rahmen der Kooperation zählen die Mittelständler mit jeweils 100 Prozent (eher und sehr wichtig) vor allem die kontinuierliche Leistungserbringung des Kooperationspartners, Termintreue sowie die Einhaltung vereinbarter Standards. Als fundamental wichtig werden ebenfalls die Teilnahme an Besprechungen mit 83 Prozent und die transparente Kalkulation der Partner mit 75 Prozent erachtet (siehe Abb. 6.69).

Wie in Abb. 6.70 deutlich wird, zeigt sich unter den Start-up-Unternehmen bei dieser Frage ein sehr homogenes Bild. Vier von fünf Pflichten werden mit jeweils 83 Prozent als sehr wichtig und eher wichtig empfunden; dazu zählen die kontinuierliche Leistungserbringung, die Termintreue, das Einhalten vereinbarter Standards und die transparente Kalkulation für den Partner. Die Teilnahme an Besprechungen schließt mit 75 Prozent nahtlos an die oben genannten Pflichten an.

Wahrscheinlichkeit für Ausstiegs-/Fortsetzungsszenario 100 Prozent der Mittelständler streben eine Fortführung der Kooperation an. Die befragten Start-up-Unternehmen zeigen sich mit 67 Prozent bezüglich der Fortführungsintention vergleichsweise verhalten. 33 Prozent ziehen sogar ein Ausstiegsszenario in Erwägung.

In diesem Zusammenhang wurde ebenfalls die Wahrscheinlichkeit bestimmter Ausstiegs- und Fortführungsszenarien von den befragten Unternehmen angegeben.

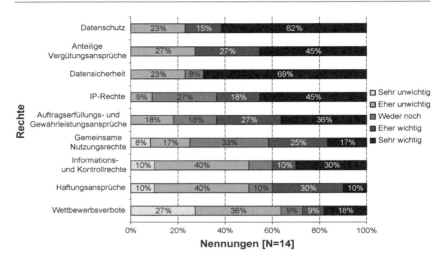

Abb. 6.68   Wichtigkeit von Rechten Start-ups. (Eigene Darstellung)

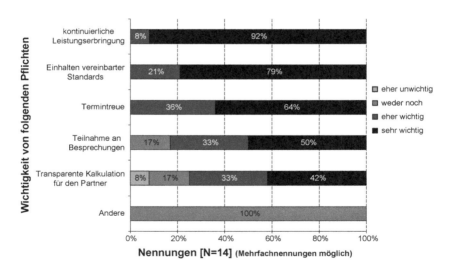

Abb. 6.69   Wichtigkeit von Pflichten – Mittelstand. (Eigene Darstellung)

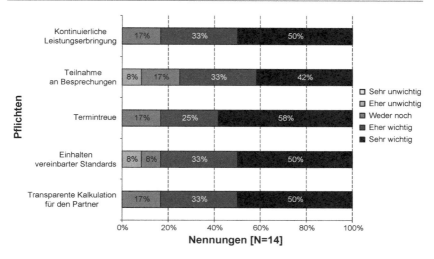

Abb. 6.70   Wichtigkeit von Pflichten – Start-ups. (Eigene Darstellung)

Am wahrscheinlichsten für ein Ausstiegsszenario erachten die Mittelständler mit 45 Prozent der Nennungen die Beendigung gemäß Vertragsfrist. Als eher unwahrscheinlich erachten die Mittelständler hingegen die Fusion mit dem Start-up-Unternehmen mit 55 Prozent (eher und sehr unwahrscheinlich) und die mündliche Beendigung der Kooperation mit 50 Prozent (siehe Abb. 6.71).

Gerade die mündliche Beendigung der Kooperation wird von Start-up-Unternehmen zu 63 Prozent als eher und sehr wahrscheinlich angesehen; gefolgt von der Beendigung gemäß Vertragsfrist mit 54 Prozent. Die Übernahme durch den Mittelständler erachten Start-ups zu 58 Prozent als eher und sehr unwahrscheinliches Ausstiegsszenario sowie eine Fusion mit dem mittelständischen Unternehmen mit 56 Prozent (siehe Abb. 6.72).

Wie in Abb. 6.73 deutlich wird, erwägen Mittelständler hinsichtlich des Fortsetzungsszenarios mit 84 Prozent (eher und sehr wahrscheinlich) eine langfristige strategische Zusammenarbeit mit dem Start-up.

Seitens der Start-ups gehen 58 Prozent (eher uns sehr wahrscheinlich) von einem neuen Vertrag aus, gefolgt von keiner Fortsetzung der Kooperation mit 45 Prozent. Eine langfristige, strategische Zusammenarbeit halten 36 Prozent für realistisch und eine Akquisition durch den Mittelständler sehen 20 Prozent als mögliches Szenario. Die Fusion mit einem mittelständischen Unternehmen hat mit einer Angabe von 20 Prozent eine lediglich nachrangige Bedeutung (siehe Abb. 6.74).

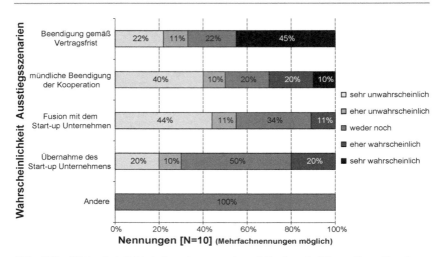

Abb. 6.71   Wahrscheinlichkeit Ausstiegsszenarien – Mittelstand. (Eigene Darstellung)

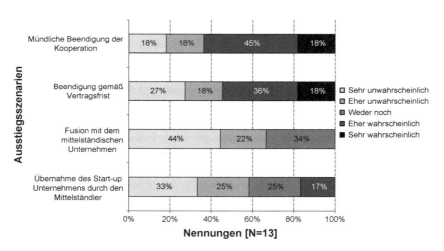

Abb. 6.72   Wahrscheinlichkeit Ausstiegsszenarien – Start-up. (Eigene Darstellung)

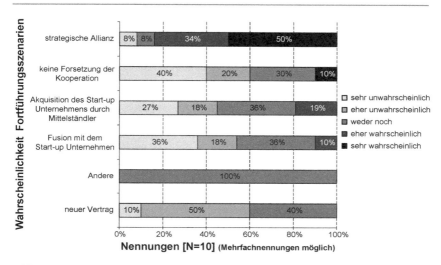

Abb. 6.73 Wahrscheinlichkeit Fortführungsszenarien – Mittelstand. (Eigene Darstellung)

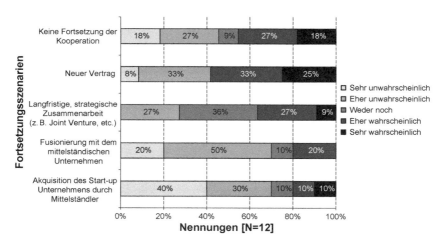

Abb. 6.74 Wahrscheinlichkeit Fortführungsszenarien – Start-up. (Eigene Darstellung)

6.8   Selbst- und Fremdreflexion

Im Rahmen der Selbst- und Fremdreflexion wurden die Unternehmen gebeten, die sich aus der Kooperation ergebenden Vor- und Nachteile sowohl für das eigene Unternehmen als auch für das Kooperationsunternehmen anzugeben.

Vorteile aus der Kooperation Zunächst wurden die Unternehmen gebeten anzugeben, ob sich aus der Kooperation realisierbare Vorteile oder Nachteile ergeben. Anschließend wurden die jeweiligen Vor- und Nachteile unter der Möglichkeit offener Angaben erfragt.

93 Prozent der Mittelständler geben an, dass sich aus der Kooperation realisierbare Vorteile ergeben. Lediglich sieben Prozent geben an, dass keine realisierbaren Vorteile durch die Kooperation entstehen.

In diesem Kontext nennen die befragten mittelständischen Unternehmen vor allem die Marktdurchdringung, die erhöhte Innovationsfähigkeit, die Portfolioerweiterung sowie Lern- und Erfahrungseffekte mit jeweils 13 Prozent. Daneben werden u. a. zu jeweils sieben Prozent Kompetenzerweiterungen, Prozessoptimierungen, erhöhte Produktivität, Ressourceneinsparungen sowie Imageverbesserungen angeführt (siehe Abb. 6.75).

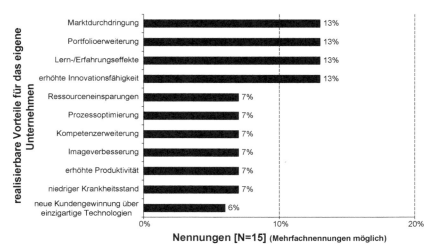

Abb. 6.75   Vorteile für das eigene Unternehmen Mittelstand. (Eigene Darstellung)

Als bedeutendste Vorteile für die Start-up-Unternehmen geben die Mittelständler insbesondere erhöhte Umsatzzahlen mit 23 Prozent sowie den Marktzugang mit 15 Prozent an (siehe Abb. 6.76).

Start-up-Unternehmen stimmen zu 92 Prozent der Aussage zu, dass durch die Kooperation Vorteile realisierbar sind. Dazu gehören für die Start-up-Unternehmen mit 38 Prozent primär der Zugang zu neuen Märkten bzw. die Marktdurchdringung/-erschließung, gefolgt von 31 Prozent die monetären Vorteile z. B. in Form von Umsatzsteigerungen. Mit 15 Prozent haben auch Lerneffekte bzw. zusätzliches Wissen eine Bedeutung für Start-ups und mit jeweils acht Prozent werden die bessere, langfristige Planbarkeit und der Reputationsgewinn als wesentliche Vorteile genannt (siehe Abb. 6.77).

Respektive für den Mittelständler gesehen, glauben die Start-up-Unternehmen zu 33 Prozent an den monetären Vorteil u. a. auch in Form von Umsatzbeteiligungen am Start-up-Unternehmen. Mit jeweils 17 Prozent nennen die Start-ups weitere Vorteile, wie die Unterstützung bei der Erreichung von gesetzten Zielen, Lern- und Erfahrungseffekte sowie den Zugang zu neuen Kundensegmenten und Distributionskanälen. Mit jeweils acht Prozent werden die Diversifikation und der Gewinn an Innovationsimpulsen angeführt (siehe Abb. 6.78).

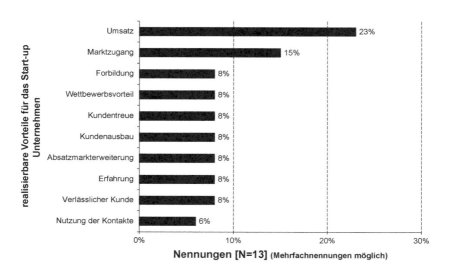

Abb. 6.76 Vorteile für das kooperierende Start-up-Unternehmen aus Mittelstandssicht. (Eigene Darstellung)

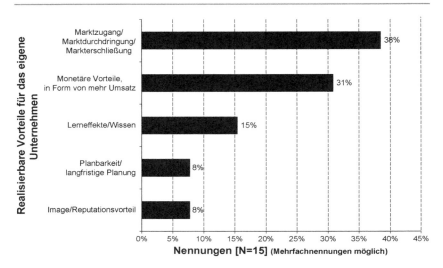

Abb. 6.77   Vorteile für das eigene Unternehmen – Start-up. (Eigene Darstellung)

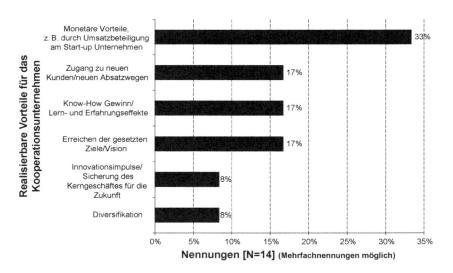

Abb. 6.78   Vorteile für das kooperierende mittelständische Unternehmen aus Sicht der Start-ups. (Eigene Darstellung)

Nachteile aus der Kooperation 92 Prozent der Mittelständler glauben nicht, dass aus der Kooperation Nachteile resultieren; lediglich 8 Prozent vermuten Nachteile aus der Kooperation und nennen in diesem Zusammenhang eine mögliche Rufschädigung für das eigene Unternehmen. Als Nachteil für das Start-up-Unternehmen vermuten Mittelständler eine mögliche Risikozentralisierung.

Start-up-Unternehmen gehen mit 85 Prozent nicht von resultierenden Nachteilen aus der Kooperation aus. Zwei der befragten Start-ups könnten sich eventuell potenzielle Nachteile in Form von geringeren Freiheitsgraden und möglichen Strategiekonflikten vorstellen. Als Nachteile für die kooperierenden Mittelständler nennen die Start-ups Wettbewerbsverbote und den Ausschluss von Kooperationen und beziehen sich dabei auf die Zusammenarbeit mit anderen Start-ups der Branche.

6.9   Beitrag zum Unternehmenserfolg

Ferner wurde der Beitrag der Kooperation auf den Unternehmenserfolg analysiert. In diesem Zusammenhang wurden die Probanden zunächst gebeten, Angaben zu den Nutzenaspekten, den Gründen für das Scheitern von Kooperationen, dem Budgeteinsatz, Kostenfaktoren und Erfolgsfaktoren zu tätigen. Darauf aufbauend erfolgte die rückwirkende Einschätzung der Zufriedenheit mit der Kooperation, die Frage nach der Generierung von Wettbewerbsvorteilen und der Auswirkungen auf das unternehmenseigene Geschäftsmodell sowie die Beurteilung des Beitrages zur Erreichung unternehmenseigener Ziele. Abschließend wurden die teilnehmenden Unternehmen gebeten, ihr Neigungsverhalten gegenüber zukünftigen Kooperationen anzugeben.

Nutzenaspekte Um Einblicke in die Erfolgsbeurteilung von Kooperationen zu generieren, wurden die Probanden gefragt, inwiefern die Kooperation bestimmte Nutzenaspekte erfüllt. Die Ergebnisse werden nachfolgend porträtiert.

75 Prozent der Mittelständler konnten bereits Nutzenaspekte durch die Kooperation erzielen.

Als bedeutsamste Nutzenaspekte nennen die Mittelständler innovative Denkanstöße mit 82 Prozent (eher und vollkommen erfüllt), die Erlangung von Wettbewerbsvorteilen und den Flexibilitätszuwachs am Markt mit jeweils 80 Prozent sowie den Ausbau des Netzwerks aus Kunden, Partnern und Lieferanten mit 72 Prozent. Bei 70 Prozent der Unternehmen ergeben sich zugleich Anstöße zur Erneuerung des eigenen Geschäftsmodells aus der Kooperation. Der kooperationsbedingte

Reputationsgewinn stellt mit 45 Prozent der Nennungen einen für den Mittelstand
verhältnismäßig untergeordneten Nutzenaspekt dar (siehe Abb. 6.79).

83 Prozent (eher und vollkommen erfüllt) der befragten Start-up-Unternehmen
geben an, bereits Nutzenaspekte aus der Kooperation gezogen zu haben. Darunter
finden sich mit 84 Prozent vor allem innovative Denkanstöße und mit 75 Prozent
die Anstöße zur Erneuerung des Geschäftsmodells. 73 Prozent berichten von
Reputationsgewinnen und 54 Prozent von Wettbewerbsvorteilen. Weitere abgefragte Nutzenaspekte finden eine lediglich nachrangige Bedeutung, wie z. B. der
Ausbau des Kontaktnetzwerkes mit 44 Prozent oder der Flexibilitätszuwachs am
Markt mit 25 Prozent (siehe Abb. 6.80).

Gründe für das Scheitern von Kooperationen Im Rahmen der Erfolgsbeurteilung von Kooperationen wurden die befragten Unternehmen zudem gebeten anzugeben, was ihrer Meinung nach die Gründe für das Scheitern von Kooperationen
sind. Die Auswertungsergebnisse werden im Folgenden beschrieben.

Wie in Abb. 6.81 ersichtlich, sind die Gründe für das Scheitern von Kooperationen vielfältig. 20 Prozent der Mittelständler führen dies vor allem auf das
fehlende Engagement des Kooperationspartners zurück, 18 Prozent auf Interessenkonflikte der Parteien und 16 Prozent auf das einseitige Ausschöpfen der

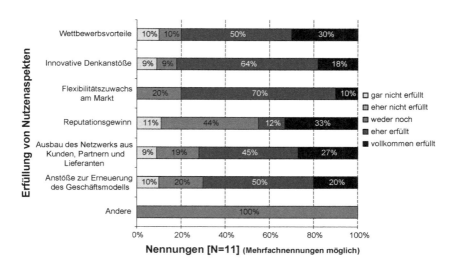

Abb. 6.79   Erfüllung von Nutzenaspekten – Mittelstand. (Eigene Darstellung)

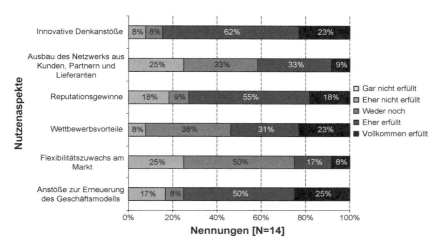

Abb. 6.80   Erfüllung von Nutzenaspekten – Start-up. (Eigene Darstellung)

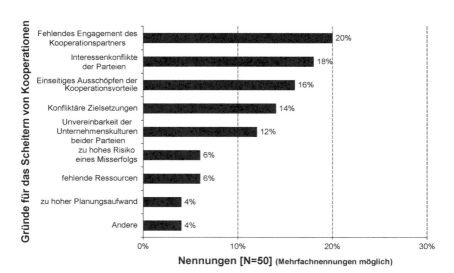

Abb. 6.81   Gründe für das Scheitern von Kooperationen – Mittelstand. (Eigene Darstellung)

Kooperationsvorteile. Mit 14 Prozent der Nennungen scheitern Kooperationen aus Sicht der Mittelständler aufgrund konfliktärer Zielsetzungen sowie mit 12 Prozent aufgrund der Unvereinbarkeit der Unternehmenskulturen.

Für Start-up-Unternehmen gibt es gemäß Abb. 6.82 ebenso eine Vielzahl an möglichen Gründen für das Scheitern einer Kooperation. Zu jeweils 21 Prozent wird die Liste von Interessenkonflikten der Parteien und konfliktären Zielbeziehungen als mögliche Gründe angeführt. Mit 18 Prozent folgt das mögliche fehlende Engagement der Kooperationspartner, mit 13 Prozent die Unvereinbarkeit der Unternehmenskulturen beider Parteien und mit 11 Prozent die fehlenden Ressourcen. Die übrigen Nennungen können als nachrangig bedeutsam eingestuft werden, wie z. B. der zu hohe Planungsaufwand oder das einseitige Abschöpfen von Kooperationsvorteilen.

Budgeteinsatz der Kooperationspartner Des Weiteren wurden die Probanden gebeten, in einer offenen Angabe den von ihnen getätigten Budgeteinsatz sowie das eingesetzte Budget des Kooperationspartners zu beziffern.

25 Prozent der Mittelständler sind bereit, bis zu 30.000 Euro Budget für die Kooperation pro Jahr aufzuwenden. Gleichermaßen erwarten Sie vom Start-up-Unternehmen dieselbe Summe zu Kooperationszwecken zu investieren. 75 Prozent der Mittelständler wollen kein Budget aufwenden; erwarten dies jedoch auch nicht von dem Start-up-Unternehmen.

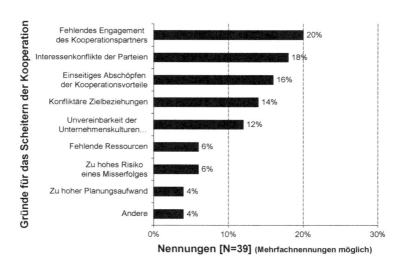

Abb. 6.82   Gründe für das Scheitern von Kooperationen – Start-up. (Eigene Darstellung)

Von den Start-up-Unternehmen erklären sich 67 Prozent bereit, ein Budget von 10.000 bis 20.000 Euro pro Jahr für die Kooperation auszugeben. Weitere 33 Prozent limitieren ihr Budget auf unter 10.000 Euro. Die Wunschvorstellungen der Start-ups hinsichtlich des Budgeteinsatzes der Mittelständler liegen mit 67 Prozent bei unter 10.000 Euro. 33 Prozent geben jedoch Beträge über 100.000 Euro an.

Kostenfaktoren Neben dem Budgeteinsatz wurde zudem in einer offenen Frage-stellung nach den im Rahmen der Kooperation anfallenden wichtigsten Kosten-faktoren gefragt. Die Angaben wurden entsprechend klassifiziert und ausgewertet.

33 Prozent der Mittelständler führen jeweils die personellen und zeitlichen Ressourcen sowie Schulungen und gemeinsame Fortbildungen als wesentliche Kostenfaktoren der Kooperation an. 17 Prozent nennen die durch den Kauf von Equipment oder Marketingaufwendungen entstehenden Kosten (siehe Abb. 6.83).

Die Start-up-Unternehmen geben ein sehr ähnliches Bild zu den Kostenfaktoren ab. Mit 36 Prozent stellt die Kommunikation bzw. Abstimmung mit dem Kooperationsunternehmen den größten Kostenfaktor dar, gefolgt von Kosten für Software-Entwicklung und Marketing mit jeweils 18 Prozent. Weitere neun Prozent werden jeweils den Personal-, Logistik und Aus- und Weiterbildungskosten zugewiesen (siehe Abb. 6.84).

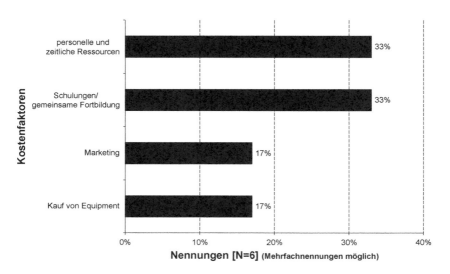

Abb. 6.83 Kostenfaktoren – Mittelstand. (Eigene Darstellung)

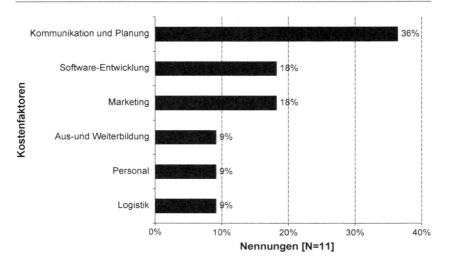

Abb. 6.84   Kostenfaktoren – Start-up. (Eigene Darstellung)

Erfolgsfaktoren Anschließend an die Eruierung der Kostenfaktoren wurden die befragten Unternehmen gebeten, die Wirkung der Kooperation auf unternehmenseigene Erfolgsfaktoren zu bewerten. Die Erfolgsfaktoren wurden für die Auswertung in Teilbereiche aufgegliedert, wonach sich soziale Erfolge, Lernerfolge, wirtschaftliche Erfolge, ökologische Erfolge und technische Erfolge mit entsprechenden Unterkategorien unterscheiden lassen. Die Ergebnisse werden im Folgenden im Detail dargelegt.

Im Mittelstand wirkt die Kooperation vor allem auf den sozialen Erfolg und den Lernerfolg. Im Rahmen des sozialen Erfolgs stehen insbesondere der Aufbau eines gemeinsamen Vertrauensverhältnisses mit 90 Prozent (eher und sehr stark), Imageverbesserungen mit 89 Prozent, die Zufriedenheit mit dem Projektverlauf mit 78 Prozent sowie die innovationsfördernde Unternehmenskultur mit 66 Prozent im Fokus. Bezogen auf den Lernerfolg nennen 70 Prozent (eher und sehr stark) der Mittelständler Kooperationserfahrungen/Lernkurveneffekte und den Wissenstransfer mit 64 Prozent. Auch das Erreichen von Nachhaltigkeitsstrategien und die Verbesserung des ökologischen Fußabdrucks sind auf jeweils 60 Prozent der Unternehmen zutreffend (siehe Abb. 6.85–6.87).

Die Start-up-Unternehmen sehen mit 67 Prozent die Anzahl der generierten Produkte als am stärksten beeinflusst durch die Kooperation. Weiterhin werden Erfolgsfaktoren im Rahmen des technischen Erfolgs nur zweitrangig eingeschätzt.

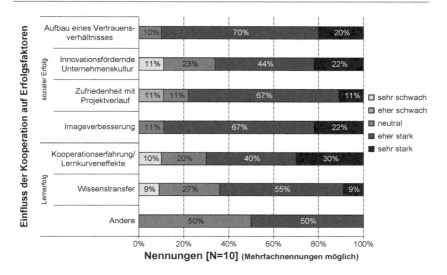

Abb. 6.85   Wirkung der Kooperation auf Erfolgsfaktoren – Mittelstand. (Eigene Darstellung)

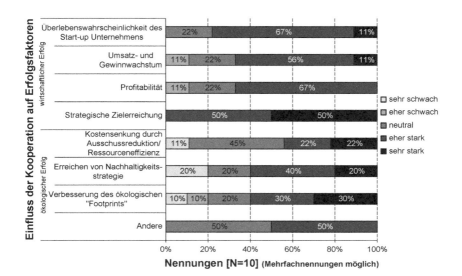

Abb. 6.86   Wirkung der Kooperation auf Erfolgsfaktoren – Mittelstand (Fortsetzung I). (Eigene Darstellung)

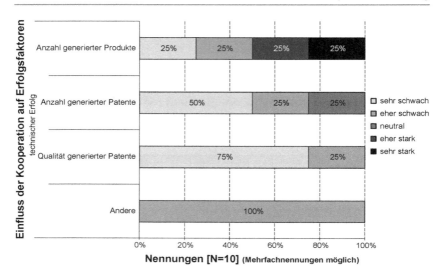

Abb. 6.87 Wirkung der Kooperation auf Erfolgsfaktoren – Mittelstand (Fortsetzung II). (Eigene Darstellung)

Die Qualität der generierten Patente wird nur bei 17 Prozent stark beeinflusst, die Anzahl der generierten Patente wird zu 60 Prozent als „sehr schwach beeinflusst" betitelt. Hinsichtlich des wirtschaftlichen Erfolgs steht hauptsächlich der Erhalt der Überlebensfähigkeit des Start-ups mit 82 Prozent (eher stark und sehr stark) im Vordergrund, gefolgt von dem unternehmenseigenen Umsatz- und Gewinnwachstum mit 80 Prozent und der erhöhten Profitabilität mit 73 Prozent der Nennungen (siehe Abb. 6.88).

Die Kooperation wirkt sich zu 91 Prozent (eher und sehr stark) primär auf den Wissenstransfer und zu 90 Prozent auf die Kooperationserfahrung und Lernkurveneffekte aus. Diese zwei Erfolgsfaktoren wurden in der Studie dem Lernerfolg zugeordnet. Die Imageverbesserung spielt mit 80 Prozent eine weitere wesentliche Rolle. Als weniger wichtig werden Erfolgsfaktoren aus dem ökologischen Bereich beurteilt. Dabei geben z. B. jeweils 32 Prozent der Start-up-Unternehmen an, die Erreichung einer Nachhaltigkeitsstrategie und die Verbesserung des ökologischen Fußabdrucks als sehr unwichtig zu erachten (siehe Abb. 6.89).

Rückblickende Zufriedenheitseinschätzung Die befragten Unternehmen wurden zudem gebeten, rückwirkend ihre Zufriedenheit mit der Kooperation zu beurteilen.

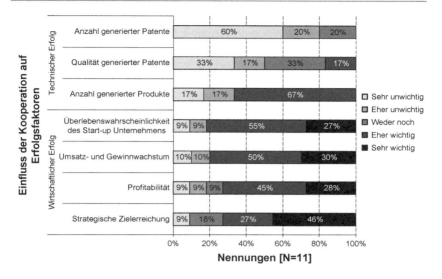

Abb. 6.88 Einfluss der Kooperation auf Erfolgsfaktoren – Start-up. (Eigene Darstellung)

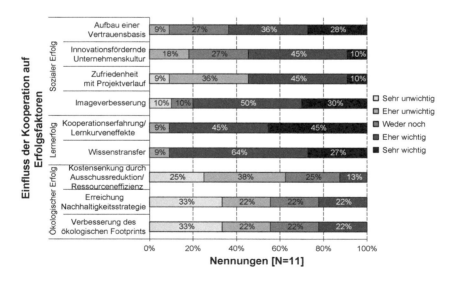

Abb. 6.89 Einfluss der Kooperation auf Erfolgsfaktoren Start-up (Fortsetzung). (Eigene Darstellung)

72 Prozent der mittelständischen Unternehmen sind rückblickend eher oder sehr zufrieden mit ihrer Kooperation. Lediglich zehn Prozent nehmen eine neutrale Stellung zur Zufriedenheit ein und 18 Prozent geben an, eher unzufrieden zu sein. Kein Mittelständler ist hingegen sehr unzufrieden mit der eingegangenen Kooperation (siehe Abb. 6.90).

Rückblickend sind auch 54 Prozent der Start-ups sehr oder eher zufrieden mit der Kooperation. Auffällig ist, dass 38 Prozent eher und acht Prozent sehr unzufrieden sind (siehe Abb. 6.91).

Wettbewerbsvorteile Hinsichtlich der Wirkung auf den Unternehmenserfolg wurde zudem erfragt, inwiefern die Kooperation dazu beitrug, Wettbewerbsvorteile umzusetzen. Die detaillierte Ergebnisdarstellung erfolgt im Folgenden.

45 Prozent (eher oder sehr stark) der mittelständischen Unternehmen konnten durch die Kooperation bereits Wettbewerbsvorteile ausbauen. 46 Prozent der Unternehmen verspüren einen mittelmäßigen Einfluss auf die eigene Wettbewerbsvorteilhaftigkeit am Markt. Lediglich neun Prozent geben an, eher keine Wettbewerbsvorteile durch die Kooperation umsetzen zu können (siehe Abb. 6.92).

Gemäß Abb. 6.93 gibt von den Start-up-Unternehmen mehr als die Hälfte mit 51 Prozent an, eher stark Wettbewerbsvorteile generieren zu können. Acht Prozent

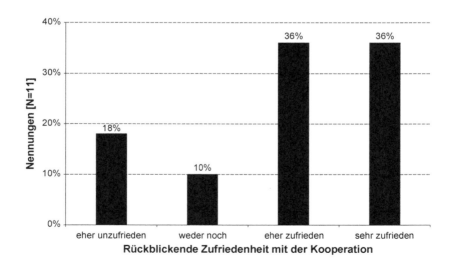

Abb. 6.90   Rückblickende Zufriedenheit mit der Kooperation – Mittelstand. (Eigene Darstellung)

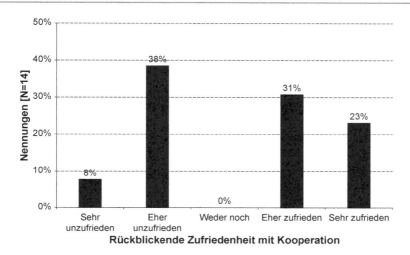

Abb. 6.91 Rückblickende Zufriedenheit mit Kooperation – Start-up. (Eigene Darstellung)

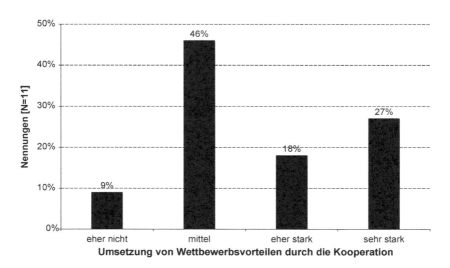

Abb. 6.92 Wettbewerbsvorteile durch die Kooperation – Mittelstand. (Eigene Darstellung)

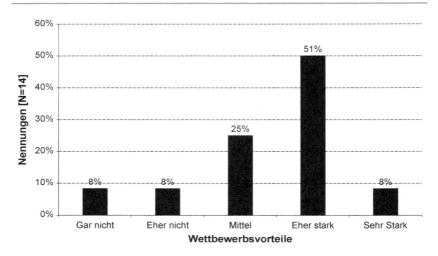

Abb. 6.93   Wettbewerbsvorteile durch die Kooperation Start-up. (Eigene Darstellung)

geben an, sehr starke Vorteile zu erreichen und 25 Prozent sehen Wettbewerbsvorteile lediglich als mittelmäßig an. Jeweils acht Prozent der Start-ups können eher keine oder gar keine Wettbewerbsvorteile umsetzen.

Auswirkungen auf die Erneuerung des eigenen Geschäftsmodells Als weitere Erfolgsdeterminante wurden die Probanden gebeten, die positiven Auswirkungen der Kooperation auf die Erneuerung des eigenen Geschäftsmodells in einer offenen Angabe zu nennen.

50 Prozent der Mittelständler führen jeweils positive Wirkungen durch den Imagegewinn bzw. die Reputation an. 25 Prozent der Unternehmen nennen indes die Ergänzung zu vorhandenen Produkten oder die Generierung von Wettbewerbsvorteilen als bedeutsamste positive Wirkung auf das unternehmenseigene Geschäftsmodell (siehe Abb. 6.94).

Zu 50 Prozent geben die befragten Start-up-Unternehmen an, neue Distributionskanäle als Erneuerung für ihr Geschäftsmodell zu sehen. Jeweils 17 Prozent nennen in diesem Zusammenhang das Vorantreiben der Digitalisierung, das Umdenken in der Strategie sowie Lern- und Erfahrungseffekte (siehe Abb. 6.95).

Zielerreichungsbeitrag Ferner wurde erfragt (siehe Abb. 6.96 und 6.97), inwiefern die Kooperation dazu beiträgt, die unternehmensspezifischen Ziele

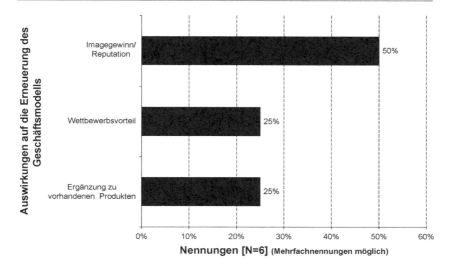

Abb. 6.94 Auswirkungen auf die Erneuerung des Geschäftsmodells Mittelstand. (Eigene Darstellung)

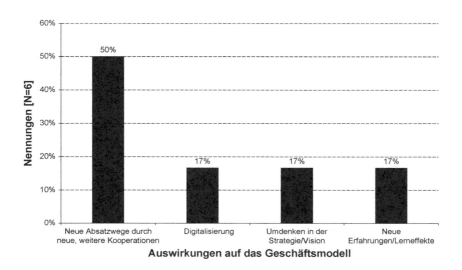

Abb. 6.95 Auswirkungen auf die Erneuerung des Geschäftsmodells Start-up. (Eigene Darstellung)

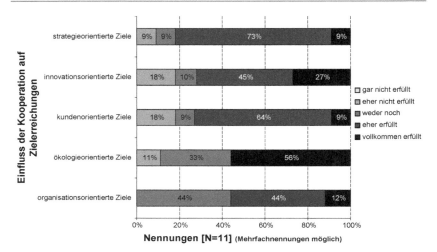

Abb. 6.96 Einfluss der Kooperation auf die Zielerreichung der Mittelständler. (Eigene Darstellung)

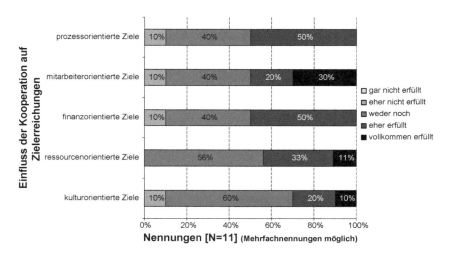

Abb. 6.97 Einfluss der Kooperation auf die Zielerreichung der Mittelständler (Fortsetzung). (Eigene Darstellung)

zu erreichen. Die Auswertung des Zielerreichungsbeitrages wird im Folgenden dargestellt.

Bezogen auf die mittelständischen Unternehmen leisten Kooperationen zu 82 Prozent (eher und vollkommen erfüllt) insbesondere einen Beitrag zur Erreichung strategieorientierter Ziele (siehe Abb. 6.98). 73 bzw. 72 Prozent der Mittelständler erreichen durch die Kooperation vorwiegend innovations- und kundenorientierte Ziele, 56 Prozent jeweils ökologie- und organisationsorientierte Ziele sowie 50 Prozent jeweils prozess-, mitarbeiter- oder finanzorientierte Ziele.

Die Start-up-Unternehmen geben an, dass mit 75 Prozent (eher oder vollkommen erfüllt) primär die finanzorientierten und mit 72 Prozent die innovationsorientierten Ziele mit der Kooperation angesprochen und verfolgt werden. Weitere 67 Prozent nennen die kundenorientierten Ziele und auch die prozessorientierten Ziele nehmen mit 58 Prozent eine wesentliche Rolle ein. Als weniger wichtig erachten die Start-ups mit zehn Prozent ressourcenorientierte und mit neun Prozent organisationsorientierte Ziele.

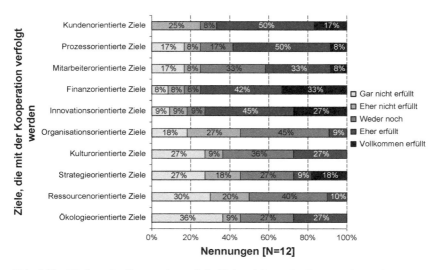

Abb. 6.98   Einfluss der Kooperation auf die Zielerreichung der Start-up-Unternehmen. (Eigene Darstellung)

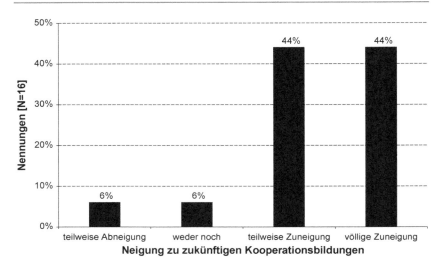

Abb. 6.99   Neigung zu zukünftigen Kooperationen Mittelstand. (Eigene Darstellung)

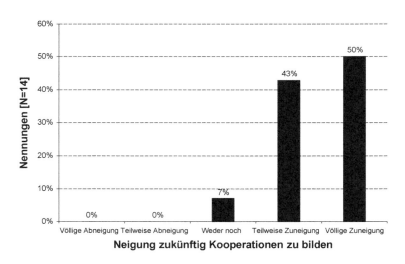

Abb. 6.100   Neigung zu zukünftigen Kooperationen Start-up. (Eigene Darstellung)

Neigung zur zukünftigen Kooperationsbereitschaft Abschließend wurden die
Probanden gebeten, ihre Neigung zur Bildung zukünftiger Kooperationen anzugeben. Die Ergebnisse hierzu sind in Abb. 6.99 und 6.100 bildlich veranschaulicht.

88 Prozent (teilweise und völlige Zuneigung) der Mittelständler beabsichtigen,
auch zukünftig Kooperationen zu bilden. Lediglich sechs Prozent verhalten sich
vorerst neutral oder lehnen dies teilweise ab.

50 Prozent der Start-up-Unternehmen zeigen völlige Zuneigung hinsichtlich
einer zukünftigen Kooperationsbildung. 43 Prozent stimmen dem teilweise zu und
sieben Prozent verhalten sich bisher noch neutral. Kein Start-up steht einer zukünftigen Kooperation mit Abneigung entgegen.

Innerhalb dieser Stichprobe werden nur mittelständische und Start-up-Unternehmen betrachtet, die sich weder derzeit in Kooperationen befinden, noch aus der Vergangenheit Erfahrungen mit Kooperationen aufweisen. Hierauf aufbauend wurde zunächst erfragt, welche charakteristischen Merkmale die jeweiligen Kooperationspartner aufweisen müssten. Daran anschließend thematisiert der Fragebogen die in den unterschiedlichen Phasen eines Kooperationsprozesses potenziellen Gestaltungsaspekte, um tiefgründigere Einblicke zu generieren. Im Rahmen der Erfolgsbetrachtung wurde abschließend eruiert, welches mögliche Scheiterungs- oder Erfolgspotenzial den Kooperationen beigemessen wird.

7.1 Kooperationsvoraussetzungen

Im Rahmen der allgemeinen Angaben zu möglichen Kooperationspartnern, wurden die Unternehmen gebeten, Angaben zur Branchenzugehörigkeit und Lebenszyklusphase der potenziell für eine Kooperation in frage kommenden Unternehmen zu tätigen. Die Auswertungen werden im Folgenden detailliert dargelegt.

Branchenzugehörigkeit Bezüglich der Branchenzugehörigkeit (Abb. 7.1) des potenziellen Kooperationsunternehmens, können sich Mittelständler mit 31 Prozent am ehesten eine Kooperation mit einem Start-up- Unternehmen aus dem verarbeitenden Gewerbe, aus sonstigen Branchen zu 22 Prozent, aus den öffentlichen und privaten Dienstleistungen zu 17 Prozent, aus dem Baugewerbe zu 11 Prozent, aus dem Handel, Gastgewerbe und Verkehr zu 14 Prozent oder aus den Bereichen Finanzierung, Vermietung sowie Unternehmensdienstleistungen zu fünf Prozent vorstellen.

© Springer Fachmedien Wiesbaden GmbH, ein Teil von Springer Nature 2018   161
W. Becker et al., *Kooperationen zwischen Mittelstand und Start-up-Unternehmen*,
Management und Controlling im Mittelstand,
https://doi.org/10.1007/978-3-658-19646-2_7

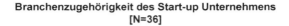

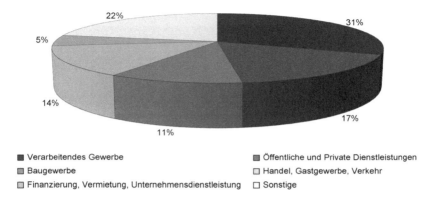

Abb. 7.1   Branchenzugehörigkeit potentiell kooperierender Start-up-Unternehmen aus Mittelstandssicht. (Eigene Darstellung)

Welcher Branche das potenzielle, mittelständische Unternehmen zugehörig sein soll, wurde von den Start-up-Unternehmen mit der Begrenzung auf fünf spezifische Branchengruppen relativ einheitlich beantwortet (siehe Abb. 7.2). 24 Prozent der Probanden geben die Branche Handel, Gastgewerbe und Verkehr und weitere 23 Prozent geben Finanzierung, Vermietung und Unternehmensdienstleister an. Nachrangige Bedeutung mit 18 Prozent der Antworten kommt den Branchen verarbeitendes Gewerbe, Bergbau, Energie/Wasser, öffentliche und private Dienstleister zu. 17 Prozent der Probanden nennen sonstige Branchen.

Hierauf aufbauend wurden die Unternehmen ferner befragt, ob das Entstammen des potenziellen Kooperationsunternehmens aus derselben Branche eine wesentliche Voraussetzung für Kooperationen darstellt.

Die Auswertung verdeutlicht, dass 72 Prozent der Mittelständler dieselbe Branchenzugehörigkeit nicht als wichtige Voraussetzung für eine Kooperation erachten (siehe Abb. 7.3). Lediglich 28 Prozent der Probanden sehen die Herkunft aus derselben Branche als fördernd an.

Die Start-up-Unternehmen stimmen dieser Einschätzung weitestgehend zu (siehe Abb. 7.4). Dazu geben 78 Prozent an, die gleiche Branchenzugehörigkeit als nicht relevant für eine Kooperation zu sehen. Lediglich 22 Prozent sind der

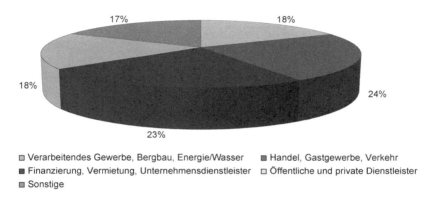

Abb. 7.2   Branchenzugehörigkeit potenziell kooperierender mittelständischer Unternehmen aus Start-up-Sicht. (Eigene Darstellung)

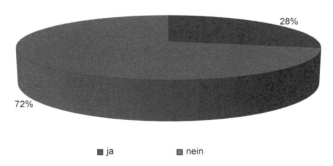

Abb. 7.3   Branchenzugehörigkeit potentiell kooperierender Start-up-Unternehmen aus Mittelstandssicht. (Eigene Darstellung)

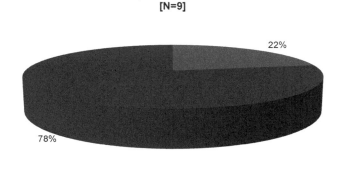

Abb. 7.4 Branchenzugehörigkeit potenziell kooperierender Mittelständler aus Start-up-Sicht. (Eigene Darstellung)

Meinung, dass die Herkunft aus derselben Branche durchaus relevant und förderlich für die Kooperation sein kann.

Lebenszyklusphase Ferner wurden die Mittelständler zur Lebenszyklusphase des potenziellen Kooperationsunternehmens befragt. (Grafische Abb. 7.5)

Zunächst wurden die Mittelständler gebeten, die Wichtigkeit der Lebenszyklusphase, in der sich das potenziell kooperierende Start-up-Unternehmen befindet, zu bewerten.

Die Abbildung verdeutlicht, dass hier Uneinigkeit seitens der Mittelständler herrscht. Während die Hälfte die Lebenszyklusphase des Start-up-Unternehmens als wichtig erachtet, legen 50 Prozent hierauf keinen Wert.

Die Antworten der befragten Start-up-Unternehmen gegenüber den potenziellen mittelständischen Kooperationspartnern zeigen hingegen ein deutlich klareres Bild. 78 Prozent der Start-ups sehen es als irrelevant an, in welcher Lebenszyklusphase sich das potenziell kooperierende Unternehmen befindet. Lediglich 22 Prozent erachten die Lebenszyklusphase als relevant.

Gemäß Abb. 7.6 könnte ein Grund für die mehrheitliche Irrelevanz der Start-ups sein, dass mittelständische Unternehmen meist auf eine lange Unternehmenshistorie zurückblicken und sich als fester Bestandteil am Markt etabliert haben. Die

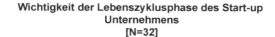

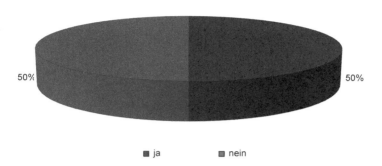

Abb. 7.5 Wichtigkeit der Lebenszyklusphase potenziell kooperierender Start-up-Unternehmen aus Mittelstandssicht. (Eigene Darstellung)

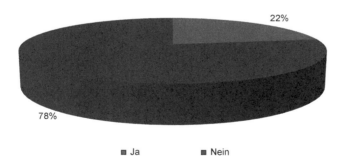

Abb. 7.6 Wichtigkeit der Lebenszyklusphase potenziell kooperierender Mittelständler aus Start-up-Sicht. (Eigene Darstellung)

Kategorisierung der Phasen ist für junge, erst kürzlich gegründete Start-ups daher wesentlich sinnvoller, da man aufgrund des Risikos die marktliche Entwicklung nur schwer vorhersagen kann. Erfolg und Misserfolg, Wachstum oder Degeneration liegen in dem Fall sehr nah beieinander. Mittelständische Unternehmen hingegen stellen sich meist anderen Fragestellungen, wie z. B. Internationalisierung, Expansion, Produktinnovation etc., weshalb die Lebenszyklusphase auch deutlich schwieriger einzuschätzen ist.

Daran anknüpfend wurden die Mittelständler gefragt, in welcher Lebenszyklusphase (Abb. 7.7) sich das potenzielle Kooperationsunternehmen befinden sollte.

Die Ergebnisdarstellung zeigt, dass sich 55 Prozent der mittelständischen Unternehmen am ehesten eine Kooperation mit einem in der Wachstumsphase befindlichen Start-up-Unternehmen vorstellen können. 23 Prozent präferieren indes eine Kooperation mit Start-up-Unternehmen, welche bereits Wachstumsschwellen erreicht haben. 17 Prozent würden mit Start-ups, die sich in der Gründungsphase befinden, kooperieren, fünf Prozent der Mittelständler mit Unternehmen in der Vor-Gründungsphase.

Diese Frage wurde von den Start-up-Unternehmen lediglich von zwei Probanden beantwortet, weshalb bewusst auf eine Abbildung verzichtet wurde. Dabei legen die Start-ups ihren Fokus auf die Reife- und Marktsättigungsphase

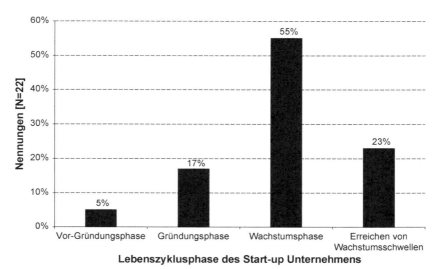

Abb. 7.7   Lebenszyklusphase potenziell kooperierender Start-up-Unternehmen aus Mittelstandssicht. (Eigene Darstellung)

potenzieller Kooperationspartner, wobei auch an dieser Stelle eine Eingliederung von traditionellen, mittelständischen Unternehmen in die Kategorien der Lebenszykluskurve sehr schwierig und teilweise unpassend erscheint.

7.2 Allgemeine Angaben zur potentiellen Kooperation

Im Rahmen der Angaben zu potenziellen Kooperationen wurden die befragten Unternehmen gebeten, die potenzielle Relevanz für das eigene Kerngeschäft zu beurteilen, mögliche verfolgte Kooperationsmotive anzugeben sowie Aussagen hinsichtlich der Zufriedenheit mit Kooperationen zu treffen. Die Ergebnisse werden nachfolgend detailliert betrachtet.

Relevanz für das Kerngeschäft Die befragten Probanden wurden gebeten einzuschätzen, welche Relevanz eine mögliche Kooperation für das eigene Kerngeschäft aufweisen würde.

Wie Abb. 7.8 dargestellt, zeigen sich die mittelständischen Unternehmen hinsichtlich der Relevanz für das eigene Kerngeschäft uneinig. 22 Prozent würden eine potenzielle Kooperation als eher relevant oder aber eher irrelevant erachten.

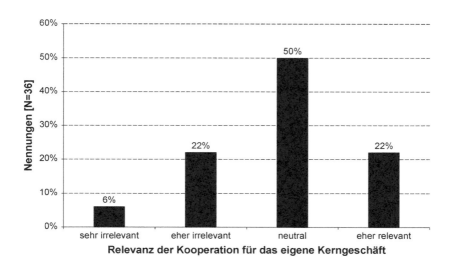

Abb. 7.8 Potenzielle Relevanz für das eigene Kerngeschäft Mittelstand. (Eigene Darstellung)

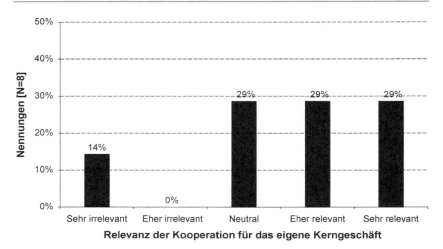

Abb. 7.9   Potenzielle Relevanz für das eigene Kerngeschäft Start-ups. (Eigene Darstellung)

50 Prozent halten sich diesbezüglich neutral, während lediglich sechs Prozent eine Kooperation als sehr irrelevant für das eigene Kerngeschäft erachten würden.

Die befragten Start-up-Unternehmen hingegen weisen Kooperationen mit jeweils 29 Prozent eine sehr oder eher relevante Bedeutung für das eigene Kerngeschäft zu. Weitere 28 Prozent nehmen indes eine neutrale Haltung ein. 14 Prozent erachten die Kooperation als sehr irrelevant. Die Antworten zeigen ein sehr heterogenes Bild und verdeutlichen die Uneinigkeit der Start-ups hinsichtlich der potenziellen Relevanz für das Kerngeschäft. Dennoch muss an dieser Stelle erwähnt werden, dass die Frage nach der möglichen Relevanz schwierig zu beantworten ist, wenn derzeit keine Kooperation besteht und auch keine Erfahrung mit derartigen Kooperationen vorhanden ist (Abb. 7.9).

Motive zur Kooperationsbildung Des Weiteren wurden die Unternehmen gebeten, mögliche Kooperationsmotive anzugeben.

Hinsichtlich möglicher Motive (siehe Abb. 7.10 und 7.11) zur Kooperationsentscheidung nennen 94 Prozent (sehr stark oder eher stark) der mittelständischen Unternehmen die Steigerung der Innovationsfähigkeit, 84 Prozent den Zugang zu neuen Technologien, 78 Prozent den Wissens- und Erfahrungsaustausch sowie 77 Prozent den Aufbau von Wettbewerbsvorteilen und Markteintrittsbarrieren. Ebenfalls werden erhöhte Reaktionsfähigkeit sowie Zeitgewinn von 77 Prozent

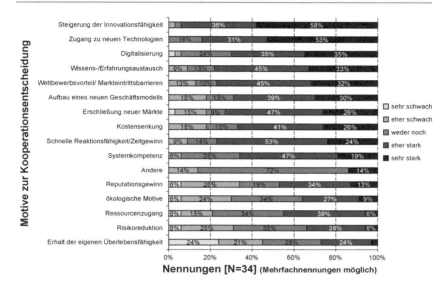

Abb. 7.10   Potenzielle Kooperationsmotive Mittelstand. (Eigene Darstellung)

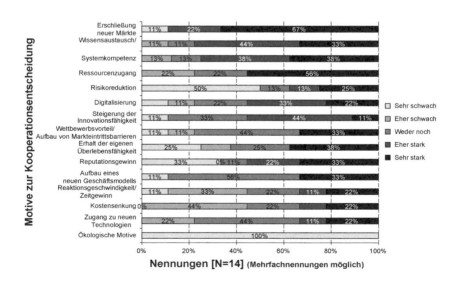

Abb. 7.11   Potenzielle Kooperationsmotive Start-up. (Eigene Darstellung)

der Mittelständler als mögliche Motive genannt. 70 Prozent der mittelständischen Unternehmen führen die Digitalisierung als potenzielles Kooperationsmotiv an. Der Erhalt der eigenen Überlebensfähigkeit bildet mit 27 Prozent der Nennungen ein eher untergeordnetes Kooperationsmotiv für die Mittelständler.

Die Start-up-Unternehmen geben mit 89 Prozent an, die Erschließung neuer Märkte eher oder sehr stark zu forcieren. Weitere bedeutsame Motive sind der Wissens- und Erfahrungsaustausch mit 77 Prozent (sehr oder eher stark), die Systemkompetenz mit 76 Prozent sowie der Reputationsgewinn mit 55 Prozent der Nennungen. Hier zeigt sich ein deutlicher Unterschied zu den Antworten der mittelständischen Unternehmen, da die Steigerung der Innovationsfähigkeit, der Zugang zu neuen Technologien und die Digitalisierung nur eine untergeordnete Rolle für die Start-ups spielen. Dies könnte an der Tatsache liegen, dass diese Attribute den Start-ups bereits stereotypisch zugesprochen werden und daher andere Motive in den Vordergrund für den Entschluss zu einer Kooperation rücken. Eine stark neutrale Haltung lässt sich in den Bereichen Aufbau eines neuen Geschäftsmodelles und Wettbewerbsvorteils bzw. dem Aufbau von Markteintrittsbarrieren erkennen.

Zufriedenheit mit der Kooperation Zudem wurden die in Fall 2 inkludierten Probanden um eine Einschätzung hinsichtlich der Zufriedenheit mit Kooperationen gebeten. Hierbei wurden vorgegebene Thesen zur Zufriedenheit mit Kooperationen von den befragten Unternehmen bewertet. Die Ergebnisse werden im weiteren Verlauf unter Abb. 7.12 und 7.13 dargestellt.

75 Prozent (stimme eher oder voll zu) der Mittelständler geben an, dass der Fit der jeweiligen Geschäftsmodelle eine wesentliche Voraussetzung für eine zufriedenstellende Kooperation ist. 64 Prozent der mittelständischen Unternehmen manifestieren die Zufriedenheit mit der Kooperation an denselben Branchenzugehörigkeiten der Kooperationspartner. 61 Prozent sind der Meinung, dass die Kooperation zufriedenstellender ist, wenn sich die Unternehmen bereits im Vorfeld kennen. Lediglich 16 Prozent vermuten, dass die Zufriedenheit am höchsten ist, wenn die Kooperationspartner unterschiedlichen Branchen angehören.

Die Frage nach der Zufriedenheit mit Kooperationen wurde zu 63 Prozent dahingehend beantwortet, dass ein Fit der jeweiligen Geschäftsmodelle für die Zufriedenheit entscheidend ist. Jeweils 45 Prozent sind davon überzeugt, dass die Abstammung aus derselben Branche und das Kennen des Kooperationspartners im Vorfeld zu einer zufriedenstellenderen Kooperation führen. Lediglich 23 Prozent glauben an einen größeren Erfolg der Zusammenarbeit, wenn beide Partner unterschiedlichen Branchen angehören.

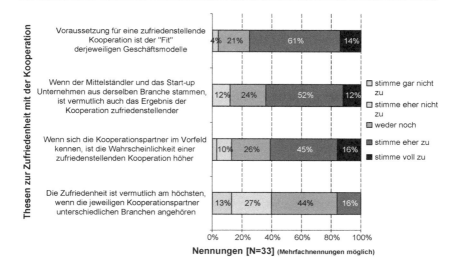

Abb. 7.12 Thesen zur Zufriedenheit mit der Kooperation Mittelstand. (Eigene Darstellung)

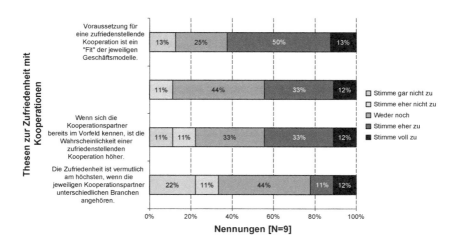

Abb. 7.13 Thesen zur Zufriedenheit mit der Kooperation Start-up. (Eigene Darstellung)

7.3 Potenzielle Anbahnung und Initiierung der Kooperation

Analog dem Sample in Fall 1 wurden auch die unter Fall 2 berücksichtigten Unternehmen nach der Art und Weise möglicher Anbahnungen und Initiierungen von Kooperationen befragt. Hierbei wurde thematisiert, wodurch die Unternehmen am ehesten auf geeignete Kooperationspartner aufmerksam werden würden. Die Auswertungsresultate werden in Abb. 7.14 beschrieben.

Wie Abb. 7.15 zu entnehmen ist würden 19 Prozent der mittelständischen Unternehmen am ehesten über Kooperationsnetzwerke auf die Start-up-Unternehmen aufmerksam werden. Jeweils 18 Prozent vermuten, durch den Kontakt auf Messen bzw. Events sowie durch Empfehlungen von Kollegen, Freunden und Bekannten auf das Start-up-Unternehmen aufmerksam zu werden. Auch die gezielte Ansprache durch das Start-up erachten 13 Prozent der Mittelständler als realistisch. Andere Alternativen, wie etwa über Intermediäre, Internetrecherchen bzw. E-Trade-Centers oder durch zufälligen Kontakt auf den Kooperationspartner aufmerksam zu werden, halten die Mittelständler hingegen für vergleichsweise unwahrscheinlich.

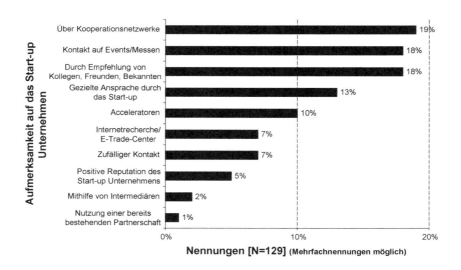

Abb. 7.14 Potenzielle Aufmerksamkeit auf das Start-up-Unternehmen Mittelstand. (Eigene Darstellung)

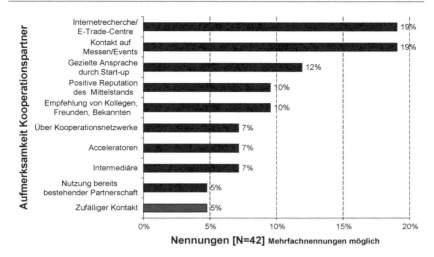

Abb. 7.15   Potenzielle Aufmerksamkeit auf das mittelständische Unternehmen aus Sicht des Start-ups. (Eigene Darstellung)

Mit 19 Prozent vermuten auch die Start-up-Unternehmen vorwiegend durch die Internetrecherche auf die Mittelständler als Kooperationspartner aufmerksam zu werden, gefolgt mit 18 Prozent durch den Kontakt auf Messen und Events. Es folgt mit 12 Prozent die gezielte und direkte Ansprache des Start-up-Unternehmens. Weitere Antwortmöglichkeiten, um auf die mittelständischen Kooperationspartner aufmerksam zu werden, wie z. B. mithilfe von Intermediären, Acceleratoren oder über Kooperationsnetzwerke, wurden jedoch nur mit jeweils sieben Prozent ausgewählt. Der zufällige Kontakt und die Nutzung bereits bestehender Partnerschaften werden nur gering genutzt.

7.4   Potenzielle Durchführung der Kooperation

Wenngleich die in diesem Sample inkludierten Unternehmen weder derzeit kooperieren, noch Erfahrungen mit Kooperationen aufweisen, so wurden dennoch vorstellbare Gestaltungsmerkmale bei der Durchführung von Kooperationen erfragt. Hierunter inbegriffen wurde auf fiktiver Basis die Vertragsausgestaltung, die Wahl der Kooperationsform bei Durchführung der Kooperation, präferierte Integrationsgrade der Kooperationspartner, mögliche Beteiligung von Unternehmensbereichen an der Kooperation, potenzielle Zielbeziehungen und Zielerreichung sowie gegenseitiges Vertrauen innerhalb der Kooperation thematisiert. Die Auswertungsergebnisse werden im Folgenden detailliert erläutert.

Vertragsausgestaltung Im Rahmen der möglichen Vertragsausgestaltung wurde vorerst die Wichtigkeit eines schriftlichen Vertrages erfragt.

Wie Abb. 7.16 verdeutlicht, erachten 47 Prozent der mittelständischen Unternehmen die Erstellung eines schriftlichen Vertrages über das Kooperationsvorhaben als sehr wichtig und 29 Prozent als eher wichtig. Jeweils elf Prozent der Mittelständler halten sich neutral gegenüber der Wichtigkeit eines schriftlichen Vertrages oder erachten ihn als eher unwichtig. Lediglich zwei Prozent vertreten die Meinung, dass der schriftliche Vertrag bei Kooperationsvorhaben eine sehr unwichtige Rolle einnimmt.

Hier ist eine recht homogene Meinung zwischen den Start-ups und Mittelständlern feststellbar (siehe Abb. 7.17). Mit 56 Prozent hält die Mehrheit der Start-up-Unternehmen einen schriftlichen Vertrag für fundamental wichtig. 33 Prozent schließen sich dieser Meinung mit der Äußerung eher wichtig an. Weitere elf Prozent halten eine schriftliche Fixierung der Kooperationsbedingungen für eher unwichtig, was wiederum auf eine Interessengemeinschaft ohne festes, schriftliches Rahmenwerk hindeutet.

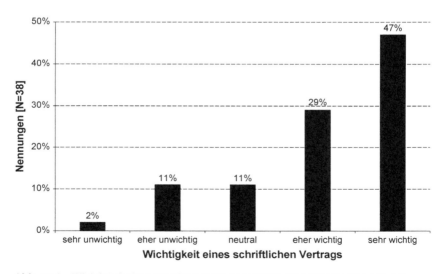

Abb. 7.16   Wichtigkeit eines schriftlichen Vertrags Mittelstand. (Eigene Darstellung)

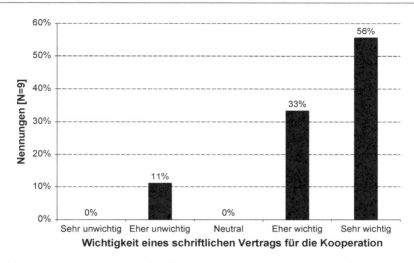

Abb. 7.17   Wichtigkeit eines schriftlichen Vertrags Start-up. (Eigene Darstellung)

Ferner wurden die befragten Unternehmen gebeten, Angaben zur möglichen Inanspruchnahme juristischer Hilfestellungen bei der Vertragsausgestaltung zu tätigen (siehe Abb. 7.18). 79 Prozent der mittelständischen Unternehmen würden juristische Hilfe für die vertragliche Ausgestaltung annehmen. 21 Prozent hingegen würden hierauf verzichten.

Dabei würden 62 Prozent der mittelständischen Unternehmen juristische Hilfe von einem Rechtsanwalt, 17 Prozent von einem Steuerberater und zehn Prozent von der Konzernmutter in Anspruch nehmen. Lediglich sieben Prozent würden eine Unternehmensberatung und vier Prozent andere Organisationen oder Vereine konsultieren.

71 Prozent der Start-up-Unternehmen bejahten die Frage (siehe Abb. 7.19), ob sie im Falle einer derartigen Kooperation juristische Hilfe in Anspruch nehmen würden. Auch im vorliegenden Fall 2 wird, ähnlich wie schon bei Fall 1, zu 71 Prozent primär der Rechtsanwalt in die Kooperationsangelegenheiten involviert. Mit jeweils 14 Prozent werden auch Unternehmensberater und Steuerberater konsultiert.

Wahl der Kooperationsform   Ferner wurden die Probanden zur Wahl möglicher Kooperationsformen befragt. Die Auswertungsergebnisse werden in Abb. 7.20 und 7.21 abgebildet.

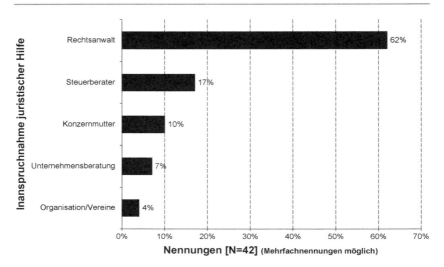

Abb. 7.18   Potenzielle Inanspruchnahme juristischer Hilfe Mittelstand. (Eigene Darstellung)

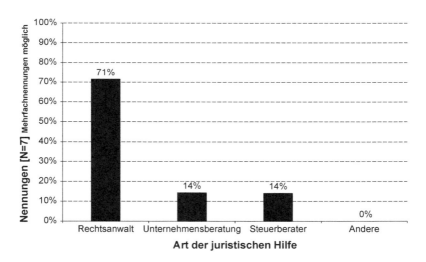

Abb. 7.19   Potenzielle Inanspruchnahme juristischer Hilfe Start-up. (Eigene Darstellung)

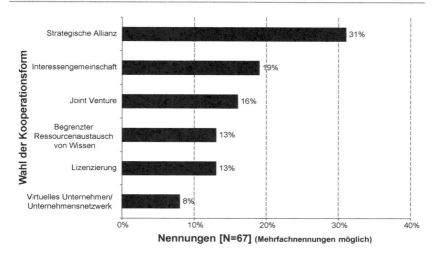

Abb. 7.20   Potenzielle Wahl der Kooperationsform Mittelstand. (Eigene Darstellung)

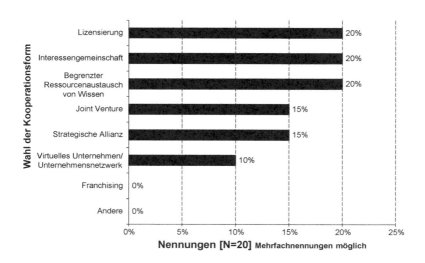

Abb. 7.21   Potenzielle Wahl der Kooperationsform Start-up. (Eigene Darstellung)

Bezüglich der Wahl der Kooperationsform würden 31 Prozent der Mittelständler am ehesten eine strategische Allianz mit dem Start-up bilden, 19 Prozent eine
Interessengemeinschaft, jeweils 13 Prozent würden die Lizenzierung oder den
begrenzten Ressourcenaustausch von Wissen nutzen. 16 Prozent erachten indes die
Formierung von Joint Ventures als realistisch. Virtuelle Unternehmen bzw. Unternehmensnetzwerke erwägen lediglich acht Prozent; Franchising keiner.

Start-up-Unternehmen hingegen wählen mit jeweils 20 Prozent vorwiegend
einen begrenzten Ressourcenaustausch von Wissen, die Interessengemeinschaft
oder die Lizenzierung. Die Form des Joint Ventures und der strategischen Allianz
ziehen nur jeweils 15 Prozent in Betracht und eine mindere Bedeutung kommt dem
virtuellen Unternehmen bzw. Unternehmensnetzwerken mit zehn Prozent Nennungen zu. Franchising scheint unter den Start-ups keine Option zu sein.

Integrationsgrade innerhalb der Kooperation   Neben der möglichen zu wählen-
den Kooperationsform wurden ebenfalls die präferierten Integrationsgrade innerhalb der Kooperation von den Probanden angegeben (siehe Abb. 7.22 und 7.23).

Die Auswertung verdeutlicht, dass mittelständische Unternehmen hinsichtlich
der partnerschaftlichen Integration zu 48 Prozent für ein weitestgehend autonomes
Agieren beider Partner plädieren. Für 28 Prozent der Mittelständler ist die teilweise

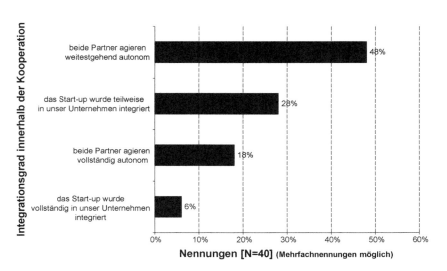

Abb. 7.22   Potenzielle Integrationsgrade innerhalb der Kooperation Mittelstand. (Eigene
Darstellung)

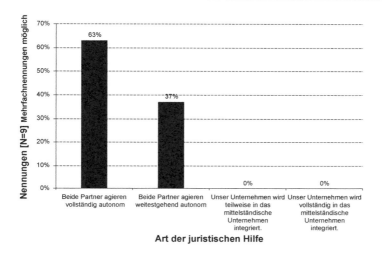

Abb. 7.23 Potenzielle Integrationsgrade innerhalb der Kooperation Start-up. (Eigene Darstellung)

Integration des Start-up-Unternehmens in das eigene Unternehmen vorstellbar. 18 Prozent hingegen würden eine völlige Beibehaltung der Autonomie innerhalb der Kooperation bevorzugen. Eine vollständige Integration des Start-up-Unternehmens in das eigene mittelständische Unternehmen erachten indes sechs Prozent als realistisch.

Die Ergebnisse der Start-ups zum Integrationsgrad lehnen stark an die Ergebnisse aus Fall 1 an. 63 Prozent der Start-up-Unternehmen forcieren eine weitestgehend autonome Kooperationsbeziehung zwischen beiden Partnern. 37 Prozent stellen sich eine vollständige Autonomie beider Partner vor. Die Integration eines Partners in die Geschäfte des anderen Unternehmens wird indes abgelehnt.

Beteiligung der Unternehmensbereiche an der Kooperation Analog dem ersten Sample, wurden auch die in Fall 2 inkludierten Unternehmen zu möglichen Beteiligungen der Unternehmensbereiche an der Kooperation befragt (siehe hierzu Abb. 7.24 und 7.25).

Eine besonders federführende Rolle würde unter den befragten Mittelständlern das Top-Management mit 63 Prozent der Nennungen sowie die Abteilung Forschung und Entwicklung mit 41 Prozent der Nennungen einnehmen. Mitwirkend agieren würden daneben vor allem die Rechtsabteilung mit 57 Prozent, die

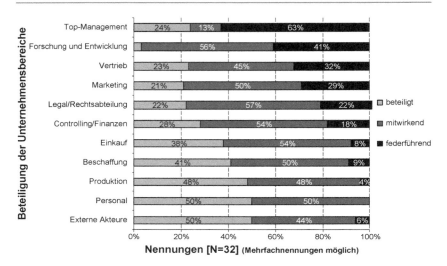

Abb. 7.24 Potenzielle Beteiligung der Unternehmensbereiche Mittelstand. (eigene Darstellung)

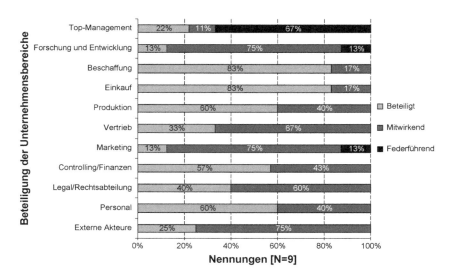

Abb. 7.25 Potenzielle Beteiligung der Unternehmensbereiche Start-up. (Eigene Darstellung)

Bereiche Einkauf, Controlling und Finanzen mit jeweils 54 Prozent sowie Beschaffung und Marketing mit jeweils 50 Prozent. Weiterhin beteiligt sind mit jeweils 50 Prozent der Nennungen vor allem die Personalabteilung sowie externe Akteure.

Überraschenderweise äußern sich die Start-up-Unternehmen sehr klar in der Beteiligung der Unternehmensbereiche. Lediglich drei Gruppen wurde überhaupt eine federführende Rolle zugewiesen. Dabei ist mit 67 Prozent das Top-Management mit deutlicher Mehrheit federführend aktiv. Mit jeweils 13 Prozent sind zudem die Bereiche Forschung und Entwicklung sowie das Marketing federführend an der Kooperation beteiligt. Mehrheitlich mitwirkend sind mit 75 Prozent wiederum die Marketingabteilung sowie die Forschung und Entwicklung und zusätzlich externe Akteure. Eine mitwirkende Rolle spielen auch Rechtsanwälte/Rechtsabteilung und der Vertrieb. Nennenswert sind zudem die Produktions- und Personalabteilung mit jeweils 40 Prozent Beteiligung.

Zielbeziehung und -erreichung innerhalb der Kooperation Neben den potenziell beteiligten Unternehmensbereichen wurden zudem die Zielbeziehung und die Zielerreichung innerhalb der Kooperation thematisiert. Neben der Einschätzung der Zielbeziehung innerhalb der Kooperation wurden die Probanden gebeten, Aussagen zu möglichen, mit der Kooperation verfolgten Zielen sowie in einer offenen Fragestellung Angaben zur möglichen Nutzung bestimmter Instrumente, die die Zielerreichung sicherstellen sollen, zu tätigen. Die detaillierte Ergebnispräsentation wird in Abb. 7.26 und 7.27 dargelegt.

Die befragten Mittelständler schätzen die Zielbeziehung zu 58 Prozent als komplementär ein; 39 Prozent halten sich diesbezüglich neutral und lediglich drei Prozent gehen von konfliktären Zielen aus.

Start-up-Unternehmen sehen die Beziehung zwischen den Zielen der beiden Kooperationspartner mit 67 Prozent als primär komplementär; 33 Prozent halten sich hierzu neutral. Keiner der befragten Start-ups gibt eine konfliktäre Zielbeziehung an. Damit zeigt sich ein sehr ähnliches Bild unter den Start-ups und den mittelständischen Unternehmen.

Auf die Frage, welche Ziele die Unternehmen (siehe Abb. 7.28) am ehesten durch die Kooperation verfolgen würden, nennen jeweils 18 Prozent der mittelständischen Probanden kunden- und innovationsorientierte Ziele. 14 Prozent würden am ehesten strategieorientierte Ziele verfolgen und jeweils zwölf Prozent finanz- und prozessorientierte Ziele. Sieben Prozent der Unternehmen führen indes ökologie-, ressourcen-, oder mitarbeiterorientierte Ziele im Rahmen einer möglichen Kooperation an. Kulturorientierte Ziele stehen hingegen mit lediglich einem Prozent der Nennungen eher weniger im Fokus der Kooperationsziele aus mittelständischer Perspektive.

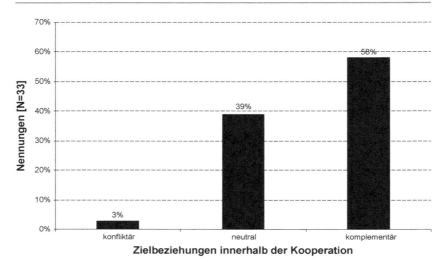

Abb. 7.26   Potenzielle Zielbeziehungen innerhalb der Kooperation Mittelstand. (Eigene Darstellung)

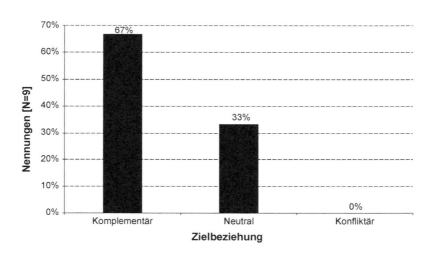

Abb. 7.27   Potenzielle Zielbeziehungen innerhalb der Kooperation Start-up. (Eigene Darstellung)

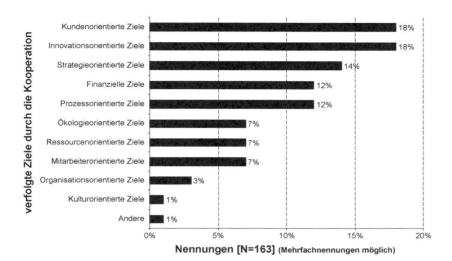

Abb. 7.28   Potenziell verfolgte Ziele durch die Kooperation Mittelstand. (Eigene Darstellung)

19 Prozent der Start-up-Unternehmen (siehe Abb. 7.29) stellen innovationso-rientierte Ziele in den Vordergrund, gefolgt von 17 Prozent der Nennungen für kundenorientierte Ziele. Nicht weit abgeschlagen stellen mit jeweils 14 Prozent auch finanzielle und strategieorientierte Zielsetzungen einen Fokus dar. Weitere abgefragte Zielkategorien wie z. B. ressourcen-, mitarbeiter- oder prozessorien-tierte Ziele finden nur eine nachrangige Beachtung.

Hinsichtlich der Zielerreichung geben 72 Prozent der mittelständischen Unter-nehmen explizit an, Instrumente zur Sicherstellung der Zielerreichung im Rahmen der Kooperation einsetzen zu wollen. 28 Prozent hingegen würden in diesem Zusammenhang gänzlich auf den Einsatz von Instrumenten verzichten.

Als mögliche Instrumente geben die Mittelständler, wie in Abb. 7.30 abzu-lesen, als Antwort auf eine offene Fragestellung vor allem das Controlling bzw. Kennzahlensysteme sowie die Nutzung des Projektmanagements und Meilen-steinplanungen zu jeweils 19 Prozent an. 14 Prozent der Mittelständler würden zur Sicherstellung der Zielerreichung Reviews und Reportings nutzen. Zu jeweils fünf Prozent werden u. a. das Lean Management, Vergütungsmodelle und vertragliche Vereinbarungen als Zielerreichungsinstrumente angeführt.

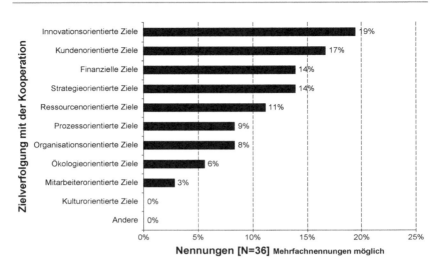

Abb. 7.29   Potenziell verfolgte Ziele durch die Kooperation Start-up. (Eigene Darstellung)

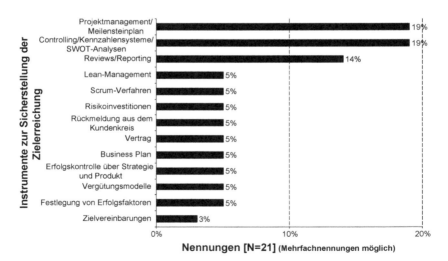

Abb. 7.30   Potenzielle Instrumente zur Sicherstellung der Zielerreichung Mittelstand. (Eigene Darstellung)

Die befragten Start-up-Unternehmen geben mit 67 Prozent an, Instrumente einsetzen zu wollen, um die Zielerreichung während der Kooperation sicherzustellen (siehe Abb. 7.31). 33 Prozent wiederum benötigen dies nicht. Auf eine Abbildung der Instrumente wird an dieser Stelle verzichtet, da unter den wenigen Nennungen nur drei Probanden eine Antwort gegeben haben. Darunter waren die Antworten KPIs, Controlling und fehlende konkrete Ideen vertreten.

Vertrauen innerhalb der Kooperation Schließlich wurden die Unternehmen gebeten, die Wichtigkeit des Vertrauens innerhalb einer Kooperation einzuschätzen. Die Ergebnispräsentation schließt mit Abb. 7.32 und 7.33 hieran an.

Mit 76 Prozent der Nennungen erachten die befragten mittelständischen Unternehmen das gegenseitige Vertrauen innerhalb der Kooperation grundsätzlich als sehr wichtig. Acht Prozent bemessen dem Vertrauen eine eher wichtige Rolle innerhalb der Kooperation. Drei Prozent der Mittelständler halten sich diesbezüglich neutral und 13 Prozent erachten das Vertrauen als sehr unwichtig.

Das Thema Vertrauen ist den Start-up-Unternehmen sogar noch wichtiger als den Mittelständlern. 89 Prozent erachten Vertrauen als sehr wichtig und elf Prozent als eher wichtig. Daraus lässt sich schließen, dass Vertrauen in einer solchen Kooperation eine bedeutende Stellung einnimmt, zumal die befragten Start-ups in Fall 2 noch keine Erfahrung mit dieser Art von Kooperationen haben.

Abb. 7.31   Nutzung von Instrumenten zur Zielerreichung Start-up. (Eigene Darstellung)

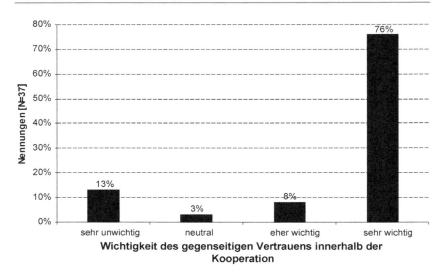

Abb. 7.32 Wichtigkeit des gegenseitigen Vertrauens innerhalb der Kooperation Mittelstand. (Eigene Darstellung)

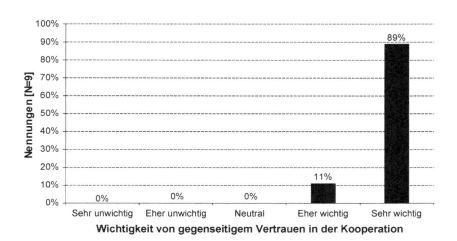

Abb. 7.33 Wichtigkeit des gegenseitigen Vertrauens innerhalb der Kooperation aus Sicht des Start-ups. (Eigene Darstellung)

7.5   Potenzielle Rechte und Pflichten

Analog zum Fall 1 wurden ebenfalls die in Fall 2 berücksichtigten Probanden zu den für sie wesentlichen Rechten und Pflichten innerhalb einer Kooperation befragt. Auf die Beurteilung der Wahrscheinlichkeit spezifischer Ausstiegs- und Fortführungsszenarien wurde indes unter der Berücksichtigung des Kooperationsstatus dieses Samples verzichtet. Die detaillierte Ergebnispräsentation folgt hieran anschließend (grafisch in Abb. 7.34 und 7.35).

Die Ergebnisdarstellung verdeutlicht, dass Mittelständler mit 90 Prozent der Nennungen (eher wichtig oder sehr wichtig) die Datensicherheit sowie mit 87 Prozent den Datenschutz als wichtigste Rechte ansehen. Für 80 Prozent der Mittelständler stellen daneben Auftrags- und Gewährleistungsansprüche, für 69 Prozent Haftungsansprüche und für 68 Prozent jeweils IP-Rechte[1] und Auflösungsregelungen die mitunter wichtigsten Rechte dar.

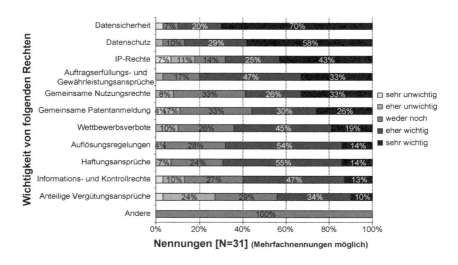

Abb. 7.34   Potenzielle Wichtigkeit von Rechten Mittelstand. (Eigene Darstellung)

---

[1] IP Rechte stehen für den Begriff der Intellectual Property Rights und können im Deutschen mit dem Begriff des Geistigen Eigentums übersetzt werden.

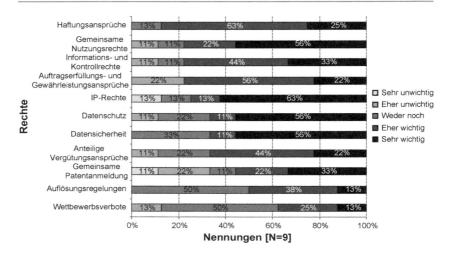

Abb. 7.35   Potenzielle Wichtigkeit von Rechten Start-up. (Eigene Darstellung)

Für Start-ups stellen IP-Rechte mit 63 Prozent der Nennungen die wichtigste Komponente dar. Datensicherheit, Datenschutz und die gemeinsamen Nutzungsrechte werden mit jeweils 56 Prozent als ebenfalls sehr wichtig erachtet. Bei kumulativer Betrachtung der Nennungen sehr wichtig und wichtig rücken sowohl die Haftungsansprüche, die Auftragserfüllungs- und Gewährleistungsansprüche sowie anteilige Vergütungsansprüche mit mehr als 70 Prozent der Nennungen in den Fokus. Eine überwiegend neutrale Haltung zeigen die Start-up-Unternehmen hinsichtlich der Auflösungsregelungen und Wettbewerbsverbote.

Hinsichtlich der wichtigsten Pflichten, nennen Mittelständler vor allem die Termintreue mit 97 Prozent (eher wichtig oder sehr wichtig) sowie die Einhaltung vereinbarter Standards mit 98 Prozent der Nennungen. 88 Prozent der Mittelständler führen indes die transparente Kostenkalkulation und 85 Prozent die kontinuierliche Leistungserbringung an. Die Ergebnisdarstellung verdeutlicht zudem, dass die Mittelständler allen hier aufgezeigten Pflichten eine grundlegende Bedeutung von über 50 Prozent (eher oder sehr wichtig) zusprechen (siehe hierzu Abb. 7.36 und 7.37)

Unter den Start-ups dominieren ebenfalls die Termintreue sowie die Einhaltung vereinbarter Standards zu jeweils 100 Prozent (sehr wichtig oder eher wichtig). Jedoch werden auch die kontinuierliche Leistungserbringung mit 88 Prozent sowie

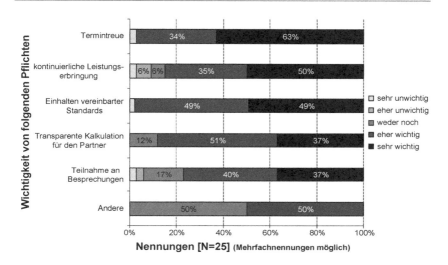

Abb. 7.36 Potenzielle Wichtigkeit von Pflichten Mittelstand. (Eigene Darstellung)

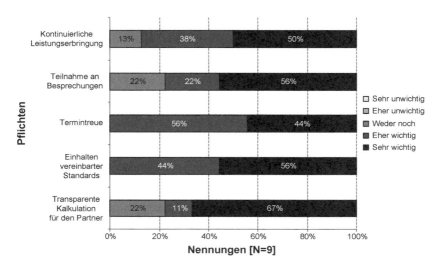

Abb. 7.37 Potenzielle Wichtigkeit von Pflichten Start-up. (Eigene Darstellung)

die Teilnahme an Besprechungen und die transparente Kalkulation mit 78 Prozent als durchaus relevant erachtet. Diesbezüglich lässt sich auch hier eine grundlegende Relevanz aller aufgezeigten Pflichten ablesen.

7.6   Selbst- und Fremdreflexion

Im Rahmen der Selbst- und Fremdreflexion werden die teilnehmenden Probanden gebeten, sowohl die sich aus der Kooperation ergebenden möglichen Vor- und Nachteile für das eigene Unternehmen, als auch für das Kooperationsunternehmen anzugeben. Hierbei wurden zunächst die Vorteile und daran anschließend die Nachteile in einer offenen Fragestellung eruiert. Die Ergebnispräsentation schließt hieran an.

Vorteile aus der möglichen Kooperation 93 Prozent der Mittelständler vermuten, dass aus Kooperationen mit Start-up-Unternehmen realisierbare Vorteile entstehen (siehe Abb. 7.38).

Als vorstellbare Vorteile für das eigene Unternehmen nennen die befragten Mittelständler vor allem die Prozess-, Produkt- und Technologienentwicklung mit

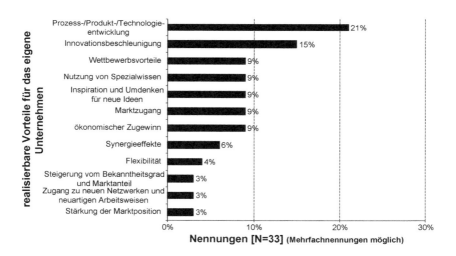

Abb. 7.38   Potenzielle Vorteile für das eigene Unternehmen aus Mittelstandssicht. (Eigene Darstellung)

21 Prozent sowie die aus der Kooperation resultierende Innovationsbeschleunigung mit 15 Prozent.

Ebenfalls der ökonomische Mehrwert bezogen auf die Wirtschaftlichkeit des eigenen Unternehmens, die Inspiration und das kreative Umdenken zur Findung neuer Ideen sowie die Erlangung neuen Spezialwissens werden von jeweils neun Prozent der Mittelständler als mögliche Vorteile für das eigene Unternehmen angegeben.

Bezogen auf mögliche Vorteile für das kooperierende Start-up-Unternehmen nennen die Mittelständler vor allem den erleichterten Marktzugang mit 23 Prozent (siehe hierzu im Detail Abb. 7.39). Zu je elf Prozent führen die Mittelständler den ökonomischen Mehrwert bezogen auf die Wirtschaftlichkeit des Start-ups sowie die Produktsicherheit, -reife, und -auslastung an. Neun Prozent nennen indes den Kundenzugang. Unter anderem erwähnen die Mittelständler zudem durch die Kooperation realisierbare Wachstumspotenziale sowie die Referenz des mittelständischen Unternehmens als möglichen Vorteil für das Kooperationsunternehmen.

Die befragten Start-ups glauben zu 100 Prozent an mögliche realisierbare Vorteile aus der Kooperation.

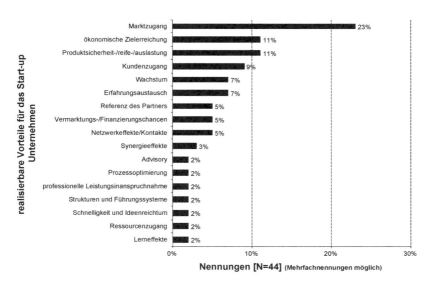

Abb. 7.39 Potenzielle Vorteile für das kooperierende Start-up-Unternehmen aus Mittelstandssicht. (Eigene Darstellung)

Für ihr eigenes Unternehmen wird vor allem das Erreichen der Marktreife und Marktwachstum zu 44 Prozent genannt. 22 Prozent sehen die Umsetzung einer Innovation im Vordergrund, gefolgt von zwölf Prozent für den „Proof of Concept" und jeweils elf Prozent, die das Umsatzwachstum und den Reputationsgewinn für ihr eigenes Unternehmen als besonders vorteilhaft vermuten (siehe Abb. 7.40).

Die Vorteile für den potenziellen mittelständischen Kooperationspartner liegen aus Sicht der Start-ups deutlich im Innovationsgewinn bzw. im Zugang zu neuen Technologien mit 67 Prozent der Nennungen, wie in Abb. 7.41 dargestellt. Mit jeweils elf Prozent gelten als weitere Vorteile die Lerneffekte, die Gewinnsteigerung und auch die Marketingeffekte, die sich aus der Kooperation ergeben.

Nachteile aus der möglichen Kooperation Die Herausbildung von kooperationsbedingten Nachteilen halten 58 Prozent der Mittelständler für unwahrscheinlich. Für 42 Prozent der mittelständischen Unternehmen sind Nachteile denkbar (siehe Abb. 7.42 und 7.43)

Mittelständler assoziieren diesbezüglich überwiegend finanzielles Risiko mit 29 Prozent sowie die Verzettelung von Strategie-Ressourcen mit 15 Prozent. Zu je 14 Prozent führen die befragten Mittelständler unter anderem das Risiko des Reputations- und Know-how-Verlustes sowie erhöhte Kosten als Nachteile für das eigene Unternehmen an.

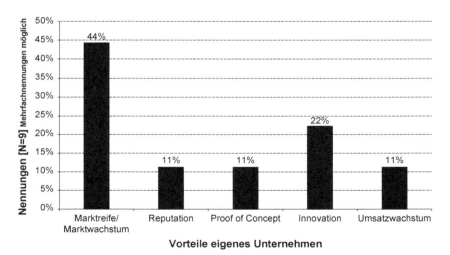

Abb. 7.40   Potenzielle Vorteile für das eigene Unternehmen aus Start-up Sicht. (Eigene Darstellung)

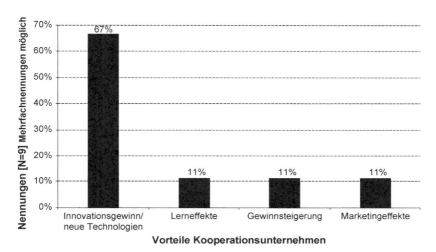

Abb. 7.41   Potenzielle Vorteile für das kooperierende mittelständische Unternehmen aus Sicht des Start-ups. (Eigene Darstellung)

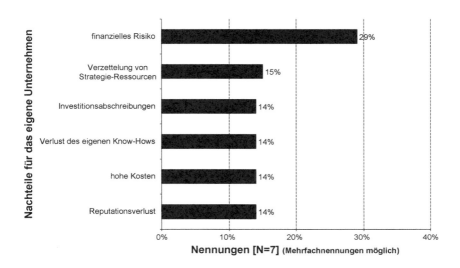

Abb. 7.42   Potenzielle Nachteile für das eigene Unternehmen aus Mittelstandssicht. (Eigene Darstellung)

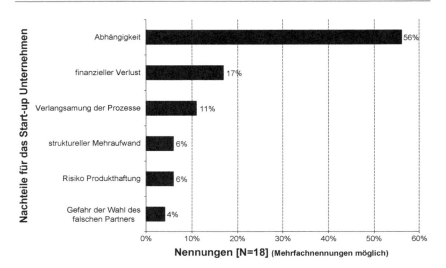

Abb. 7.43 Potenzielle Nachteile für das kooperierende Start-up-Unternehmen aus Mittelstandssicht. (Eigene Darstellung)

Bezogen auf das potenzielle Kooperationsunternehmen vermuten Mittelständler mit 56 Prozent der Nennungen die Abhängigkeit, mit 17 Prozent der Nennungen finanzielle Verluste sowie mit elf Prozent der Nennungen eine Verlangsamung der Prozesse als kooperationsbedingte Nachteile für Start-up-Unternehmen. Weitere Nachteile begründen die Mittelständler durch strukturellen Mehraufwand, Risiken in der Produkthaftung und die Gefahr der Wahl des falschen Partners.

An mögliche, aus der Kooperation resultierende Nachteile glauben 71 Prozent der befragten Start-up-Unternehmen nicht. 29 Prozent hingegen könnten sich die Entstehung kooperationsbedingter Nachteile vorstellen. Angeführt werden in diesem Zusammenhang der generelle Aufwand im Rahmen des Kooperationsvorhabens sowie Zeitverzögerungen bzw. Ressourcenvergeudungen für das eigene Unternehmen. Bezogen auf die potenziellen Nachteile für den mittelständischen Kooperationspartner führen die Start-ups indes lediglich das Produktrisiko an.

7.7   Potenzieller Beitrag zum Unternehmenserfolg

Hinsichtlich des Einflusses der Kooperation auf den Unternehmenserfolg, können innerhalb dieses Samples ausschließlich Vermutungen erfragt werden. Diesbezüglich wurden die Probanden gebeten, Kooperationen zwischen Mittelständlern und Start-up-Unternehmen hinsichtlich der Gründe für das Scheitern von Kooperationen, dem Budgeteinsatz, der größten Kosten- und Erfolgsfaktoren und der Einflussnahme auf das unternehmenseigene Geschäftsmodell einzuschätzen. Die Ergebnisse werden nachfolgend im Detail beschrieben.

Gründe für das Scheitern von Kooperationen Im Rahmen der Erfolgsbeurteilung wurde zunächst nach den möglichen Gründen für das Scheitern von Kooperationen gefragt und in Abb. 7.44 und 7.45 verbildlicht.

Als potenzielle Gründe für das Scheitern von Kooperationen vermuten die mittelständischen Probanden vor allem das fehlende Engagement des Kooperationspartners mit 19 Prozent der Nennungen, potenzielle zwischenpartnerschaftliche Interessenkonflikte mit 17 Prozent sowie das einseitige Ausschöpfen der Kooperationsvorteile mit 15 Prozent der Nennungen. Weiterhin nehmen Mittelständler zu 13 Prozent an, dass fehlende Ressourcen zum Scheitern von Kooperationen führen könnten. Zehn Prozent nennen die Unvereinbarkeit der Unternehmenskulturen beider Parteien sowie konfliktäre Zielsetzungen. Weniger ausschlaggebende Gründe bilden indes das zu hohe Risiko eines Misserfolges mit sieben Prozent sowie der zu hohe Planungsaufwand mit sechs Prozent der Nennungen.

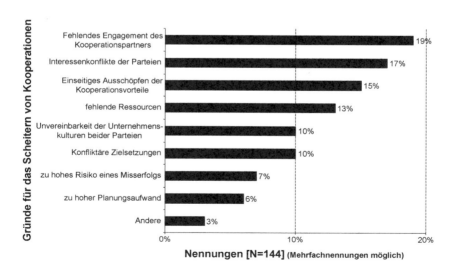

Abb. 7.44 Potenzielle Gründe für das Scheitern von Kooperationen Mittelstand. (Eigene Darstellung)

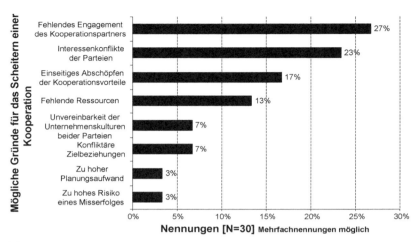

Abb. 7.45 Potenzielle Gründe für das Scheitern von Kooperationen Start-ups. (Eigene Darstellung)

Als potenzielle Gründe für das Scheitern nennen die Start-up-Unternehmen mit 27 Prozent primär das fehlende Engagement der Kooperationspartner gefolgt von 23 Prozent, die Interessenkonflikte der Parteien für möglich halten. Weitere 17 Prozent werden dem einseitigen Abschöpfen von Kooperationsvorteilen zugeschrieben, was einen Nachteil für den Kooperationspartner bedeuten kann und 13 Prozent der Befragten nennen den Grund der fehlenden Ressourcen. Mit jeweils sieben Prozent könnten auch die Unvereinbarkeit der Unternehmenskulturen sowie konfliktäre Zielbeziehungen eine Rolle spielen. Mindere Bedeutung wird mit jeweils drei Prozent der Nennungen dem hohen Planungsaufwand und dem zu hohen Risiko eines Misserfolgs zugeschrieben.

Budgeteinsatz der Kooperationspartner In einer offenen Fragestellung wurden die Probanden zudem gebeten, das eigene für die Kooperation eingesetzte Budget sowie den Budgeteinsatz seitens der Kooperationspartner numerisch einzuschätzen. Auch hier beruhen die Aussagen lediglich auf Vermutungen der in Sample 2 inkludierten Unternehmen, wie in Abb. 7.46 und 7.47 widergegeben.

Der Median des möglichen aufzuwendenden Budgeteinsatzes der mittelständischen Unternehmen liegt bei 1 Mio. Euro. Aufgeschlüsselt nach Größenklassifikationen, würden 65 Prozent der Mittelständler unter 1 Mio. Euro in das Start-up

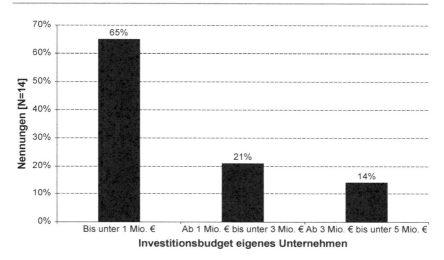

Abb. 7.46   Potenzielles Investitionsbudget eigenes Unternehmen Mittelstand. (Eigene Darstellung)

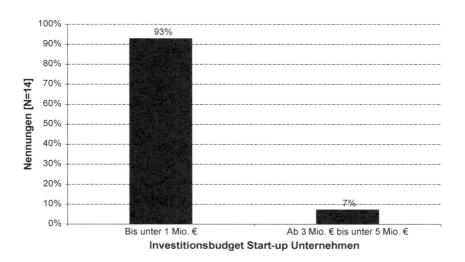

Abb. 7.47   Potenzielles Investitionsbudget Start-up-Unternehmen aus Mittelstandssicht. (Eigene Darstellung)

investieren, 21 Prozent zwischen 1 und 3 Mio. Euro und 14 Prozent zwischen 3 und 5 Mio. Euro.

Bezogen auf das Start-up-Unternehmen erwarten 93 Prozent der Mittelständler einen Investitionseinsatz von unter 1 Mio. Euro und weitere sieben Prozent zwischen 3 und 5 Mio. Euro. Der Median liegt bei 1 Mio. Euro.

Überraschend ist indes die Aussage, dass die Start-up-Unternehmen zu 75 Prozent nicht bereit sind, ein Budget für die Kooperation zu planen, weshalb sie 0 Mio. Euro angeben. Lediglich 25 Prozent geben an, ca. 1 Mio. Euro Budget in Erwägung zu ziehen. Jedoch sehen die Start-up-Unternehmen den Median von 1,5 Mio. Euro als Investitionsbudget auf Seiten der mittelständischen Kooperationspartner.[2]

Kostenfaktoren Anknüpfend an den Budgeteinsatz wurden die Probanden gebeten, die größten, im Rahmen einer möglichen Kooperation entstehenden Kostenfaktoren in einer offenen Frage anzugeben. Die Ergebnisauswertung zeigt sich in Abb. 7.48.

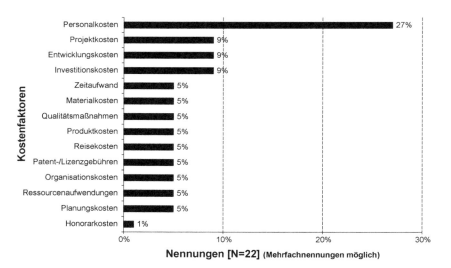

Abb. 7.48   Potenzielle Kostenfaktoren Mittelstand. (Eigene Darstellung)

---

[2] Auf eine Abbildung im Text wird bewusst verzichtet, da nur einige geringe Anzahl der befragten Start-up-Unternehmen die Frage beantwortet hat.

Bezüglich der wesentlichen, aus der Kooperation resultierenden Kostenfaktoren, nennen die mittelständischen Unternehmen vor allem die Personalkosten mit 27 Prozent, gefolgt von Investitions-, Projekt- und Entwicklungskosten zu je neun Prozent. Weitere Kostenfaktoren begründen sich unter anderem aufgrund des Zeitaufwandes, möglicher Patent- oder Lizenzgebühren, anfallender Reise-, Produkt- und Honorarkosten. Sie sind jedoch als Kostenfaktoren vergleichsweise weniger bedeutend.

50 Prozent der befragten Start-up-Unternehmen sehen keine Kostenfaktoren als wesentlich an; lediglich 25 Prozent nennen Entwicklungskosten und weitere 25 Prozent die Kosten für Personal.[3]

Erfolgsfaktoren   Analog zu den Kostenfaktoren wurden die Probanden ebenfalls um eine Einschätzung hinsichtlich der Wirkung der Kooperation auf unternehmenseigene Erfolgsfaktoren gebeten. Die Erfolgsfaktoren wurden auch hier für die Auswertung in Teilbereiche aufgegliedert, wonach sich soziale Erfolge, Lernerfolge, wirtschaftliche Erfolge, ökologische Erfolge und technische Erfolge mit entsprechenden Unterkategorien unterscheiden lassen. Die Ergebnisse werden detailliert in Abb. 7.49–7.53 aus Sicht des Mittelständlers und des Start-ups präsentiert.

In Bezug auf die Wirkung der Kooperation auf Erfolgsfaktoren vermuten die Mittelständler vor allem den Lernerfolg mit 96 Prozent (eher und sehr stark) durch den Wissenstransfer und zu 78 Prozent durch die Kooperationserfahrung bzw. Lernkurveneffekte. Zudem erwarten Mittelständler einen Einfluss der Kooperation auf den ökonomischen Unternehmenserfolg. Die strategische Zielerreichung wird nach Meinung der Mittelständler mit 77 Prozent der Nennungen (eher stark oder sehr stark) stark beeinflusst. Auch vermuten 82 Prozent der mittelständischen Unternehmen positive Auswirkungen auf das Umsatz- und Gewinnwachstum.

Innerhalb des sozialen Erfolgs beeinflusst die Kooperation laut Annahmen der Mittelständler vor allem den Aufbau eines Vertrauensverhältnisses mit 89 Prozent der Nennungen, eine innovationsfördernde Unternehmenskultur mit 74 Prozent der Nennungen und Imageverbesserungen mit 63 Prozent der Nennungen. Der technische Erfolg repräsentiert sich hauptsächlich durch die erhöhte Anzahl generierter Produkte mit 65 Prozent der Nennungen. Dem Ergebnis zufolge ist der technische Erfolg jedoch dem Lernerfolg, sozialen Erfolg sowie ökonomischen Erfolg untergeordnet einzustufen.

---

[3] Auf eine Abbildung wird an dieser Stelle bewusst verzichtet, da lediglich drei der befragten Start-up-Unternehmen eine Antwort gegeben haben.

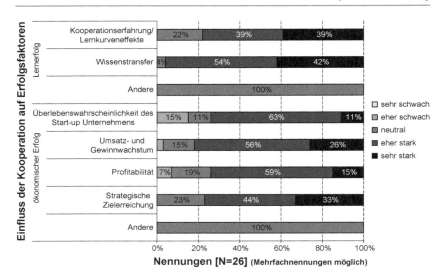

Abb. 7.49 Potenzieller Einfluss der Kooperation auf Erfolgsfaktoren Mittelstand. (Eigene Darstellung)

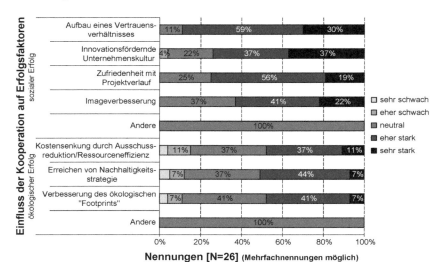

Abb. 7.50 Potenzieller Einfluss der Kooperation auf Erfolgsfaktoren Mittelstand (Fortsetzung). (Eigene Darstellung)

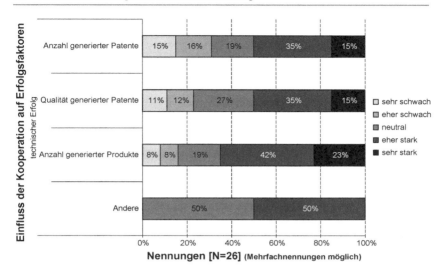

Abb. 7.51   Potenzieller Einfluss der Kooperation auf Erfolgsfaktoren Mittelstand (Fortsetzung I). (Eigene Darstellung)

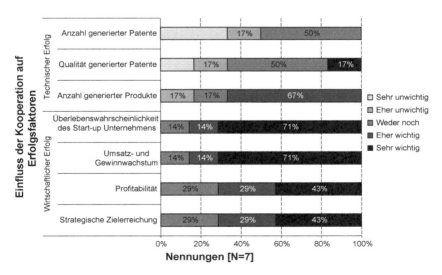

Abb. 7.52   Potenzieller Einfluss der Kooperation auf Erfolgsfaktoren Start-up. (Eigene Darstellung)

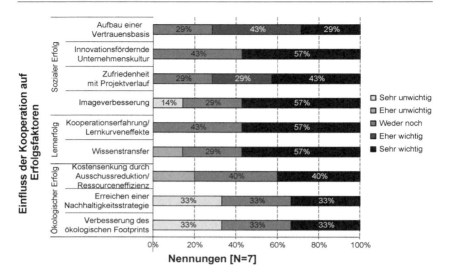

Abb. 7.53 Potenzieller Einfluss der Kooperation auf Erfolgsfaktoren Start-up. (Fortsetzung). (Eigene Darstellung)

Hinsichtlich der Frage des Einflusses der Kooperation auf Erfolgsfaktoren des Unternehmens, scheint der technische Erfolg bei den Start-up-Unternehmen nur eine zweitrangige Rolle zu spielen. Mit 67 Prozent der Nennungen vermuten die befragten Probanden einen starken Einfluss auf die Anzahl der generierten Produkte, während die Qualität und Anzahl an generierten Patenten nicht primär anvisiert wird. Weiterhin wird eine positive Wirkung auf den wirtschaftlichen Erfolg vermutet. Jeweils 71 Prozent der Unternehmen nehmen einen sehr starken und 14 Prozent einen eher starken Einfluss sowohl auf die Überlebenswahrscheinlichkeit der Start-ups, als auch auf das Gewinn- und Umsatzwachstum an. Die Profitabilität und die strategische Zielerreichung werden mit jeweils 72 Prozent der Stimmen (sehr stark oder eher stark) genannt.

Die Kooperation zeigt in der Kategorie sozialer Erfolg mit 57 Prozent den stärksten Einfluss auf die Imageverbesserung und auf eine innovationsfördernde Unternehmenskultur. Jedoch wird mit 72 Prozent (sehr stark oder eher stark) auch der Einfluss auf den Aufbau einer Vertrauensbasis als bedeutsam eingestuft. Die Zufriedenheit mit dem Projektverlauf wird mit wiederum 72 Prozent (sehr stark oder eher stark) genannt. Der Erfolgsfaktor Lernerfolg wird mit jeweils 57 Prozent sehr stark durch die Kooperation beeinflusst, gemessen an der Kooperationserfahrung bzw. an der Erzielung von Lernkurveneffekten sowie dem Wissenstransfer.

Im Bereich des ökologischen Erfolgs nimmt die Kooperation den größten Einfluss auf die Kostensenkung durch die Ausschussreduktion bzw. die Ressourceneffizienz mit 80 Prozent eher oder sehr starker Zustimmung. Etwas weniger scheinen Themen rund um die Verbesserung des ökologischen Footprints und das Erreichen einer Nachhaltigkeitsstrategie gesehen zu werden.

Auswirkung auf das eigene Geschäftsmodell Ferner wurden die Probanden gebeten, die Auswirkungen einer möglichen Kooperation auf das eigene Geschäftsmodell einzuschätzen. Die Ergebnispräsentation folgt anknüpfend auf Abb. 7.54 und 7.55.

Die potenziellen Auswirkungen auf das eigene Geschäftsmodell schätzen Mittelständler unterschiedlich ein. 38 Prozent gehen von einer eher starken Wirkung und 21 Prozent von einer eher schwachen Wirkung auf das eigene Geschäftsmodell aus. 41 Prozent der Mittelständler halten sich diesbezüglich neutral. 38 Prozent der Start-up-Unternehmen vermuten zudem, dass sich die Kooperation sehr stark auf ihr bisheriges Geschäftsmodell auswirken wird. Eine eher starke Wirkung vermuten weitere 37 Prozent. 25 Prozent nehmen hierzu eine neutrale Stellung ein.

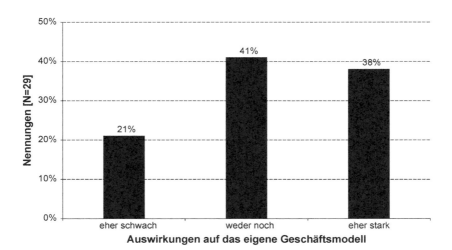

Abb. 7.54 Potenzielle Auswirkungen auf das eigene Geschäftsmodell Mittelstand. (Eigene Darstellung)

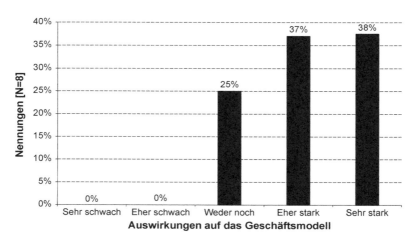

Abb. 7.55 Potenzielle Auswirkungen auf das eigene Geschäftsmodell Start-up. (Eigene Darstellung)

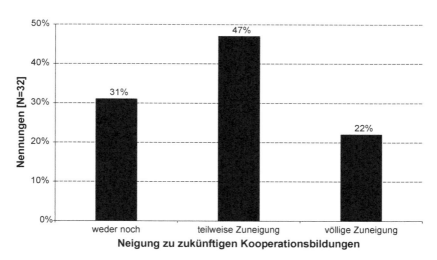

Abb. 7.56 Neigung zukünftigen Kooperationen aus Mittelstandssicht. (Eigene Darstellung)

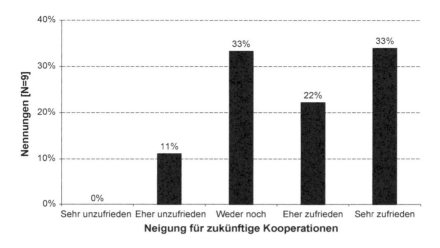

Abb. 7.57   Neigung zukünftigen Kooperationen aus Sicht des Start-ups. (Eigene Darstellung)

Neigung zur zukünftigen Kooperationsbereitschaft Abschließend wurden die befragten Unternehmen gebeten, ihre Neigung zukünftigen Kooperationen gegen-über anzugeben (siehe hierzu Abb. 7.56 und 7.57).

22 Prozent der Mittelständler zeigen völlige Zuneigung dahingehend, zukünftig Kooperationen mit Start-up-Unternehmen zu bilden. 47 Prozent der Mittelständler können sich eine Kooperation eher vorstellen und 31 Prozent halten sich neutral. Kein Mittelständler lehnt eine Kooperation in der Zukunft teilweise oder vollkom-men ab.

Unter den Start-up-Unternehmen stehen 34 Prozent zukünftigen Kooperationen mit völliger Zuneigung positiv gegenüber. 22 Prozent respondieren mit einer teil-weisen Zuneigung, gefolgt von 33 Prozent, die eine neutrale Haltung einnehmen. Lediglich elf Prozent zeigen eine teilweise Abneigung hinsichtlich zukünftiger Kooperationsbildungen.

Ergebnisdiskussion

8

Im Folgenden werden die vorherigen Ergebnisse der quantitativen Auswertung diskutiert. Aufgrund des Umfangs der Erhebung sollen in diesem Abschnitt vordergründig divergierende Ansichten zwischen Mittelständlern und Start-up-Unternehmen die Basis der Diskussionsgrundlage bilden. Dafür wurden, wo möglich und sinnstiftend, entsprechende Kontrastierungen zwischen den beiden Unternehmenstypen für die jeweiligen Fälle 1 und 2 gebildet. Auf statistische Auswertungsmethoden wurde unter Berücksichtigung der geringen Stichprobenanzahl sowohl der teilnehmenden mittelständischen als auch Start-up-Unternehmen verzichtet. Stattdessen erfolgte die Ergebnisauswertung wie bereits zuvor auf explorativ-deskriptiver Analysebasis. Die Ergebnisse für die jeweiligen Fälle 1 und 2 werden im Folgenden im Detail dargelegt und diskutiert.

Derzeitiger Kooperationsstand Von den 55 mittelständischen Unternehmen befinden sich lediglich 19 Prozent gegenwärtig in einer Kooperation. Von den 23 befragten Start-up-Unternehmen ist mit 50 Prozent die Hälfte der Befragten zurzeit in einer Kooperation. Die Abbildung impliziert, dass sich, bezogen auf die Gesamtzahl der befragten Unternehmen, deutlich mehr Mittelständler als Start-ups derzeit in einer Kooperation befinden (siehe Abb. 8.1).

Ein ähnliches Bild zeichnet sich hinsichtlich der Erfahrung mit derartigen Kooperationen ab (siehe Abb. 8.2). Lediglich 22 Prozent der befragten Mittelstandsunternehmen geben an, bereits Erfahrung in diesem Bereich gemacht zu haben. Unter den Start-up-Unternehmen sind dies mit 57 Prozent deutlich mehr, die bereits erste Erfahrungen mit derartigen Kooperationen vorweisen können.

Die nachfolgenden Ausführungen und Abbildungen beziehen sich lediglich auf die Antworten der Mittelständler und Start-ups, die auch angegeben haben, bereits Erfahrung mit einer derartigen Kooperation zu haben oder sich zurzeit in einer Kooperation zu befinden. Die Autoren erachten es ansonsten für nicht sinnvoll,

© Springer Fachmedien Wiesbaden GmbH, ein Teil von Springer Nature 2018
W. Becker et al., *Kooperationen zwischen Mittelstand und Start-up-Unternehmen*,
Management und Controlling im Mittelstand,
https://doi.org/10.1007/978-3-658-19646-2_8

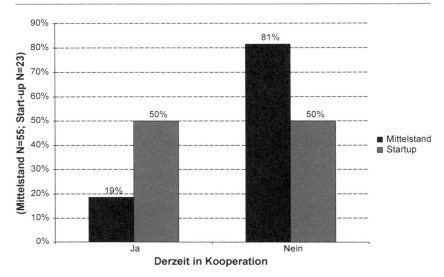

Abb. 8.1   Derzeitiger Kooperationsstand im Vergleich. (Eigene Darstellung)

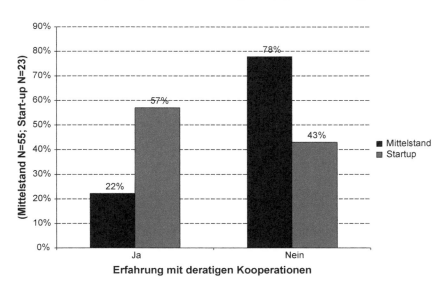

Abb. 8.2   Erfahrung mit derartigen Kooperationen im Vergleich. (Eigene Darstellung)

mutmaßliche Antwortalternativen erneut zu nennen und zu kontrastieren, wenn diese auf keinerlei Erfahrungswerten der Probanden basieren. Daher gelten für die nachfolgenden Ausführungen lediglich die Ergebnisse aus Fall 1. Auf Kontrastierungen für Fall 2 wird an dieser Stelle bewusst verzichtet.

Relevanz der Kooperation für das Kerngeschäft Die Frage nach der Relevanz der Kooperation für das Kerngeschäft wurde von Mittelständlern zu 72 Prozent als eher oder sehr relevant beurteilt (siehe hierzu im Detail Abb. 8.3). Ähnlich sehen das auch die Start-up-Unternehmen, die die Kooperation zu 69 Prozent als eher oder sehr relevant erachten. Dennoch nehmen 21 Prozent der Mittelständler und 15 Prozent der Start-ups eine neutrale Stellung ein und sieben Prozent der Mittelständler sowieso acht Prozent der Start-ups halten die Kooperation für eher irrelevant. Lediglich acht Prozent der Start-up-Unternehmen erachten Kooperationen als sehr irrelevant für das unternehmenseigene Kerngeschäft.

Die Abbildung verdeutlicht darüber hinaus, dass diese Art der Kooperation von den Start-up- Unternehmen als wesentlich relevanter für das Kerngeschäft erachtet wird, als dies bei den Mittelständlern der Fall ist. Diese äußern sich etwas zurückhaltender und neutraler in ihrer Einschätzung. Daraus lässt sich schließen, dass

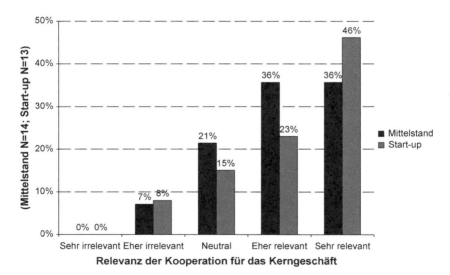

Abb. 8.3 Relevanz der Kooperation für das jeweilige Kerngeschäft im Vergleich. (Eigene Darstellung)

Start-ups Kooperationen vermehrt als überlebenswichtig erachten und oftmals auf die Form der Allianz angewiesen sind, wohingegen Mittelständler Kooperationen mit Start-up-Unternehmen eher als eine Art „nice-to-have" Add-on Variante sehen.

Motive zur Kooperationsentscheidung Größere Unterschiede in Abhängigkeit vom Unternehmenstypus zeigen sich hinsichtlich der Motive zur Kooperationsentscheidung, der Beteiligung der Unternehmensbereiche sowie in Aspekten der Erfolgsbeurteilung der Kooperation (hierzu Abb. 8.4)

Die Kontrastierung der Motive zur Kooperationsentscheidung verdeutlicht, dass Mittelständler vor allem Wettbewerbsvorteile und die Schaffung von Markteintrittsbarrieren mit 86 Prozent der Nennungen angeben, wohingegen Start-up-Unternehmen dieses Motiv lediglich zu 58 Prozent verfolgen. Stattdessen ist es den Start-up-Unternehmen zu 83 Prozent ein primäres Motiv, die eigene Reputation durch die Zusammenarbeit mit einem etablierten Mittelständler, dessen Referenz genutzt werden kann, zu stärken. Für mittelständische Unternehmen hingegen repräsentiert der Reputationsgewinn mit 44 Prozent der Nennungen ein vergleichsweise untergeordnetes Motiv zur Kooperationsbildung. Mit 67 Prozent der Nennungen ist auch die Erschließung neuer Märkte für Start-ups wesentlich, ähnlich wie der Aufbau eines neuen Geschäftsmodells bzw. Markteintrittsbarrieren zu jeweils 58 Prozent.

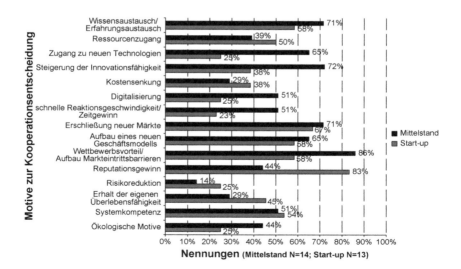

Abb. 8.4 Motive zur Kooperationsentscheidung im Vergleich. (Eigene Darstellung)

Neben dem Zugang zu neuen Technologien mit 65 Prozent der Nennungen und der Steigerung der Innovationsfähigkeit mit 72 Prozent der Nennungen stellen auch der Zeitgewinn bzw. eine schnellere Reaktionszeit wesentliche Treiber für die Kooperationsentscheidung mittelständischer Unternehmen dar. Die Digitalisierung ist in diesem Zusammenhang einer der derzeit bedeutsamsten auf Unternehmen einwirkende Megatrend. Hierbei stehen vor allem traditionelle, etablierte Unternehmen vor der Herausforderung, die digitale Transformation erfolgreich durchzuführen, um weiterhin wettbewerbsfähig zu bleiben und die unternehmenseigene Flexibilität sowie Reaktionsgeschwindigkeit zu gewährleisten. Folglich scheint auch die Tatsache, dass ebendiese Motive unter den Mittelständlern häufig genannt werden, plausibel. Start-up-Unternehmen hingegen lassen sich gewissermaßen über ihre Innovationskraft definieren, weshalb es wenig verwunderlich erscheint, dass diese Motive weniger ausschlaggebend für die Bildung einer Kooperation sind.

Wenngleich diese Motivlage sehr unterschiedlich zu sein scheint, so begründen sich hierin jedoch gleichermaßen fundamentale Synergieeffekte hinsichtlich dieser komplementären Motivbeziehungen. Demzufolge zielen Mittelständler darauf ab, die eigene Innovationsfähigkeit durch die Kooperation mit innovativen Start-up-Unternehmen zu erhöhen, und sich stärker auf die gegenwärtigen Marktanforderungen, wie etwa den Digitalisierungsdruck, anpassen zu können. Dies impliziert zugleich die bemessene hohe Bedeutung von Kooperationen mit Start-ups als Erfolgsfaktor für den Mittelstand.

Übereinstimmende Motivlagen zeigen sich ferner im gemeinsamen Wissens- und Erfahrungsaustausch, der gleichermaßen für mittelständische als auch für Start-up-Unternehmen als wesentliches Motiv fungiert. Ebenfalls die Erschließung neuer Märkte kann als gemeinsames Motiv hervorgehoben werden. Während der Mittelständler hierfür die Innovationskraft und die Technologien des Start-ups nutzt, ist das Start-up auf den Referenzgewinn durch das etablierte mittelständische Unternehmen angewiesen, um sich am Markt zu etablieren und neue Märkte erschließen zu können.

Einigkeit zeigt sich in der minderen Bedeutung der Risikoreduktion und der Kostensenkung, die eher weniger ausschlaggebende Motivlagen zur Kooperationsbildung widerspiegeln.

Zufriedenheit mit dem Gesamteindruck der Kooperation Die Frage nach der Zufriedenheit mit dem Gesamteindruck der Kooperation beurteilt mehr als die Hälfte der Mittelstandsunternehmen mit 54 Prozent mit eher zufrieden (siehe Abb. 8.5); Start-up-Unternehmen legen einen etwas gehemmteren Gesamteindruck zu grunde, indem nur 31 Prozent der Start-ups eher zufrieden mit der Kooperation sind. Dafür geben, verglichen mit dem Mittelstand, fast doppelt so viele Start-up-Unternehmen, nämlich 15 Prozent, an, sehr zufrieden zu sein. Seitens

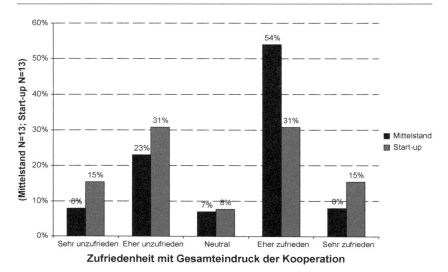

Abb. 8.5 Zufriedenheit mit Gesamteindruck der Kooperation im Vergleich. (Eigene Darstellung)

der Mittelständler stimmen dieser Meinung immerhin 8 Prozent zu. Auffällig erscheint, dass knapp die Hälfte der Start-ups mit 46 Prozent angeben, sehr oder eher unzufrieden mit dem Gesamteindruck zu sein. Dies ist bei den Mittelstandsunternehmen lediglich zu 31 Prozent der Fall. Teilweise kann dies an den nicht vollständig erfüllten Erwartungen beider Seiten liegen, wobei Start-up-Unternehmen stärker von dem Erfolg der Kooperation abhängig scheinen, als dies bei den mittelständischen Unternehmen der Fall ist.

Aufmerksamkeit auf den Kooperationspartner Auch die Frage nach der Aufmerksamkeit auf den Kooperationspartner birgt Unterschiede im Vergleich beider Betriebstypen (siehe Abb. 8.6). Mittelständler geben mit 32 Prozent an, meist gezielt durch das Start-up mit einem konkreten Kooperationsvorhaben angesprochen zu werden, gefolgt von 21 Prozent, die durch Empfehlung von Kollegen, Freunden und Bekannten auf das Kooperationsunternehmen aufmerksam werden. Dies lässt auf eine eher proaktive Haltung der Start-up-Unternehmen schließen. Die befragten Start-ups geben diesbezüglich hingegen stark diversifizierte Antworten, angeführt von der Kontaktaufnahme auf Messen und Events mit 17 Prozent. Mit jeweils 13 Prozent wird auch der Weg über die traditionelle Internetrecherche,

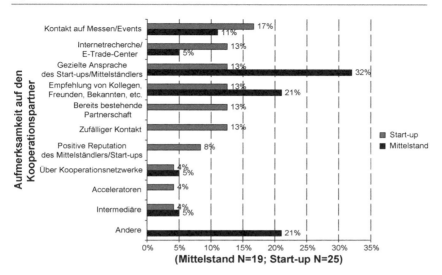

Abb. 8.6 Aufmerksamkeit auf den Kooperationspartner im Vergleich. (Eigene Darstellung)

die gezielte Ansprache oder auch Empfehlungen bzw. bereits bestehende Partner-schaften gewählt. Im Gegensatz zu den Mittelständlern ergibt sich bei 13 Prozent der Start-ups ein zufälliger Kontakt. Daneben fungiert ebenfalls die Reputation des Mittelständlers für acht Prozent der Start-ups als wesentliches Aufmerksamkeits-kriterium. Dies scheint plausibel, zumal die Start-up-Unternehmen als Koopera-tionsmotiv mitunter die eigene Reputation durch Referenzangabe eines etablierten Mittelständlers erhöhen wollen. Die Reputation des Start-ups wird seitens der Mit-telständler hingegen vollkommen ausgeschlossen, um Aufmerksamkeit zu erregen. Unterrepräsentiert sind auch die Nutzungen von Kooperationsnetzwerken, Accele-ratoren sowie Intermediären. Dies lässt vermuten, dass diese Art der Kooperation tatsächlich ein relativ neues Thema darstellt und somit von öffentlichen Institutio-nen noch nicht ausreichend forciert wurde, wie z. B. im Rahmen von Unterstüt-zungsaktivitäten oder Förderprogrammen.

Anbahnung der Kooperation Gemäß Abb. 8.7 wird hinsichtlich der Anbah-nung der Kooperation ein relativ einheitliches und homogenes Bild unter den beiden Betriebstypen deutlich. Die eigenständige Kontaktaufnahme wird dabei mit 60 Prozent der Start-ups und 57 Prozent der Mittelständler favorisiert. Darauf folgt der Erstkontakt auf Events bzw. das direkte Zugehen der beiden Parteien

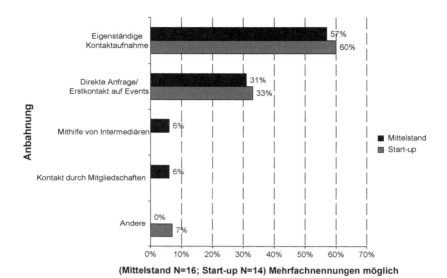

Abb. 8.7   Anbahnung der Kooperation im Vergleich. (Eigene Darstellung)

aufeinander. Eine Minderheit der Mittelständler nutzt die Hilfe von Intermediären zur Anbahnung oder geht den Weg über Mitgliedschaften. Die befragten Start-
up-Unternehmen der Umfrage tun dies nicht. Etwas überraschend scheint, dass
Angebote in Form von Ausschreibungen beidseitig nicht genutzt werden. Dies
deutet darauf hin, dass beiden Seiten der direkte, persönliche Kontakt in irgend-
einer Form sehr wichtig zu sein scheint. Dies stimmt auch überein mit den Ergebnissen der Expertenbefragung, die hervorbrachten, dass der erste Eindruck über
den Kooperationspartner entscheidend zu sein scheint. Lediglich wenn das Gefühl
beider Partner pro Kooperation ausfällt, kommt eine Anbahnung zustande und die
Erfolgschancen für eine erfolgreiche Kooperation sind gegeben. Unter den Start-
ups wurden mit sieben Prozent auch andere Anbahnungswege angegeben, jedoch
ohne diese näher zu spezifizieren.

Wichtigkeit eines schriftlichen Vertrages Auffällig unterschiedlich sind die
Antworten zum Thema Wichtigkeit eines schriftlichen Vertrages, wie in Abb. 8.8
zu erkennen ist. Den befragten mittelständischen Unternehmen ist ein schriftlicher
Vertrag mit 47 Prozent sehr wichtig und 20 Prozent eher wichtig. Start-up-Unternehmen hingegen schätzen eine schriftliche Fixierung der Kooperationsbedingungen mit jeweils 31 Prozent als eher und sehr wichtig ein. Herausstechend ist unter

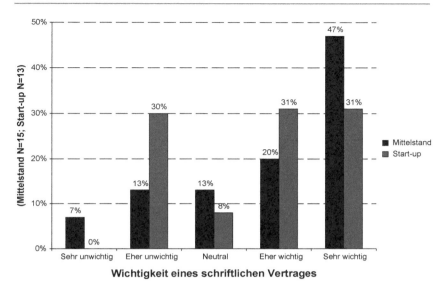

Abb. 8.8 Wichtigkeit eines schriftlichen Vertrages im Vergleich. (Eigene Darstellung)

den Start-ups, dass weitere 30 Prozent einen schriftlichen Vertrag als eher unwichtig erachten. Mittelständler tun dies nur zu 13 Prozent, wobei sieben Prozent sogar angeben, diesen als sehr unwichtig zu sehen. Eine neutrale Haltung nehmen unter den Mittelständlern 13 Prozent ein und unter den Start-ups acht Prozent. Schließlich bleibt hierbei festzuhalten, dass eine schriftliche Fixierung von Vertragsangelegenheiten meist mit der Form der Kooperation zusammenhängt und der Aufwand bzw. die Kosten dafür sicherlich einer näheren Abwägung unterzogen werden sollten.

Eine Korrelation der Existenz eines schriftlichen Vertrages mit dem Erfolg der Kooperation zeigt jedoch, dass Kooperationen erfolgreicher sind, wenn ein schriftlicher Vertrag vorliegt. Eine Standardisierung der vertraglichen Rahmenbedingungen sollte daher als potenzieller Erfolgsfaktor in die Ausgestaltung der Kooperation miteinbezogen werden

Kooperationsform Bei der Wahl der Kooperationsform zeigen sich innerhalb der zwei Gruppen mehrere kleine Unterschiede, wie in Abb. 8.9 deutlich wird. Bei den Start-up-Unternehmen werden mit jeweils 28 Prozent die Interessengemeinschaft und die strategische Allianz am häufigsten gewählt, wobei sich die Mittelständler

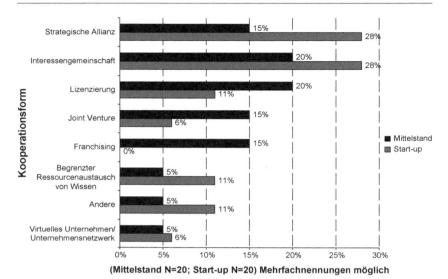

Abb. 8.9   Wahl der Kooperationsform im Vergleich. (Eigene Darstellung)

mit jeweils 20 Prozent auch für die Interessengemeinschaft, dann aber jedoch eher für eine Lizenzierung entscheiden. Letztere Kooperationsform findet mit elf Prozent bei den Start-up-Unternehmen nur mindere Zustimmung und teilt sich die Prozentzahl mit dem begrenzten Ressourcenaustausch und anderen Formen der Kooperation. Die mittelständischen Unternehmen hingegen sehen vielmehr die strategische Allianz, ein Joint Venture und das Franchising mit jeweils 15 Prozent der Nennungen als weiterhin relevant an. Überraschend, aber sehr deutlich, fällt die Meinung der Start-up-Unternehmen zum Thema Franchising aus, welches mit keiner einzigen Nennung deutlich abgelehnt wird.

Integrationsgrad Bei der Frage nach dem Integrationsgrad zeigt sich ein weitgehend harmonisches Bild der Antworten (siehe Abb. 8.10). Seitens des Start-ups wird mit 57 Prozent der Nennungen die vollkommene Autonomie beider Partner favorisiert, die Mittelständler hingegen wählten diese Antwortmöglichkeit mit lediglich 38 Prozent. Mittelständler tendieren mit 46 Prozent mehr zu einer weitestgehend vorherrschenden Autonomie beider Partner, was wiederum 43 Prozent der Start-up-Unternehmen auch akzeptieren. Die Option, dass das Start-up teilweise in das mittelständische Unternehmen integriert wird, wurde lediglich von 16 Prozent der Mittelständler befürwortet. Für die Start-up-Unternehmen scheint eine teilweise oder vollständige Integration nicht in frage zu kommen.

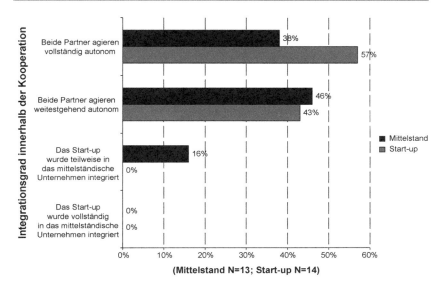

Abb. 8.10   Integrationsgrad innerhalb der Kooperation im Vergleich. (Eigene Darstellung)

Beteiligungen der Unternehmensbereiche Neben der Motivlage lassen sich auch hinsichtlich der an der Kooperation beteiligten Unternehmensbereiche Unterschiede und Gemeinsamkeiten zwischen Start-up-Unternehmen und Mittelständlern hervorheben (grafisch zu entnehmen aus Abb. 8.11).

Die obige Abbildung verdeutlicht, dass Start-up-Unternehmen mit 100 Prozent Nennungen vor allem die Beteiligung externer Akteure an der Kooperation anführen. Die Beteiligung dieser führen jedoch nur 67 Prozent der Mittelständler an. Diese Kontrastierung kann jedoch relativiert werden, zumal die externen Akteure ausdrücklich keine federführende Rolle unter den Start-up-Unternehmen einnehmen, sondern hauptsächlich mitwirkend agieren.

Weiterhin zeigt sich, dass das Marketing im Start-up-Unternehmen mit 90 Prozent eine höhere Beteiligung an der Kooperation verzeichnet, als im Mittelstand. Stattdessen weist die Controllingabteilung in mittelständischen Unternehmen mit 86 Prozent Nennungen eine höhere Involvierung innerhalb der Kooperation auf, als bei den Start-up-Unternehmen. Dies lässt vermuten, dass Mittelständler eher dazu neigen, etablierte Instrumente zur Sicherstellung der Zielerreichung einzusetzen, als Start-up-Unternehmen. Auch bleibt zu bezweifeln, ob jedes Start-up größenbedingt überhaupt eine eigene Controlling-Abteilung besitzt. Diesbezüglich zeigt sich jedoch eine gleichermaßen hohe Eingebundenheit des Top-Managements im Kooperationsvorhaben beider Unternehmen. Hier könnte ggf. das

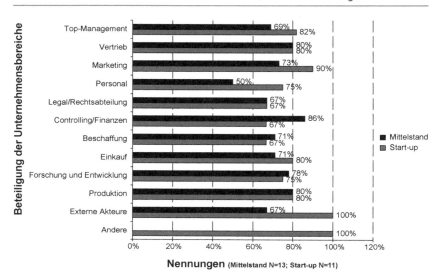

Abb. 8.11 Beteiligung der Unternehmensbereiche im Vergleich. (Eigene Darstellung)

Top-Management des Start-ups gleichzeitig die Obhut über die Nutzung von Controlling-Instrumenten innehaben.

Weitere Übereinstimmungen zwischen beiden Unternehmenstypen zeigen sich ferner hinsichtlich der generellen Beteiligung der Bereiche Vertrieb, Forschung und Entwicklung, Produktion sowie der Rechtsabteilung. Das austarierte Beteiligungsverhältnis dieser operativen Bereiche lässt analog vermuten, dass die jeweiligen Bereiche der Kooperationsunternehmen mit fast identischer Intensität in die Kooperation eingebunden werden und kein Ungleichgewicht herrscht.

Bei Betrachtung der federführend an der Kooperation involvierten Bereiche zeigt sich jedoch deutlich, dass der Bereich Forschung und Entwicklung mit 63 Prozent der Nennungen für Start-up-Unternehmen bedeutsamer ist, als für Mittelständler (elf Prozent federführend). Dies deckt sich wiederum mit den Erkenntnissen aus der vorangegangenen Diskussion, sodass mittelständische Unternehmen von der Innovationskraft und der Technologie der Start-up-Unternehmen profitieren möchten. Die mitunter hohe Beteiligung der Marketingabteilung in mittelständischen Unternehmen hingegen deutet an, dass Start-up-Unternehmen die Kanäle des Mittelständlers nutzen, um neue Kunden zu gewinnen, gemeinsam mit dem Kooperationsunternehmen neue Märkte zu erschließen und sich am Markt etablieren zu können.

Zielverfolgung Gemäß Abb. 8.12 stehen Strategieziele in einem Vergleich eindeutig vor den operativen Zielen. Mittelständische Unternehmen stellen mit 18 Prozent kundenorientierte Ziele in den Vordergrund, gefolgt von eher intern orientierten Innovations- und Strategiezielen mit jeweils 16 Prozent. Für Start-up-Unternehmen zeichnet sich eine Hierarchie ab, die die finanziellen Ziele mit 24 Prozent in den Vordergrund stellt, gefolgt von den kundenorientierten Zielen mit 22 Prozent. Nichtsdestotrotz nehmen innovations- und strategieorientierte Zielsetzungen, analog zu den Mittelständlern unter den befragten Start-up-Unternehmen eine wichtige Rolle ein.

Grundsätzliche Einigkeit besteht auch in der nachrangigen Bedeutung von ressourcen-, ökologie-, mitarbeiter-, organisations- und kulturorientierten Zielen für beide Betriebstypen. Diese Ziele scheinen innerhalb der Kooperation nur vage wahrgenommen und verfolgt zu werden. Dennoch werden sie durch das Kooperationsvorhaben mitunter stark beeinflusst.[1] Es lässt sich jedoch an dieser Stelle vermerken, dass Kooperationen dieser Art meist eine gewisse Relevanz für das

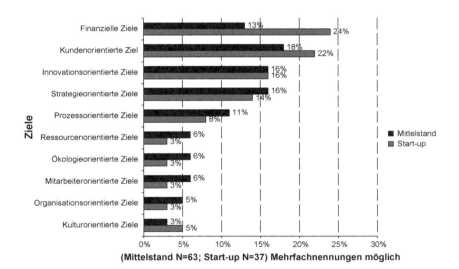

Abb. 8.12 Verfolgte Ziele im Vergleich. (Eigene Darstellung)

---

[1] Vgl. hierzu die Ausführungen zu der Einflussnahme der Kooperation auf unternehmenseigene Erfolgsfaktoren in Abschn. 4.8.8.

Kerngeschäft aufweisen. Um in beiden Unternehmenstypen die Kernaktivitäten voranzutreiben, erscheint es sinnvoll, sich an den Kundenwünschen zu orientieren und zu versuchen, strategisch und auf innovativem Weg das Kooperationsvorhaben aufzubauen und umzusetzen. Der vormals genannte eher hohe Formalisierungsgrad dieser Kooperationen, z. B. in Form von der Wichtigkeit schriftlicher Verträge, schlägt sich indes auch in der strategischen Zielumsetzung nieder.

Häufigkeit der Kommunikation Hinsichtlich der Häufigkeit der Kommunikation, lässt sich Abb. 8.13 entnehmen, dass sich eine leicht abweichende Einschätzung der beiden befragten Gruppen ergibt. Während mehr als die Hälfte der Start-up-Unternehmen einmal pro Monat kommunizieren, steht ein regelmäßiger Austausch mehrmals pro Woche für die Mittelständler im Vordergrund. Aufgrund der angenommenen starren Strukturen in mittelständischen Unternehmen ist es etwas überraschend, dass sogar 15 Prozent einen täglichen Austausch als sinnvoll erachten und lediglich weitere 15 Prozent ein Austausch mehrmals pro Monat genügt. Start-up-Unternehmen geben mit 23 Prozent an, eine flexible Ausgestaltung der Kommunikation zu bevorzugen, wobei sich die Frequenz anhand des bestehenden Kommunikationsbedarfes determiniert. Betrachtet man an dieser Stelle zusätzlich die favorisierte Art der Kommunikation, so wird deutlich, dass für Mittelständler persönliche Treffen einmal pro Monat oder Telefongespräche

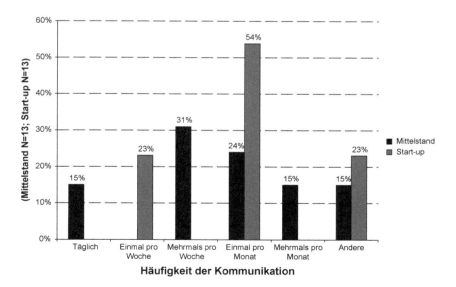

Abb. 8.13 Häufigkeit der Kommunikation im Vergleich. (Eigene Darstellung)

mehrmals pro Woche ausreichend sind. Die Absprache mittels moderner, webbasierter Informations- und Kommunikationskanäle genügt den Start-ups und gestaltet sich je nach Bedarf einmal wöchentlich oder monatlich.

Erfüllung von Nutzenaspekten Weiterhin zeigen die nachfolgenden Ergebnisse Unterschiede und Gemeinsamkeiten in der Erfüllung von Nutzenaspekten zwischen Mittelständlern und Start-up-Unternehmen, weshalb auch hier eine Kontrastierung durchgeführt wurde und als nachfolgende Diskussionsbasis fungiert (siehe grafische Darstellung in Abb. 8.14).

Der größte Unterschied bei der Erfüllung von Nutzenaspekten zeigt sich bezüglich des Flexibilitätszuwachses am Markt. Ebendiesen Nutzenaspekt sehen 80 Prozent der Mittelständler, allerdings nur 25 Prozent der Start-ups als erfüllt an. Zu relativ gleichen Anteilen geben die befragten Unternehmen an, dass sie Anstöße zur Erneuerung des Geschäftsmodells (Mittelstand 70 Prozent, Start-ups 75 Prozent) sowie innovative Denkanstöße (Mittelstand 82 Prozent, Start-ups 85 Prozent) durch die Kooperation erhalten haben. Wettbewerbsvorteile konnten beide Parteien realisieren, wobei Mittelständler mit 80 Prozent womöglich wesentlich mehr von den innovativen Einflüssen profitiert haben, als dies für Start-up-Unternehmen mit 54 Prozent der Fall ist. Überraschend ist das Ergebnis bei der Frage nach dem Ausbau des bisherigen Netzwerkes, da sich aus der Literatur eher

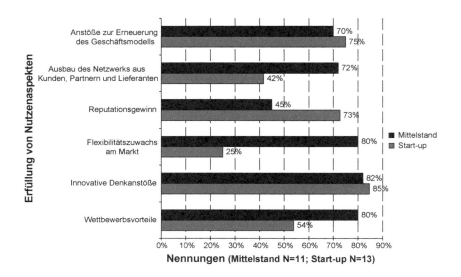

Abb. 8.14 Erfüllung von Nutzenaspekten im Vergleich. (Eigene Darstellung)

ableitet, dass der Mittelständler aufgrund seiner Historizität und Etabliertheit am Markt ein größeres Netzwerk besitzt, als Start-up-Unternehmen. Jedoch können Mittelständler mithilfe der Kooperation zu 72 Prozent ihr Netzwerk im Vergleich zu den Start-ups (42 Prozent) deutlich stärker ausbauen.

Unter Rückgriff auf die vormals genannten Motive zur Kooperationsentscheidung, kann zumindest für beide Seiten davon ausgegangen werden, dass sich die anfangs noch angestrebten Motive zumeist in Nutzenpotenziale umgewandelt haben, die wiederum in eine Erfolgsbetrachtung mit einfließen. So profitieren Start-up-Unternehmen kooperationsbedingt von der Reputation des Mittelständlers und Mittelständler im Gegenzug von dem Flexibilitätszuwachs am Markt. Allerdings implizieren die Angaben zur Zufriedenheit mit der Kooperation, dass die Start-ups im Vergleich zum Mittelstand eher Schwierigkeiten bei der Umsetzung von Nutzungspotenzialen haben.

Gründe für das Scheitern von Kooperationen Neben den obig diskutierten Nutzenpotenzialen, wurden ebenfalls die Aussagen hinsichtlich der Gründe für das Scheitern von Kooperationen unternehmenstypenspezifisch kontrastiert, um hierauf aufbauend eine Diskussion zu ermöglichen (siehe Abb. 8.15).

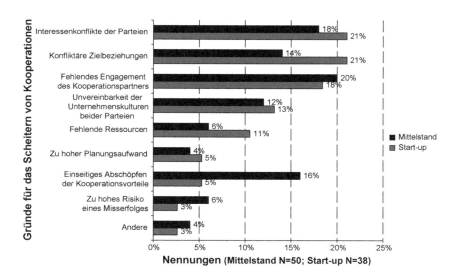

Abb. 8.15 Gründe für das Scheitern im Vergleich. (Eigene Darstellung)

Die Gründe für das Scheitern von Kooperationen sind vielfältig. 16 Prozent der respondierenden Mittelständler führen das Scheitern einer solchen Kooperation auf das einseitige Abschöpfen der Kooperationsvorteile zurück. Dieser Meinung schließen sich lediglich fünf Prozent der Start-up-Unternehmen an, was verwunderlich scheint, zumal den Start-up-Unternehmen eine geringere Verhandlungsmacht attestiert wird. Aus Sicht der Start-ups liegen die Gründe hierfür vielmehr in Interessenkonflikten der Parteien und konfliktären Zielbeziehungen mit jeweils 21 Prozent der Nennungen. Misserfolgspotenzial bergen auch ein fehlendes Engagement der Kooperationspartner mit 18 Prozent oder die Unvereinbarkeit der Unternehmenskulturen mit weiteren 13 Prozent. Mittelständler sehen das fehlende Engagement mit 20 Prozent und mögliche Interessenkonflikte ebenfalls als Scheiterungsquellen.

Was jedoch beidseitig kaum als Potenzial für das Scheitern einer solchen Kooperation angesehen wird, sind fehlende Ressourcen, ein zu hoher Planungsaufwand und das zu hohe Risiko eines Misserfolges. Diese Einstellung deutet darauf hin, dass die Nutzenpotenziale einer solchen Kooperation deutlich überwiegen und sich zumindest ein experimenteller Anlauf lohnt, da sich sowohl das Risiko, die Kosten als auch der planerische Aufwand meist in Grenzen halten.

Rückblickende Zufriedenheit mit der Kooperation Im letzten Abschnitt der Umfrage wurde die Frage nach der rückblickenden Zufriedenheit mit der Kooperation gestellt, um eine allgemeine Grundstimmung unter den Befragten ziehen zu können. Die Ergebnisse werden in Abb. 8.16 grafisch kontrastiert. Unter den mittelständischen Unternehmen zeichnete sich ein relativ positives Bild zur Zufriedenheit ab. Jeweils 36 Prozent der befragten gaben an, rückblickend eher oder sehr zufrieden zu sein. Die Start-up-Unternehmen antworteten zu lediglich 23 Prozent mit sehr zufrieden und 31 Prozent eher zufrieden, was auf eine etwas verhaltene Stimmung im Rahmen der Zufriedenheit hindeutet.

Überraschend ist die Tatsache, dass die Mehrheit der Start-up-Unternehmen mit 38 Prozent die Frage mit eher unzufrieden beantworten. Ebenfalls acht Prozent gaben an, sogar sehr unzufrieden mit der Kooperation zu sein. Dies deutet darauf hin, dass sich die Bedenken, die mit der Frage nach den Gründen für ein Scheitern abgefragt wurden, eventuell bewahrheitet haben. Diesbezüglich scheint das einseitige Abschöpfen von Vorteilen oder mögliche Interessenskonflikte eine wichtige Rolle zu spielen, dahingehend, dass Mittelständler letztlich aufgrund Ihrer natürlichen Strukturen eventuell mehr Verhandlungsmacht besitzen, als dies bei den Start-up-Unternehmen der Fall ist. Um diesem Phänomen in Zukunft entgegenzuwirken

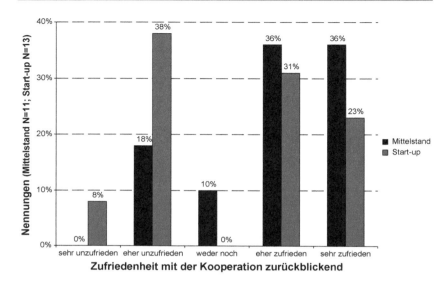

Abb. 8.16   Zufriedenheit der Kooperation im Vergleich. (Eigene Darstellung)

bzw. die Zufriedenheit der Start-up-Unternehmen zu erhöhen, wären Maßnahmen wie ein höherer Formalisierungsgrad, eine stärkere schriftliche Fixierung und eine stärkere Fokussierung auf die gegenseitige Zusammenarbeit auf Augenhöhe. Schließlich ist es essenziell, eine Balance der Anforderungen und Bedürfnisse beider Seiten zu fördern.

Umsetzung von Wettbewerbsvorteilen   Hinsichtlich der Umsetzung von Wettbewerbsvorteilen zeigt sich ein relativ kontrastiertes Bild in Abb. 8.17. 50 Prozent der Start-up-Unternehmen geben an, eher stark Wettbewerbsvorteile umgesetzt zu haben. Vergleichsweise gering ist die Resonanz seitens der Mittelständler, bei denen lediglich 18 Prozent dieselbe Angabe tätigten. Stattdessen zeigt die Ergebnisdarstellung, dass Mittelständler vor allem sehr stark mit 27 Prozent oder mittelmäßig mit 46 Prozent Nennungen Wettbewerbsvorteile umsetzen konnten. Unter den Start-up-Unternehmen konnten lediglich neun Prozent sehr stark Wettbewerbsvorteile implementieren, wobei dies für acht Prozent der Teilnehmer gar nicht realisierbar war. Dennoch belegt diese Gesamtbetrachtung, dass Kooperationsformierungen sowohl Mittelständlern als auch Start-up-Unternehmen grundsätzlich dazu verhelfen können, Wettbewerbsvorteile erfolgreich umsetzen zu können. Diese

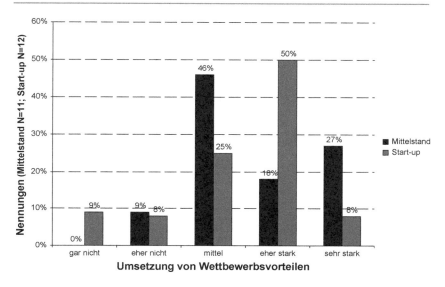

Abb. 8.17   Umsetzung von Wettbewerbsvorteilen im Vergleich. (Eigene Darstellung)

These wird durch die Tatsache gestützt, dass vergleichsweise wenige Probanden (jeweils acht respektive neun Prozent) angeben, gar keine oder eher keine Wettbewerbsvorteile durch die Kooperation umgesetzt zu haben.

Neigungen zu zukünftigen Kooperationsbildungen Anschließend an die Eruierung der Umsetzung von Wettbewerbsvorteilen bieten die Angaben zur Neigung gegenüber zukünftigen Kooperationsbildungen eine geeignete Basis für die Bildung von Kontrasten zwischen beiden Unternehmenstypen.

Die Auswertung in Abb. 8.18 verdeutlicht, dass alle befragten Unternehmen hinsichtlich der Bildung zukünftiger Kooperationen sehr positiv eingestellt sind. Jeweils knapp die Hälfte der Start-ups und der mittelständischen Unternehmen zeigt eine teilweise bzw. völlige Zuneigung gegenüber zukünftigen Kooperationsvorhaben. Mit jeweils knapp sieben Prozent ist nur eine Minderheit neutral aufgestellt. Dieses Ergebnis ist vor allem für die Gruppe der befragten Start-ups ein wenig überraschend, zumal die Frage nach der rückblickenden Zufriedenheit mitunter eher negativ beantwortet wurde. Dies wiederum scheint die Aussicht auf zukünftige Kooperationen nicht zu trügen, was zugleich die für Start-ups charakteristische und oftmals attribuierte Experimentierfreudigkeit sowie Risikobereitschaft

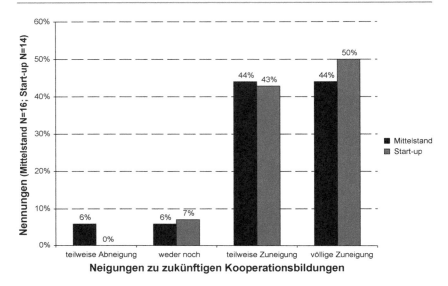

Abb. 8.18 Neigungen zu zukünftigen Kooperationsbildungen im Vergleich. (Eigene Darstellung)

unterstreicht. Unter den Mittelständlern lehnen lediglich sechs Prozent zukünftige Kooperationen tendenziell ab, was schlussfolgern lässt, dass Mittelständler vergleichsweise risikoaverser agieren, sodass ein etwaig entstandener negativer Beigeschmack innerhalb eines Kooperationsvorhabens die Einstellung hinsichtlich Kooperationen eher nachhaltiger beeinflussen kann.

Qualitative Erhebung

Im nachfolgenden Kapitel werden die Forschungsergebnisse im Rahmen von Fallstudien, separiert nach Art der Kooperation, im Detail vorgestellt. Grundsätzlich gilt, dass die Ergebnisse der qualitativen Erhebung der Validierung der Forschungsresultate aus der quantitativen Studie dienen sollen. Mithilfe der durchgeführten Interviews und der Darstellung der Ergebnisse in Form von kurzen Fallstudien, lassen sich tiefgreifende Einblicke in explizite Fragestellungen gewinnen und zudem speziell auf die Unternehmen zugeschnittene Lösungsansätze in kooperationsbasierten Fragestellungen erreichen. Dabei werden vordergründig der Prozess, die Ausgestaltung sowie branchen- und firmenspezifische Charakteristika der Kooperation im Detail besprochen und paradigmatisch in Case studies beleuchtet. Die insgesamt 13 Fallstudien geben damit einen breiten Einblick in die Kooperationsaktivitäten der Start-ups und mittelständischen Unternehmen.

9.1   Forschungsdesign

Die Thematik um Kooperationen zwischen Mittelständlern und Start-up-Unternehmen weist einen Mangel an theoretischen und empirischen Erkenntnissen auf. Aus diesem Grund stehen insbesondere die Fragen nach der Art und Weise und den Gründen im Vordergrund der Untersuchung. In diesem Zusammenhang ist die Entscheidung für offene Fragestellungen von großer Bedeutung, denn während geschlossene Fragebögen das Untersuchungsfeld eventuell zu stark eingrenzen könnten, erlauben offene Fragestellungen den Zugang zu einem weiten Themenfeld und dem Nachfragen seitens der Untersuchungsteilnehmer.

Die skizzierte Forschungssituation verlangt Einblicke in die spezifischen Kausalstrukturen verschiedenartiger Kooperationsgestaltungen, welche durch standardisierte Fragebögen kaum zugänglich sind. Deshalb muss ein Forschungsansatz

© Springer Fachmedien Wiesbaden GmbH, ein Teil von Springer Nature 2018   227
W. Becker et al., *Kooperationen zwischen Mittelstand und Start-up-Unternehmen*,
Management und Controlling im Mittelstand,
https://doi.org/10.1007/978-3-658-19646-2_9

Verwendung finden, welcher einerseits die für die quantitative Analyse notwendige Tiefe bietet und andererseits hinreichend flexibel und offen ist, um die Auswertung verschiedener Tendenzen innerhalb des untersuchten Bereichs zu ermöglichen. Der qualitative Forschungsansatz nach Bortz und Döring (vgl. Bortz und Döring 2002, S. 295 ff.) erfüllt diese Anforderungen und gilt daher als besonders geeignet.

Im Rahmen des qualitativen Forschungsansatzes werden verbale Daten interpretativ verarbeitet (vgl. Bortz und Döring 2002, S. 274) und das Verstehen von komplexen Zusammenhängen steht im Vordergrund (vgl. Flick und von Kardorff 2007, S. 23). Die qualitative Forschung widmet sich einer genauen Beschreibung des Forschungsgegenstands und berücksichtigt dabei „die Sichtweisen der beteiligten Subjekte, die subjektiven und sozialen Konstruktionen." (Flick und von Kardorff 2007, S. 17).

Für die Datenerhebung seitens des EFAM wird das Forschungsdesign der Fallstudie (vgl. Zaugg 2006, S. 13) zugrunde gelegt, weil sich dieses insbesondere für bisher noch wenig bearbeitete Fragestellungen eignet (vgl. Eisenhardt 1989, S. 548 f.). Unter einer Fallstudie ist nach Yin eine Art der empirischen Untersuchung zu verstehen, bei der ein Phänomen oder Konstrukt in seinem natürlichen Kontext untersucht wird (vgl. Yin 2003, S. 12 ff.). Fallstudien besitzen gegenüber anderen Forschungsmethoden den Vorteil, ein besseres Verständnis relevanter Zusammenhänge herbeizuführen und führen somit zur Klärung des untersuchten Phänomens.

Yin unterscheidet in Abhängigkeit von der Fallanzahl und den Analyseeinheiten zwischen vier unterschiedlichen Forschungsdesigns für Fallstudien. Für die vorliegende Untersuchung wird die multiple Fallstudie mit eingebetteten Analyseeinheiten herangezogen (vgl. Yin 2003, S. 51). Auf diese Weise werden nicht nur einzelne Fälle konkret analysiert, sondern auch fallübergreifende Gemeinsamkeiten und Unterschiede herausgearbeitet.

Das methodische Vorgehen der Untersuchung orientiert sich an der bei Eisenhardt dargestellten Methode zur Ableitung theoretischer Erkenntnisse aus Fallstudien. Innerhalb der ersten Untersuchungsphase wird das Betrachtungsobjekt des Mittelstands, der Start-up-Unternehmen und der Kooperationen eingegrenzt und anschließend auf die Forschung zum Akquisitionsprozess übertragen. Auf diese Weise können erste Erkenntnisse zu Kooperationen zwischen Mittelständlern und Start-up-Unternehmen generiert werden. Die zweite Phase der Untersuchung beinhaltet die Auswahl geeigneter Unternehmen für die Befragung. Eine theoretisch begründete Auswahl der Interviewpartner ist hierbei besonders wichtig, um die Reliabilität und Validität der Untersuchung sicherzustellen. Innerhalb der dritten Phase erfolgen die Durchführung der explorativen Interviews und die Datenauswertung. Im Rahmen der vierten Phase werden die gewonnen Erkenntnisse auf deren Verifikation geprüft. Am Ende der Untersuchung steht die Generierung von

Thesen auf Basis der durchgeführten Interviews und deren Abgleich mit bestehenden wissenschaftlichen Theorien und empirischen Erkenntnissen.

Abb. 9.1 veranschaulicht die Vorgehensweise der zugrunde liegenden Fallstudienuntersuchung in Anlehnung an Eisenhardt.

Hinsichtlich der optimalen Anzahl der zu untersuchenden Fälle empfiehlt Eisenhardt aus Komplexitätsgründen eine Fallzahl von vier bis zehn Fallstudien (vgl. Eisenhardt 1989, S. 545). Dieser Empfehlung wird jedoch nicht gefolgt, sodass die Anzahl bewusst überschritten wird. Ziel ist es, ein möglichst umfassendes Bild zum Thema Kooperationen zwischen mittelständischen und Start-up-Unternehmen zu erlangen.

Innerhalb des Forschungsdesigns der Fallstudie wird von Yin das Interview als eine geeignete Datenquelle genannt. Peräkyla verweist in diesem Zusammenhang auf den Vorteil subjektive Zusammenhänge erschließen zu können (vgl. Peräkyla 2005, S. 869).

Das problemzentrierte Interview stellt eine Spezialform des Interviews dar, bei dem es sich um eine offene und mittels eines Interviewleitfadens halbstrukturierte Befragung handelt (vgl. hier und im Folgenden Mayring 2002, S. 50 f.). Diese

Abb. 9.1 Vorgehensweise in Fallstudienuntersuchungen. (In Anlehnung an Eisenhardt 1989, S. 545)

Art der Interviewführung ist mit dem Vorteil der Offenheit verbunden, sodass die „subjektiven Perspektiven und Deutungen" (Mayring 2002, S. 51) der Befragten erkannt werden können und sichergestellt wird, dass keine Unklarheiten seitens des Befragten bestehen. Aus diesen Gründen stützt sich die vorliegende Untersuchung auf das Erhebungsverfahren des problemzentrierten Interviews (vgl. hierzu Mayring 2002, S. 48 ff. sowie Hopf 2007, S. 349 ff.). Innerhalb dieser Interviewform werden induktive und deduktive Argumentationsschritte miteinander kombiniert, sodass Modifikationen der vom Forscher angewandten Theorien entstehen können (vgl. Lamnek 2005, S. 364). Somit lässt sich ein Zusammenhang zwischen dem problemzentrierten Interview und der von Becker propagierten Forschungskonzeption im Gegenstrom (vgl. Becker 1990, S. 296) erkennen.

Das Konzept der Forschung im Gegenstrom beruht auf der Synthese aus betriebswirtschaftlichen Theorien deduzierter und aus empirischen Erhebungen und Daten induktiv ermittelter Erkenntnisse (siehe Abb. 9.2). Im Ergebnis lassen sich Wissenszuwächse produzieren. Diese Vorgehensweise entspricht den Erwartungen einer Triangulation von Erkenntnissen aus verschiedenen Perspektiven seitens der Wissenschaftstheorie. Neben den verschiedenen Methoden der Datenerhebung bietet sich darüber hinaus die Anwendung verschiedener Ansätze der Dateninterpretation (vgl. Becker 1990, S. 296). Im Ergebnis soll ein möglichst geschlossenes Bild des Untersuchungsobjektes generiert werden.

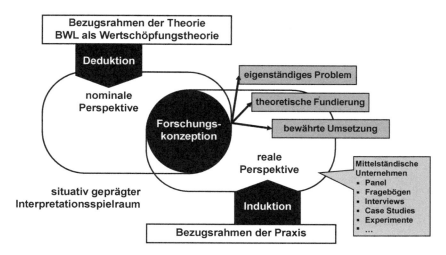

Abb. 9.2   Forschungskonzeption im Gegenstrom. (In Anlehnung an Becker 1990, S. 296)

Die Konstruktvalidität sowie die interne und externe Validität der Untersuchung wird einerseits durch eine Triangulation innerhalb der Fallstudien (bspw. durch Verwendung eines Interviewleitfadens) und andererseits zwischen den Fallstudien (bspw. durch Verwendung des gleichen Interviewleitfadens in allen Fallstudien) gesteigert. Darüber hinaus stellt die Wahl unterschiedlicher Erhebungsmethoden (bspw. Interviews, Dokumente, Beobachtungen, kommunikative Rückkopplung der Ergebnisse mit Interviewpartnern) die Validität sicher.

Die Datenerhebung mittels problemzentrierter Interviews gliedert sich in die Vorbereitung der Interviews, deren Durchführung sowie eine Nachbereitung der geführten Interviews.

Die Vorbereitung der Interviews umfasst die Auswahl geeigneter Probanden nach vorab definierten theoretischen Kriterien. Die Identifikation der Probanden erfolgte via Internetrecherche und den Kontakten des EFAMs. Zudem ergab sich aus der Umfrage heraus die Möglichkeit, sich als Experte für ein Interview zur Verfügung zu stellen. Es wurden somit 12.000 Unternehmen auf schriftlichem Weg über deren Interesse an der Durchführung eines Interviews zum Thema „Erfolgs-faktoren im Mittelstand – Geschäftsmodellinnovationen durch Kooperationen mit Start-ups" befragt.

Weiterhin wird für die Interviewdurchführung ein Interviewleitfaden jeweils separiert für Start-up und mittelständische Unternehmen entwickelt, welcher sich identisch der Online-Befragung aus sieben Themenbereichen zusammensetzt. Im ersten Abschnitt werden zunächst einige Angaben zur interviewten Person und dem Unternehmen abgefragt. Im Anschluss daran wird im zweiten Abschnitt der gegenwärtige Kooperationsstand des Unternehmens erfragt. In diesem Kontext konnten die Unternehmen ebenfalls klassifikatorische Angaben zu Ihrem Koope-rationsunternehmen tätigen, Motive für die Kooperation nennen sowie ggf. auf die Relevanz der Kooperation für Ihr Kerngeschäft eingehen.

Als nächstes werden im dritten Abschnitt Fragen zur Anbahnung und Initiie-rung der Kooperation gestellt. Der darauffolgende vierte Abschnitt wendet sich der Durchführung von Kooperationen zu. Danach wird im fünften Abschnitt auf die Ausstiegs- und Fortsetzungsszenarien eingegangen. Hieran anschließend beschäftigen sich der sechste Abschnitt mit der Selbst- und Fremdbildreflexion und der siebte Abschnitt mit der Erfolgsbeurteilung der Kooperation hinsichtlich des daraus generierten Unternehmensbeitrages. Abschließend gibt es die Gelegen-heit für eine Diskussion.

Der Interviewleitfaden der vorliegenden Studie enthält ebenfalls die konkreten Frageformulierungen. Allerdings fungierte dieser trotz seiner detaillierten Ausge-staltung lediglich als ein Orientierungsrahmen für das durchzuführende Interview. Je nach Gesprächssituation konnte jederzeit von diesem abgewichen werden.

Gemäß der Terminvereinbarung innerhalb der Vorbereitungszeit wurden alle Interviews direkt am Standort des Unternehmens geführt, in dem der Interviewpartner tätig ist. Bei der Durchführung der Interviews handelte es sich stets um persönliche Interviews. Anwesend waren neben dem Interviewpartner ein interviewender wissenschaftlicher Mitarbeiter des Europäischen Forschungsfelds für Angewandte Mittelstandsforschung oder der Hochschule Aalen, der das Transkript zum Interview durch persönliche Mitschriften erstellte. Hierbei gelten die Transkriptionsregeln der Handhabbarkeit und Lesbarkeit.

Bei der Transkription handelt es sich um eine Dokumentation mündlicher Kommunikationsprozesse im Rahmen wissenschaftlicher Untersuchungen (zur Vorgehensweise der Transkription vgl. Dittmar 2004). Alle Interviewpartner wurden zuvor hinsichtlich deren Einverständnis bzgl. einer Transkription befragt. Keiner der Interviewpartner lehnte eine Transkription ab. Die Transkription dient der schriftlichen Fixierung der getroffenen Aussagen und gewonnen Erkenntnisse. Dieses Gedächtnisprotokoll (vgl. Lamnek 2005, S. 616; Gläser und Laudel 2006, S. 157) wurde jedem der Befragten nach dem Interview zu dessen Freigabe vorgelegt. Sofern die interviewten Probanden ihr Einverständnis gaben, wurde das Gespräch zusätzlich durch Tonbandaufnahmen aufgezeichnet. Die Tonbandaufnahmen dienten dabei hauptsächlich der Überprüfung der Vollständigkeit der angefertigten Gedächtnisprotokolle.

Der Zeitrahmen eines jeden Interviews bewegte sich zwischen 60 und 120 Minuten. Aufgrund einer freien Gesprächsführung konnte die Interviewdauer vorab nicht genau festgelegt werden. Dies steht auch im Zusammenhang mit der verfolgten Zielstellung vom Kernthema abweichen und subjektive Kausalitäten erschließen zu können.

Während des Gesprächs liegt die Entscheidung beim Interviewer, ob alle Fragen hinreichend beantwortet sind oder weiterer Fragebedarf besteht. Darüber hinaus werden vom Interviewer gezielt Standardisierung, Kontrollfragen und/oder Verständnisfragen eingesetzt, bevor ein neues Themengebiet angesprochen wird. Während des gesamten Gesprächs lag der Interviewleitfaden sowohl dem Interviewer als auch dem Interviewten in ausgedruckter Form vor.

Die Interviews wurden im Zeitraum von Juli bis September 2016 durchgeführt. Nach Durchführung der Interviews wurden die bereits o. g. Transkripte der einzelnen Interviews angefertigt. Anschließend wurden diese an den jeweiligen Interviewpartner zur Durchsicht und Freigabe per E-Mail verschickt. Alle Unterlagen zu den Interviews unterliegen strengsten Anforderungen der Anonymisierung. Sie sind in den Räumlichkeiten des Europäischen Forschungsfelds für Angewandte Mittelstandsforschung an der Universität Bamberg unter Verschluss und für die Öffentlichkeit nicht zugänglich. Den Probanden wurde jeweils versichert, alle

Daten streng vertraulich zu behandeln und nur im Rahmen der hier vorliegenden Studie für Zwecke der wissenschaftlichen Auswertung zu nutzen.

Die Darstellung der Ergebnisse erfolgt auf deskriptiv-explorativer Basis. Diesbezüglich werden die einzelnen Fallstudien ganzheitlich beschrieben, sodass die Kontextbedingungen der von den Interviewpartnern beschriebenen Kooperationen erhalten bleiben, um hier gewinnbringende Einblicke generieren zu können.

Innerhalb der quantitativen Forschung haben sich Objektivität, Reliabilität und Validität als zentrale Gütekriterien etabliert. Allerdings sind diese Kriterien gemäß Steinke nicht auf die qualitative Forschung übertragbar, weil diese einen wesentlich geringeren Formalisierungsgrad und eine geringe Standardisierung aufweisen (vgl. Steinke 2007, S. 322 f.). Dies ist nicht gleichbedeutend mit einer Vernachlässigung von Gütekriterien. Im Gegenteil, Gütekriterien sind auch in der qualitativen Forschung von enormer Bedeutung. Zum einen soll einer Beliebigkeit und Willkürlichkeit innerhalb dieses Forschungsansatzes entgegengewirkt werden. Zum anderen drohen ohne Gütekriterien Anerkennungsprobleme qualitativer Forschungserkenntnisse außerhalb der eigenen wissenschaftlichen Gemeinschaft (vgl. Steinke 2007, S. 320).

Aufgrund der bereits angesprochenen geringen Formalisierbarkeit und Standardisierbarkeit der qualitativen Forschung empfiehlt Steinke einen universellen und allgemein verbindlichen Kriterienkatalog zu definieren, welcher unter Berücksichtigung der jeweiligen Spezifika des Forschungsfeldes und des Untersuchungsgegenstandes Anwendung findet. Folgende Gütekriterien werden vorgeschlagen: Intersubjektive Nachvollziehbarkeit, Indikation des Forschungsprozesses, empirische Verankerung, Limitation, Kohärenz, Relevanz sowie reflektierte Subjektivität (vgl. Steinke 2007, S. 323 f.).

Dem Gütekriterium der intersubjektiven Nachvollziehbarkeit wird im Rahmen der vorliegenden Untersuchung weitestgehend gefolgt. Es werden sowohl Erhebungsmethoden als auch Transkriptionsregeln und Informationsquellen der Studie offengelegt. Eine Einschränkung liegt innerhalb der Auswertungsmethoden vor. Die verwendeten Auswertungsmethoden selbst wurden im vorherigen Kapitel vorgestellt, allerdings sind die Transkripte aus Anonymisierungsgründen nicht zugänglich und somit keine Bewertung der zugrunde liegenden Interpretation der Daten möglich.

Das Gütekriterium der Indikation des Forschungsprozesses hinterfragt die Angemessenheit des gesamten Forschungsprozesses und wird von der Studie erfüllt. So legt die skizzierte Forschungssituation den qualitativen Zugang nahe und die Methodenwahl ist auf das Forschungsvorhaben abgestimmt. Darüber hinaus stellt die Datenquelle des Interviews ausreichend Raum für Äußerungen und Deutungen der Probanden zur Verfügung. Nicht zuletzt liegt der Erhebung auch ein Sampling der Probanden zugrunde, sodass insgesamt die Indikation des Forschungsprozesses gegeben ist.

Auch das Kriterium der empirischen Verankerung ist mit dem Einsatz der Grounded Theory als Auswertungsmethode erfüllt. Ebenfalls von Bedeutung ist in diesem Zusammenhang der Umgang mit Abweichungen. Abweichungen werden im Rahmen der Auswertungen aufgezeigt und kritisch diskutiert und wenn möglich mit Expertenmeinungen trianguliert und relativiert.

Das Forschungsvorhaben erfüllt weiterhin das Gütekriterium der Relevanz, da mittelständische und Start-up-Unternehmen aufgrund ihrer starken Wachstums- und Innovationskraft für die deutsche Volkswirtschaft von hoher Bedeutung sind. Die Charakterisierung der Probanden zeigt, dass die Größen-, Branchen-, Rechtsformverteilung, sowie die Standortzahl die Heterogenität der beiden Stichproben adäquat abbildet. Allerdings muss durch die Anwendung der Mittelstandsdefinition des EFAM darauf verwiesen werden, dass die Anwendbarkeit der Ergebnisse auf Deutschland limitiert ist. Im Ergebnis lässt sich feststellen, dass die vorliegende Untersuchung die Gütekriterien der qualitativen Forschung mit wenigen Einschränkungen erfüllt.

9.2   Ergebnisse der Experteninterviews

9.2.1   Fallstudie 1: Einblicke in die Kooperationsausgestaltung am Beispiel eines Marktforschungsunternehmens und einem Start-up aus dem Bereich Lokalisierung verschütteter Personen

Im Folgenden wird die Kooperation zwischen einem mittelständischen Unternehmen aus der Marktforschungsbranche und einem Start-up-Unternehmen aus der Software- und Technologieapplikation im Bereich des Wintersports beschrieben. Der Mittelständler ist auf die Messung von Kommunikationsleistungen beginnend beim Store bis hin zur Print- und TV-Werbung sowie Sponsoring spezialisiert. Der Tätigkeitsbereich umfasst ein Gebiet von insgesamt 31 Ländern innerhalb Europas. Das Unternehmen wurde im Jahr 1994 gegründet und hat mittlerweile rund 460 vollangestellte Mitarbeiter. Das kooperierende Start-up besteht seit Ende 2015 bzw. Anfang 2016. Thematisch passen die beiden Unternehmen insofern zusammen, dass das Mittelstandsunternehmen im Bereich der Preismarktforschung tätig ist, wohingegen das Start-up eigenständig nicht in der Lage wäre Marktforschung, in dem benötigten Maße zu betreiben. Daher ist eine Kooperation im Rahmen der Marktforschung, bzw. in der Unterstützung der Preisbildung, Wettbewerbsanalyse und Marktanalyse ein wichtiges Medium. Für das Mittelstandsunternehmen bietet die Zusammenarbeit die Chance, Zugang zu einem neuen Nischenmarkt zu erhalten, nämlich zur Outdoor- und Extremsportbranche, die bisher nicht im Zielgebiet des Mittelständlers stand. Hiermit lässt sich die Markterschließung und -durchdringung als ein wesentliches Motiv für die Kooperation festhalten.

Die Kooperation wurde im Mai 2016 initiiert und befand sich zum Zeitpunkt des Interviews (September 2016) noch in der Anbahnungsphase. Die Idee mit einem Start-up zu kooperieren entstand jedoch schon deutlich früher, ungefähr im September 2015. Der Kontakt wurde durch einen gemeinsamen Bekannten hergestellt und geht somit bei der Anbahnung auf das Motiv der persönlichen Kontakte zurück. An dieser Stelle kann angeführt werden, dass der verantwortliche Leiter dieser Kooperation von dieser Kooperationsidee nicht von Beginn an überzeugt war. Dies lag vorwiegend an der Tatsache, dass der Markt in dem das Start-up agiert, bisher noch Neuland für das mittelständische Unternehmen darstellte und daher das Risikopotenzial als vermeintlich hoch eingeschätzt wurde. Ausschlaggebend für die Entscheidung seien letztlich die persönliche Bindung und die solide Vertrauensbasis zwischen den Kooperationspartnern gewesen. An der Kooperation beteiligt sind auf seiten des Mittelstandsunternehmens hauptsächlich zwei Managing Partner, wobei einer der Manager noch keinen persönlichen Kontakt zum Kooperationsunternehmen hatte. Seitens des Start-ups ist primär der Business Leiter involviert. Zum gegenwärtigen Zeitpunkt werden weder eine Finanzabteilung noch technischer Support benötigt, da eine reine Konzeptionierung der zukünftigen Schritte und der generellen Zusammenarbeit in der jetzigen Phase im Vordergrund stehen.

Da das Start-up-Unternehmen eine andere Zielgruppe und damit auch einen anderen Zielmarkt bedient, ist die Kooperation wenig relevant für das eigentliche Kerngeschäft des Mittelständlers. Der Mehrwert wird vielmehr in Lerneffekten im Umgang mit kleinen und komplexen Nischenmärkten gesehen. Generell dient die Zusammenarbeit dazu Know-how weiterzuentwickeln, insbesondere in noch unbekannten Bereichen. Dadurch kann, laut Meinung des Managing Partners, auch durchaus ein Wettbewerbsvorteil entstehen.

Neben den Motiven Innovationsbereitschaft zu zeigen und sich Herausforderungen außerhalb der Kernkompetenzen zu stellen, ist ein weiteres Motiv zur Kooperationsentscheidung die Öffentlichkeitsarbeit. Dem Mittelstandsunternehmen ist es wichtig, unabhängig vom Erfolg der Zusammenarbeit, Vortragsmaterial zu erhalten und die Möglichkeit zu haben, in der Öffentlichkeit über die Kooperation zu sprechen. Weitere Motive sind der Ausbau des bisherigen Portfolios, die Markterweiterung bzw. -erschließung und die potenzielle Kundenbindung. Bei erfolgreicher Kooperation lassen sich neue Kontakte schließen und Netzwerke bilden, woraus sich bessere Verhandlungschancen im Rahmen einer Zusammenarbeit mit neuen oder bereits bestehenden Großkunden ergeben.

Vorteile liegen darüber hinaus in dem Gewinn neuer Impulse und Innovations-schübe, insbesondere hinsichtlich Projekt- und Produktinnovationen, was dazu beitragen könnte bestehende Abläufe zu optimieren. Eventuelle Nachteile für das Mittelstandsunternehmen können daraus resultieren, dass Arbeitszeit in die Koope-ration investiert werden muss, deren Erfolgsaussichten bisher aber nicht absehbar sind. Bei dem Produkt des beteiligten Kooperationspartners, dem Start-up, handelt es sich um ein Nischenprodukt, welches bisher noch nicht massentauglich ist. Der Markt ist somit vergleichsweise klein und auch die beantragten Patente für das neue Produkt sind noch nicht final erteilt worden. Das Start-up profitiert bei der Zusammenarbeit vorzugsweise vom Zugang zu neuen Märkten, der Erweiterung des eigenen Erfahrungshorizonts sowie von der Marktforschungsexpertise des Mit-telständlers. Die Marktforschung kann als zentraler Inputfaktor betrachtet werden, um das Produktdesign final und markttauglich zu entwickeln.

Rechte und Pflichten sollen in den kommenden, nachfolgenden Schritten in einem schriftlichen Rahmenvertrag festgehalten werden. Juristische Hilfe wird dafür nicht in Anspruch genommen, da das Mittelstandsunternehmen gegenwär-tig nicht monetär, sondern hauptsächlich Arbeitszeit in die Kooperation investiert. Für das Mittelstandsunternehmen ist es wichtig, die Rechte über die Auswertung und Verwendung der Daten aus der Kooperation zu behalten, was auch inkludiert, dass sowohl intern als auch extern über den Fortschritt und etwaige Ergebnisse berichtet werden kann. Weiterhin soll sichergestellt werden, dass sich das Start-up auch langfristig bei Aktivitäten rund um die Marktforschung an das Unternehmen wendet, wobei es dem Start-up freisteht, sich über die Marktpreise der Wettbewer-ber zu informieren. Es soll lediglich verhindert werden, dass zu Beginn viel Zeit und Geld investiert wird und sich das Start-up nach ersten Erfolgen für ein anderes Kooperationsunternehmen innerhalb der Branche entscheidet.

Pflicht des Start-ups ist es zu evaluieren, welche Daten verwendet werden dürfen. Ein Zugriff auf die internen Systeme des Mittelständlers soll nicht gewährt werden. Jegliche Verstöße würden das sofortige Ende der Zusammenarbeit bedeuten. Das Recht des Start-ups ist es, im Vorfeld zu klären, ob das Mittelstandsunternehmen die erforderlichen Produkttests und Befragungen überhaupt mit eigenen Ressour-cen durchführen kann. Sollten die Kosten für den Mittelständler die Erwartungen des Start-ups übersteigen, muss das Start-up diese selbst übernehmen. Andernfalls kann den Anforderungen nicht nachgekommen werden.

Da noch keine genauen Erwartungen hinsichtlich des Erfolgs des Start-ups kund-getan wurden, gibt es auch noch keine konkreten Kooperationsziele oder festgeleg-ten KPIs. Der zentrale Kern der Kooperation besteht darin eine sinnvolle Idee, und zwar die Vermarktung eines lebensrettenden Produkts, von der Ideenphase bis zum Rollout, zu unterstützen. Die Ziele werden allerdings in einem gemeinsamen Meeting noch näher definiert. Die Kommunikation verläuft hauptsächlich über Instant Messaging Systeme. Vertrauen und Kommunikation werden dabei von beiden Partnern grundsätzlich als sehr wichtig erachtet. Die größten Kostenfaktoren sind Entwicklungskosten (konkret Kosten für IT, Projektmanagement, Development sowie für Studien im Bereich Marktforschung) wie auch Reisekosten und Aufwendungen von firmeneigenen Ressourcen. Ein genaues Budget für die Kooperation kann jedoch nicht festgesetzt werden.

Bezüglich der Zufriedenheit mit der Kooperation gibt es unterschiedliche Meinungen. Zum einen herrscht große Zufriedenheit unter den Parteien, dass die Kooperation zustande gekommen ist und bisher auch gut anläuft, zum anderen jedoch kann bisher keine genaue Aussage über zukünftige Schritte oder Erfolgschancen getroffen werden, da die Zusammenarbeit noch in den Kinderschuhen steckt. Eine Fortsetzung der Zusammenarbeit wird dennoch beidseitig als sehr wahrscheinlich betrachtet. Darüber hinaus sind weitere Kooperationen mit anderen Start-up-Unternehmen seitens des Mittelständlers vorstellbar. Die Kooperation mit dem Start-up dient in erster Linie dazu, erste Erfahrungen mit dieser Art von Kooperationen zu sammeln.

Mögliche Gründe für ein Scheitern von Kooperationen können sein, dass das Geschäftsmodell oder die „menschliche Komponente" nicht passen und es somit zu zwischenmenschlichen Differenzen kommt. In anderen Fällen wird der Erfolg des Produkts falsch eingeschätzt bzw. meist überschätzt. Bei sich anbahnenden Kooperationen mit Start-ups ist es grundsätzlich wichtig, dass die Unternehmer zu 100 Prozent hinter ihren Produkten stehen. Problematisch kann es werden, wenn die Überzeugung der eigenen Leistung zu weit geht und Marktchancen unrealistisch eingeschätzt werden. Im Gegensatz zu Großunternehmen leiden Start-up-Unternehmen zudem oftmals unter der Problematik der fehlenden Reputation. Dafür sind Start-ups aber in der Regel deutlich agiler, flexibler und innovativer.

9.2.2 Fallstudie 2: Lose Marketingkooperation aus dem Heimbedarf

Nachfolgend wird die Kooperation zwischen einem Start-up-Unternehmen, welches im E-Commerce für Haushaltsgeräte tätig ist und sich noch in der Wachstumsphase befindet sowie einem Unternehmen aus der Bekleidungsbranche, welches Hemden vertreibt, beschrieben. Die Unternehmen passen thematisch gut zueinander, da beide mit ihren jeweiligen Produkten die gleiche Zielgruppe ansprechen und diese in denselben Ländern vertreiben. Die Produkte können demnach als Komplementärgüter betrachtet werden. Ziel der Kooperation aus Sicht des Start-ups ist es, den Umsatz der eigenen Produkte durch ausreichend Marketing im Zusammenhang mit dem Vertrieb der Produkte des Kooperationspartners zu steigern. Im Detail ist somit geplant, Flyer mit entsprechenden Werbebotschaften des Start-up-Unternehmens zu drucken und diese beim Verkauf der Hemden beizulegen. Mitunter lässt sich dies als Marketingaktion betiteln. Die Marketingkooperation befindet sich gegenwärtig noch in der Orientierungsphase und die geplante Marketingaktion hat noch nicht stattgefunden.

Initiiert wurde die Zusammenarbeit mittels einer Internetrecherche mit anschließender Kontaktierung des potenziellen Kooperationspartners durch das Start-up-Unternehmen. Zwischen Recherche und Kooperationsstart lag ein Zeitraum von ungefähr einem Jahr. Da die Kooperation ausschließlich dem Marketingzweck dient, ist die Zusammenarbeit lediglich für eine kurze Verweildauer angedacht. Deshalb wurde auch auf eine vertragliche Ausgestaltung der Rechte und Pflichten der Kooperationspartner verzichtet sowie keine expliziten, messbaren Kooperationsziele festgelegt. Aufgrund des fehlenden schriftlichen Vertrags ist gegenseitiges Vertrauen umso wichtiger. Die Kommunikation beschränkt sich auf Telefon- und E-Mailverkehr, wobei ein Austausch nur stattfindet, wenn es wesentliche Themen zu besprechen gibt. Das Start-up arbeitet vorwiegend mit der Marketingabteilung des Kooperationspartners zusammen, die Geschäftsführung ist dabei nicht involviert.

Der Vorteil aus der Kooperation für das Start-up-Unternehmen liegt darin, die eigene Zielgruppe über den Distributionskanal des Kooperationspartners zu erreichen. Damit wird ein bereits bestehender Vertriebsweg auf Vertrauensbasis genutzt. Durch die Weiterempfehlung des Start-ups durch das Kooperationsunternehmen werden bessere Marketingeffekte, insbesondere die Steigerung der Bekanntheit, erhofft. Nachteile werden im erhöhten Aufwand für Design und Druck der Flyer gesehen. Grundsätzlich wird dieser Kostenfaktor bzw. Nachteil jedoch als überschaubar eingeschätzt. Zu den Material- und Druckkosten kommt weiterhin der Kostenblock der Opportunitätskosten hinzu. Vorteile für den Kooperationspartner sind die Erlangung von Wettbewerbsvorteilen und positiven Imageeffekten durch Abgrenzung von der Konkurrenz, die durch die Weiterempfehlung der innovativen Produkte des Start-ups stattfindet. Daneben können Lern- und Erfahrungseffekte sowie Umsatzsteigerungen erwartet werden.

Gründe für das Scheitern von Kooperationen könnten darin liegen, dass bei ungleicher Größenordnung der Partner ein zu hoher einseitiger Aufwand besteht und eine Gleichberechtigung daher nicht mehr gegeben ist. Erfolgsfaktoren der Kooperation sind Umsatzsteigerungen sowie Lerneffekte für mögliche zukünftige

Kooperationen. Weiterhin sind Kooperationen aus Sicht des Start-ups generell eher unabhängig vom Betriebstyp zu betrachten. Wesentlich wichtigere Kriterien sind vielmehr die Geschäftsphilosophie, Strategie und die passende „Chemie" zwischen den Partnern.

9.2.3 Fallstudie 3: Erfahrungen in der Anbahnungsphase zwischen einem IT-Start-up und einem Mittelständler

Im Folgenden wird die Kooperation zwischen einem Start-up-Unternehmen aus der IT-Branche, aus dem Bereich der Kollaborationswerkzeuge und einem IT-Hardwarehersteller beschrieben. Das Start-up-Unternehmen befindet sich in der Wachstumsphase und vertreibt digitalen Kollaborationsraum, d. h. einen sicheren Ablageort für Unternehmensdokumente und -inhalte. Kunden sind neben Unternehmen auch Forschungsinstitutionen, öffentliche Einrichtungen und Universitäten. Da die Gewinnmargen bei dem Vertrieb von Hardware gegenwärtig rückläufig sind, orientiert sich das Kooperationsunternehmen verstärkt in Richtung Dienstleistungen und hat im Zuge dessen Kontakt zum Start-up-Unternehmen und zwei weiteren Cloud Service Anbietern aufgenommen. Überzeugt hat letztlich das hier beschriebene Start-up. Zwischen Anfrage und Kooperationsschluss lag ein Zeitraum von ca. zwei Monaten. Grundsätzlich wird eher das Start-up-Unternehmen über die Onlineplattformen von Interessenten kontaktiert. Das Start-up selbst versuchte darüber hinaus über Messeauftritte und per Post potenzielle Partner zu finden. Die Zusammenarbeit mit dem IT-Hardwarehersteller wird als sehr relevant für das Kerngeschäft des Start-ups eingeschätzt. Es handelt sich bei dieser expliziten Kooperation um eine der drei wichtigsten Kooperationen für das Start-up-Unternehmen.

Hauptmotive für die Zusammenarbeit sind gemeinsames Wachstum und die Fokussierung auf die Kernkompetenzen, also die Förderung der Software- und Serviceentwicklung. Zusätzlich soll der Vertrieb gemeinsam mit dem Partner durchgeführt und dessen bestehender Marktzugang genutzt werden. Marktanforderungen werden auf diese Weise gebündelt adressiert. Für das Start-up ist bei Kooperationen grundsätzlich wichtig, dass die Geschäftsmodelle zueinander passen, das Partnerunternehmen eine bestimmte Größe aufweist und Potenzial für signifikantes Umsatzwachstum gegeben ist. Die Branche hingegen ist weniger ausschlaggebend, wobei IT-Unternehmen im Allgemeinen von Vorteil sind.

Die Kooperation besteht in Form einer Lizenzierung, mit dem Zusatz, dass auch Anpassungen der Software angeboten werden. Dies führt dazu, dass daraus eine kontinuierliche Entwicklungspartnerschaft entsteht. Langfristig ist eine strategische Allianz die gegenwärtig favorisierte Option. Rechte und Pflichten der Partner sind in einem Standardlizenzvertrag des Start-up-Unternehmens geregelt. An der Kooperation beteiligt sind vorwiegend die jeweiligen Geschäftsführer im gegenseitigen Austausch. Marketing und Vertrieb liegen hingegen zurzeit lediglich in der Verantwortung des Kooperationsunternehmens. Im Rahmen der Zusammenarbeit wurden für die kommenden zwei Jahre konkrete Ziele hinsichtlich der Neukundengewinnung festgelegt. Zusätzlich werden komplementäre Zielbeziehungen mit einem gemeinsamen Business Plan gefördert. Vertrauen und regelmäßige Kommunikation werden in dieser Kooperation von beiden Partnern grundsätzlich als sehr wichtig erachtet. Deshalb finden wöchentliche Telefonkonferenzen zwischen den Partnern statt. Eine solide Vertrauensbasis allein reicht beiden Parteien für diese Art der Kooperation nicht aus, weshalb ein hoher Wert auf die vertragliche Ausgestaltung gelegt wird.

Die potenziellen Vorteile für das Start-up-Unternehmen, die sich aus dieser Kooperation ergeben sind die Umsatzerhöhung, eine Weiterentwicklung des Produkts, die Fokussierung auf Kernkompetenzen sowie die Möglichkeit, stark von der Erfahrung des Partners zu profitieren. Gegenwärtig liegt der Nutzen für das Start-up-Unternehmen jedoch in Innovationsimpulsen und Erweiterungsaufträgen. Von der Marke und dem positiven Image des Mittelständlers konnten bisher noch keine sichtbaren Vorteile erschlossen werden und es haben sich auch noch keine finanziellen Vorteile für das Start-up ergeben, da das Investment momentan noch anläuft. Genannte Nachteile sind die Fokussierung auf einen großen Partner und die damit verbundene starre Bindung und Abhängigkeit von diesem einen Partner. Vorteile für das Partnerunternehmen liegen in der Umsatzsteigerung und Diversifikation sowie im Zugang zu neuen Technologien aus dem innovativen Start-up Umfeld. Nachteile bestehen im technischen Risiko sowie in der Problematik, dass bei der Zusammenarbeit mit einem Start-up möglicherweise keine hundertprozentige Anbietersicherheit gegeben ist.

Zu den größten Kostenfaktoren für das Start-up zählen Vertrieb- und Marketingkosten, die Erweiterung der Software, die Softwarelizenzen von Drittanbietern sowie Personalkosten für den Support. Das Kooperationsunternehmen hat vorwiegend Kosten im Bereich Personal, in der Technik sowie im Vertrieb und Marketing (geschätzt werden diese auf 50.000 bis 80.000 Euro) und für Softwareentwicklung (ca. 17.000 Euro). Hinzu kommen Infrastrukturkosten, die nicht zu unterschätzen sind. Das Budget für die Kooperation betrug in den ersten sechs bis acht Monaten für beide Partner jeweils ca. 65.000 Euro.

Die Erfolgsfaktoren für die Kooperation sind zum einen die Anzahl und die Qualität der generierten Produkte sowie die Umsatzsteigerung. Zum anderen liegt der Erfolg im Aufbau einer Vertrauensbasis sowie in der strategischen Komponente, den Mittelstand mit innovativen Lösungen zu unterstützen, die zur Digitalisierung beitragen. Als weniger ausschlaggebend wird die Anzahl der generierten Patente sowie Wachstum erachtet. Grundsätzlich wird die Umsetzung von Wettbewerbsvorteilen verfolgt, insbesondere hinsichtlich der Erreichung von Kunden durch Multiplikatoreffekte. Die Produktentwicklung soll grundlegend in einem stark umkämpften Markt zu einem technischen Wettbewerbsvorteil beitragen. Ein weiterer Wettbewerbsvorteil liegt darin, dass kein ausländischer, institutioneller Investor involviert ist, was bei potenziellen Problemen zu Auflösungserscheinungen führen kann, wie es bereits bei Wettbewerbern der Fall war. Die Kooperation hat auf das Geschäftsmodell des Start-up-Unternehmens insofern Auswirkungen, als dass es die Strategie des Unternehmens bestätigt sich konsequent auf das indirekte Vertriebsmodell zunächst im Inland zu fokussieren und dieses anschließend für andere Länder zu replizieren.

Bei beiden Partnern besteht bis zum jetzigen Zeitpunkt generell große Zufriedenheit mit dem gesamten Verlauf der Kooperation. Dies zeigt sich mit einer hundertprozentigen Zustimmung bei der Frage nach der Erfüllung der Erwartungen. Es konnte jedoch trotz großer Zufriedenheit noch nicht endgültig bestätigt werden, ob die Kooperation langfristig Bestand hat. Vierteljährlich wird die Entwicklung der Zahlen überprüft, um anschließend eine Entscheidung über mögliche Anpassungen und Maßnahmenpakete treffen zu können. Die Wahrscheinlichkeit, dass die Kooperation weiter fortgeführt wird, ist jedoch sehr hoch und es wird ein weiteres Bestehen von mehr als fünf Jahren anvisiert.

Neben der Kooperation mit dem IT-Hardwarehersteller kooperiert das Start-up mit weiteren Institutionen, darunter bspw. mit einer Universität. Ziel dieser Zusammenarbeit ist die Entwicklung eines technischen Features, welches bisher mit einem technischen Risiko verbunden ist. Daher handelt es sich hierbei um eine reine Forschungs- und Entwicklungskooperation. Der Vorteil bei dieser Kooperationsart liegt darin, dass diese vom Bundeswirtschaftsministerium für Wirtschaft und Energie gefördert wird, ein klar abgesteckter Zeitrahmen und Projektplan besteht und die Zusammenarbeit nicht von Zahlen getrieben wird. Darüber hinaus arbeitet das Start-up-Unternehmen mit einem weiteren Hardwarehersteller zusammen. Dabei handelt es sich jedoch um eine relativ lose Kooperation ohne schriftliche, vertragliche Festsetzung. Durch gemeinsame Marketingaktionen und Messeauftritte erhofft sich das Start-up seine Markenbekanntheit sowie den Umsatz deutlich zu steigern.

9.2.4   Fallstudie 4: Kooperationsmotive am Beispiel eines Sicherheitsdienstleisters und eines Start-ups aus der Softwarebranche für Drohnen-Detektionssysteme

Im Folgenden wird eine Kooperation zwischen einem mittelständischen Unternehmen aus der Sicherheits-/Überwachungsdienstleistungsbranche und einem Start-up-Unternehmen aus der IT-Branche im Bereich der Softwartentwicklung für Drohnensysteme betrachtet.

Das im Jahre 1993 als ursprünglich klassischer Sicherheitsdienstleister gegründete mittelständische Unternehmen beschäftigt derzeit ca. 120 Mitarbeiter und weist einen durchschnittlichen Jahresumsatz von 3,6 Mio. Euro auf. Der Mittelständler agiert mit einem breiten Produktportfolio bestehend u. a. aus Objektschutz, Sicherheitstechnik und IT-Sicherheitstechnik, sodass sich das Unternehmen klar im Bereich der Sicherheits-/Überwachungsdienstleistungen positioniert. Der Überwachungsmarkt gleicht einem Verdrängungsmarkt, sodass Innovationen einen immer wichtigeren Stellenwert einnehmen. Der Mittelständler hat das schon lange für sich erkannt und nicht nur seine Produkte, sondern die gesamte Unternehmenskultur sehr innovativ ausgerichtet. Innovation bedeuten für den geschäftsführenden Gesellschafter sowohl die langfristige finanzielle Verbesserung, als auch die Weiterentwicklung des unternehmenseigenen Know-hows. Allerdings moniert der Mittelständler, dass Sicherheitsdienstleister häufig noch als typische Wach- und Schließgesellschaften wahrgenommen werden. Er forciert langfristig vom reinen Wachdienstimage wegzukommen und sich zum modernen Sicherheitsdienstleister zu entwickeln, um die Ernsthaftigkeit für seine Produktfelder zu untermauern und sich zugleich an die sich ändernden Kundenwünsche besser anpassen zu können. Insbesondere Kooperationen sollen ihm dazu verhelfen, den Imagewechsel durchzuführen und neue Produktfelder sowie neue Kundenkreise zu erschließen.

Das kooperierende Start-up-Unternehmen ist spezialisiert auf Drohnen-Detektionssysteme sowie im Speziellen auf die Softwareentwicklung für Drohnentracking. Erst die in der Drohne eingesetzte, entwickelte Software ermöglicht es, Umgebungsbewegungen und Geräusche zu erlernen und entsprechend Ungewöhnliches herauszufiltern. Diese vom Start-up-Unternehmen entwickelte Software ist einmalig am Markt und stellt zugleich die Unique Selling Proposition (Alleinstellungsmerkmal) des jungen Unternehmens dar. Das in Deutschland gegründete Unternehmen beschäftigt ca. 20 Mitarbeiter und hat den Standort aufgrund attraktiverer Fördermöglichkeiten mittlerweile nach Silicon Valley verlegt. Dort profitiert das IT-Unternehmen von den begünstigenden, rechtlichen Rahmenbedingungen für Experimentier- und Entwicklungsvorhaben.

Die Anbahnung der Kooperation beschreibt der geschäftsführende Inhaber des Mittelständlers als weder zufällig, noch zielgerichtet. Im Rahmen eines Kundenauftrags bestand die Aufgabe darin, zu verhindern, dass während einer Produktübergabe an einen Endkunden nachweislich Bilder entstehen können, um Konventionalstrafen in mehrfacher Millionenhöhe zu verhindern. Daraufhin entwickelte der Mittelständler ein Sicherheitskonzept, das ebenfalls die Bildaufnahme durch Flugdrohnen verhindern sollte. In diesem Zusammenhang wurde sich der Mittelständler über die steigende Bedrohung durch Flugdrohnen bewusst. Im Anschluss an den Auftrag hat sich das Unternehmen intensiver mit der Drohnenabwehr beschäftigt. Rein rechtlich wird jedoch der Einsatz jeglicher Mittel zur Bekämpfung von Drohnen in Deutschland gesetzlich untersagt. Diesbezüglich evaluierte der Mittelständler mehrere Einsatzmöglichkeiten, wie etwa Jammer. Allerdings ist auch die Verwendung dieser durch die gesetzlichen Rahmenbedingungen stark eingeschränkt.

Die interne IT-Abteilung hat daraufhin den Auftrag bekommen, eine auf Drohnenabwehrsysteme spezialisierte Firma zu suchen, woraufhin zwei Unternehmen gefunden wurden. Von diesen wurde lediglich eines als seriös eingestuft und daraufhin kontaktiert. Das kooperierende Start-up-Unternehmen hat wenige Wochen später eine Informationsveranstaltung gehalten, an dem der Prokurist und ein IT-Mitarbeiter des Mittelständlers teilnahmen. Die Mitarbeiter waren sehr angetan von dem Softwaresystem, sodass ein zweiter Termin mit dem Geschäftsführer realisiert wurde. Der Zeitraum zwischen der Anbahnung und der Initiierung der Kooperation bemisst sich auf insgesamt zwei Monate.

Die vom Start-up-Unternehmen entwickelte Software passt sehr gut zum Produktportfolio des Mittelständlers. So ist das Produkt das einzige am Markt, das derzeit in dieser Weise arbeitet. Direkte Wettbewerber gibt es nicht. Das System ist zudem in der Erweiterung und soll zukünftig auch in der Lage sein, die Drohne auf den Piloten zurückverfolgen und sie dementsprechend zum Abdrehen bewegen zu können („Find the Pilot"). Das Start-up ist sich über dieses Alleinstellungsmerkmal im Klaren. Es versteht sich selbst als reines „IT-Haus" und verfügt über keine eigenen Monteure. Folglich ist das junge Unternehmen beständig auf einen für die Montage verantwortlichen Partner, wie etwa dieses Sicherheitsunternehmen, angewiesen. Das System ist zudem als „managed service" konzipiert, sodass die Einrichtung einer zentralen Alarmstelle notwendig ist, um die Alarmmeldungen aufnehmen zu können. Der Aufbau einer solchen Alarmstelle gestaltet sich als kostspieliges Unterfangen. Der Sicherheitsdienstleister verfügt über eine zentrale Alarmstelle und bietet diese im Rahmen der Zusammenarbeit für die gemeinsame Nutzung an. Durch die Kooperation kann ein Netzwerk zu Endkunden sowie zu weiteren Partnern, die die Montage übernehmen, hergestellt werden und das

Start-up kann wachsen. Hierin begründet sich jedoch zugleich die hohe Abhängigkeit von Kooperationspartnern, der das Start-up-Unternehmen ausgesetzt ist. Einer zu hohen Abhängigkeit kann durch den Aufbau mehrerer Partnerschaften entgegengewirkt werden. Für hoch spezialisierte Produkte kommen jedoch häufig nur wenige Kooperationspartner in Frage. Der gegenseitige Informationsaustausch muss entsprechend zielgerichtet sein, sodass die gegenseitige Abstimmung sehr genau und erfolgreich möglich gemacht wird.

Für den Mittelständler ist die Kooperation wichtig, um die Kompetenzen im Bereich der Abwehrsysteme zu unterstreichen und vom Kunden ernst genommen zu werden. Dies sind fundamentale Erfolgsfaktoren im Überwachungsmarkt. Sofern die Kompetenzen nicht überzeugen „hat man in der Branche verloren". Stattdessen müssen die Kunden Vertrauen in die Kompetenz des Mittelständlers haben. Zur Sicherstellung dieses Vertrauens und Untermauerung der Kompetenz benötigt der Mittelständler die einzigartige Software des Start-up-Unternehmens und somit die kooperative Zusammenarbeit. Die eigene Entwicklung dieser Software wird vom Mittelständler ausdrücklich nicht angestrebt, und sich viel mehr auf die eigenen Kernkompetenzen fokussiert. Für die Eigenherstellung mangelt es an dem so wichtigen, hoch spezialisierten Know-how. Der Mittelständler weist der Kooperation mittel- und langfristig eine hohe Relevanz für das eigene Kerngeschäft zu, zumal es zu einer deutlichen Anhebung der tatsächlichen und wahrnehmbaren Kompetenz kommt. „Es gibt kein anderes deutsches *Sicherheitsunternehmen* mit dieser Software." Ebendas führt zum Ausbau von Know-how.

Hinsichtlich der Vertragsausgestaltung wurde insbesondere viel Wert auf Wettbewerbsverbote gelegt. Hiervon ausgeschlossen waren allerdings Verbotsklauseln für das Start-up und Verkaufsangebote von anderen Unternehmen. Dies wurde vor allem unter Berücksichtigung der amerikanischen Standortpositionierung des Unternehmens festgelegt. Der Einsatz solcher Klauseln wird erst als gerechtfertigt erachtet, wenn der Mittelständler größter Absatznehmer der Software ist. Dies erscheint jedoch seitens des Mittelständlers als unrealistisch und ist auch keinesfalls intendiert.

Die Kommunikation ist sehr direkt und intensiv. Der Mittelständler ist mit denjenigen Mitarbeitern des Start-ups, die sie bereits kennengelernt haben, auf einer Wellenlänge. Gegenseitiges Vertrauen ist vorhanden und auch sehr wichtig. Die Partner hören einander gut zu und gehen auf Wünsche ein, was sehr gut funktioniert. Zudem besucht das Start-up den Mittelständler. Beide sind bei Kundenvorführungen vertreten, was vor allem in der Anfangsphase fundamental wichtig war. Der Mittelständler ist sehr zufrieden mit der eingegangenen Kooperation.

Rückblickend ist der Sicherheitsdienstleister durch sein breit aufgestelltes Produktportfolio sicherlich auch ohne die Kooperation überlebensfähig. Dennoch wäre es aus Sicht des Mittelständlers bedauerlich, wenn die Kooperation nicht zustande gekommen wäre. Das Thema Drohne muss sich aus Sicht des Mittelständlers noch am Markt etablieren. Dennoch ist aus anderen Innovationszweigen bereits erkennt-lich, dass der Mittelständler durch die Kompetenzerweiterung ein schärferes Profil als modernes Sicherheitsunternehmen gewinnt, was sich bereits auszahlt. Neben der Portfolio-, Kompetenz-, und Fähigkeitserweiterung wird insbesondere die Denkweise des Mittelständlers positiv durch die Zusammenarbeit mit dem Start-up beeinflusst. Generell begrüßt der Mittelständler die kooperative Zusammenarbeit mit Start-up-Unternehmen, die noch nicht so lange am Markt sind, sehr. Die Start-ups sind „noch nicht so verbraucht", und eher „open-minded und wenig überbüro-kratisiert", sodass der Mittelständler hier das Potenzial sieht, noch mehr Einfluss auf den zukünftigen Verlauf der Kooperation und die Produkte nehmen zu können. Gleichzeitig fungieren Mittelständler als interessante, potenzielle Kunden für Start-up-Unternehmen. Dies zeigt sich auch im Verhalten, wodurch der gegensei-tige Umgang wesentlich unkomplizierter und direkter als in Großunternehmen ist.

Als Gründe für das Scheitern von Kooperationen führt der Mittelständler indes Unternehmensübernahmen an. Das Hauptproblem bei Zukäufen liegt darin begrün-det, dass dem Start-up die unternehmerische Freiheit genommen wird und es demzufolge nicht mehr erfolgreich agieren kann. „Wenn man den Start-ups eine bestimmte Variante überstülpt, dann bricht das Unternehmen früher oder später zusammen". Hierin liegt gleichermaßen eine existenzbedrohende Gefahr für mit-telständische Unternehmen, die durch missglückte Übernahmen ebenfalls Schei-terungspotenzial verspüren. Die kooperationsbedingte strategische Verzettelung und die damit einhergehende Abweichung von den Kernkompetenzen können ebenfalls Gefahren bergen. Die Wahrung der eigenen unternehmerischen Identität, die einst zum Erfolg führte, sollte unbedingt gewährleistet werden. Hier sollte weniger Wert auf die eigene Größe gelegt werden, sondern vielmehr eine Qualitätsführerschaft angestrebt werden. Wenngleich der Mittelständler eine Übernahme ausschließt, so wurde durch den Standortwechsel des Start-ups erwägt, den amerikanischen Markt zu erschließen. Hinderlich ist jedoch die hohe Anzahl an dort lokalisierten Sicher-heitsfirmen und die andersartigen rechtlichen Bedingungen. „Made in Germany" wäre sicherlich ein Erfolgsgarant, jedoch bleibt ungewiss, ob die US-amerikani-schen Bürger die vergleichsweise hohen Preise annehmen würden.

9.2.5   Fallstudie 5: Kooperationserfahrung eines Unternehmens, welches Start-ups und Mittelständler erfolgreich zusammenbringt

Nachfolgend wird die Expertenmeinung des Gründers eines Start-up-Unterneh-mens beschrieben, welches der Informationstechnologie und Unternehmensbera-tungsbranche zugeordnet werden kann. Das Unternehmen ist auf das Matching von

Kooperationen zwischen Start-up und etablierten Unternehmen, vorwiegend Mittelständler, spezialisiert. Vermittelt werden, bis auf wenige Ausnahmen, vor allem Unternehmen aus Deutschland.

Aus Sicht des Gründers sind Kooperationen für das Kerngeschäft von Start-up-Unternehmen äußerst relevant, insbesondere größere Vorhaben können dabei strategisch wichtig sein. Hingegen sind für Mittelständler einzelne Kooperationen für das Kerngeschäft vergleichsweise weniger relevant, hier ist eher die Anzahl an Kooperationen ausschlaggebend. Motive für Start-ups Kooperationen einzugehen sind zum einen strategischer Natur, wie bspw. die Erschließung neuer Vertriebswege oder der Zugang zu bestehenden sowie neuen Kunden. Zum anderen gibt es operative Motive, wie die Erzielung von Lerneffekten oder die Erreichung der Stellung als Spitzenreiter. Ein primäres Motiv zur Kooperation aus Sicht für Mittelständler, ist die Innovationssicherung. Dafür müssen dem Unternehmen jedoch konkrete Probleme bereits im Vorfeld bewusst sein, welche dann auch intern kommuniziert werden müssen.

Diesbezüglich werden erstmalig auch gesellschaftliche Motive von dem interviewten Gründer angesprochen. Wenn neue Technologien nicht zielstrebig genug entwickelt werden, kann dies dazu führen, dass Arbeitsplätze in Länder verlagert werden, die bei der Entwicklung schlichtweg schneller waren. Dies sollte möglichst vermieden werden. Auf der anderen Seite können Kooperationen mit Start-ups für Mittelstandsunternehmen dazu dienen, neue Kunden zu generieren bzw. sogar die Unternehmensnachfolge zu sichern.

Grundsätzlich lassen sich durch Kooperationen Auswirkungen auf das Geschäftsmodell eines Unternehmens attestieren. Etablierte Unternehmen haben die Möglichkeit, dadurch neue Geschäftsmodelle kennen zu lernen und womöglich auch Anpassungen am eigenen Geschäftsmodell vorzunehmen. Dies kann ein Einflussfaktor für Geschäftsmodellinnovationen sein. Bezüglich der Zielsetzung gibt der Interviewte an, dass gemeinsame Ziele im Rahmen der Kooperation meist schriftlich festgehalten werden, teilweise auch mithilfe von Kennzahlen.

Die Anbahnung von Kooperationen kann unterschiedlich ablaufen. Teilweise wird das Unternehmen auf ihrer Matching-Plattform direkt mit konkreten Wünschen kontaktiert, seltener kommt die Verbindung zu neuen Kunden auch durch Weiterempfehlungen zustande. In anderen Fällen geht das befragte Start-up jedoch auch selbst auf Unternehmen zu, die potenziell für den Vermittlungsdienst in Frage kommen könnten. Eine weitere Möglichkeit zur Kontaktaufnahme ergibt sich meist auf Events. Wie schnell eine Kooperation zwischen einem Mittelstandsunternehmen und einem Start-up zustande kommt, hängt vom Einzelfall ab. Bei etablierten Unternehmen spielen bestehende Strukturen und Prozesse eine wichtige Rolle. Auf die Zeitspanne hat außerdem die Art der Kooperation einen nicht unwesentlichen Einfluss, also u. a. die Frage nach der strategischen Ausrichtung des Unternehmens. Die Kooperationsform formiert sich in der Regel anhand des Wertschöpfungsprozesses. Eine Form, die als relativ leicht umsetzbar eingeschätzt wird, ist die Forschungskooperation, bei der über Schnittstellen Daten ausgetauscht werden, wodurch das Geschäft verbessert wird. Eine weitere Kooperationsform, die häufig in der Praxis Verwendung findet, ist die des allgemeinen Interessenaustausches. Darüber hinaus gibt es größere und eher langfristig angelegte Projekte in Form von Beteiligungen oder Mergers & Acquisitions.

Für die vertragliche Ausgestaltung von Kooperationen gibt es diverse Möglichkeiten. Insbesondere wenn Investitionen Bestandteil der Vereinbarung sind, werden schriftliche Verträge verwendet. Da schriftliche Verträge ein zusätzlicher Kostenfaktor sind, stellt sich für Start-up-Unternehmen jedoch oftmals die Frage, ob diese tatsächlich notwendig sind. Dies muss entsprechend kalkuliert und evaluiert werden. Bei einer strategischen Partnerschaft, bei der mit dem Kooperationspartner die Kerntechnologie ausgetauscht wird, ist ein schriftlicher Vertrag allerdings zwingend notwendig. Häufig werden Rechte und Pflichten auch über konkrete Aufträge festgehalten. Bei Forschungskooperationen können Kooperationsverträge sinnvoll sein.

Vertrauen und Kommunikation werden grundsätzlich als wichtig erachtet. Die Art und Häufigkeit der Kommunikation wird dabei situationsabhängig gehandhabt. Insbesondere bei Forschungskooperationen sollte in ausreichendem Umfang kommuniziert und auf einer soliden Vertrauensbasis gearbeitet werden, da dies für die gemeinschaftliche Forschung und Entwicklung in jedem Fall erforderlich ist. Eine klare und offene Kommunikation ist vor allem bei innovativen Zielsetzungen wichtig. Dennoch gilt es gewisse Unsicherheiten zuzulassen, denn strukturiertes Prozessdenken ist in diesem Fall in der Regel nicht möglich. Neben der auf Perfektion, Strukturen und Prozessen ausgerichteten Kultur sollte auch eine „Fehlerkultur", also der offene Umgang mit Fehlern, gefördert werden.

Vorteile, die sich für Start-up-Unternehmen bei Kooperationen ergeben, sind der erleichterte Zugang zu Markt und Kapital, Branchenerfahrung, der Zugewinn von Stammkundschaft mithilfe der Kontakte des Kooperationspartners sowie verbesserte Chancen gemeinsam eine Innovation zu entwickeln, wozu das Start-up aufgrund fehlender Ressourcen alleine nicht im Stande wäre. Vorteile für mittelständische Unternehmen sind zum einen der Zugang zu Innovationen sowie zu „jungen Talenten", mit denen ein konstruktiver Austausch stattfinden kann. Zum anderen bieten Kooperationen mit Start-ups die Möglichkeit, andere Sicht- und Herangehensweisen zur Problemlösung kennenzulernen. Nachteile können entstehen, wenn Start-ups unprofessionell agieren, der Kooperationspartner dies jedoch aufgrund fehlender Erfahrung mit Kooperationen nicht erkennen kann. Grundsätzlich muss beiden Parteien klar sein, dass eine Zusammenarbeit nur funktioniert, wenn beide Partner davon profitieren und eine Win-Win-Situation gegeben ist. Bei einseitigem Ausnutzen von Interessen sind die Chancen für ein erfolgreiches Miteinander eher gering.

Als größte Kostenfaktoren werden die in die Kooperation investierte Zeit und das eingesetzte Kapital gesehen. Um Innovationen zuzulassen, muss zudem die Unternehmenskultur verändert bzw. angepasst werden. Dies kann einerseits ein Kostenfaktor, andererseits aber auch ein Vorteil für das betroffene Unternehmen sein. Zu einer existenzbedrohenden Situation für das Start-up-Unternehmen kann es dann kommen, wenn die Zusammenarbeit frühzeitig beendet wird. Problematisch ist hierbei, dass sich der Erfolg häufig erst nach längerer Zusammenarbeit einstellt und sich die Geschäfte zu Beginn meist nur langsam positiv entwickeln. Für Mittelständler ist die Fortsetzung der Kooperation oftmals nur dann lohnenswert, wenn gute Resultate ersichtlich sind.

Ein möglicher Grund für das Scheitern von Kooperationen kann sein, dass beide Partner nicht zueinander finden und „es einfach nicht passt". Wenn zu wenig Erfahrung mit Kooperationen besteht, können Intermediäre oder Experten auf diesem Gebiet Hilfe leisten und die Zusammenarbeit begleiten bzw. steuern. Ein weiterer Grund für einen Misserfolg von Kooperationen kann menschlicher Natur sein, wenn sich bspw. eine Führungsperson gegen die Zusammenarbeit ausspricht oder nicht vollständig hinter der Kooperation steht.

Hinzuzufügen ist, dass aus Sicht des Geschäftsführers des befragten Start-ups, in Mittelstandsunternehmen generell noch zu wenig mit Daten gearbeitet wird, diese jedoch eine große Chance bieten, das Geschäft wesentlich zu verbessern und zu größerem Erfolg beizutragen. Viele Unternehmen seien bei Innovationen zudem zu zaghaft und würden sich erst darauf einlassen, wenn andere Benchmarking-Fälle eine gute Zusammenarbeit attestieren. Dadurch entsteht eine Art Nachahmungskultur. Hier liegt auch der Grund dafür, weshalb amerikanische Start-ups aus dem hoch-technologisierten und innovativen Silicon Valley oftmals als Vorreiter gesehen werden.

Des Weiteren würden, im Vergleich zu Mittelstandsunternehmen, Großunternehmen meist selbst interne Initiativen starten und im Konzern eigene Start-up-Unternehmen ansiedeln, welche wiederum mit anderen Start-ups zusammenarbeiten. Die Unternehmenskultur der eigenen Start-ups sei jedoch häufig anders als die im restlichen Konzern, beklagt der interviewte Geschäftsführer.

9.2.6 Fallstudie 6: Kooperationsmotive am Bespiel eines Verlags sowie eines Start-ups aus dem Hochschulwesen

Im Folgenden wird die Kooperation zwischen einem Start-up-Unternehmen, das als IT-Dienstleister im Bereich des Hochschulwesens tätig ist und einem familiengeführten Verlag, welcher auf die Fachrichtungen Wirtschaft, Jura und Verwaltung spezialisiert ist, beschrieben. Per Definition handelt es sich bei diesem Unternehmen nicht um ein klassisches mittelständisches Unternehmen, da die Mitarbeiterzahl bei mehr als 500 Personen liegt und ein jährlicher Umsatz von ca. 100 Millionen Euro erwirtschaftet wird. Das Start-up-Unternehmen bietet diverse Dienstleistungen in Form von Softwarelösungen für Hochschulen an. Da das Kooperationsunternehmen im Bereich der wissenschaftlichen Literatur sehr gut positioniert ist, ist dieser Verlag für eine Zusammenarbeit besonders geeignet. Für den Verlag bietet die Kooperation die Möglichkeit, das Geschäft und die damit verbundenen Prozesse und Lehrmaterialen an den digitalen Wandel anzupassen.

Die Zusammenarbeit kann als eine Art Vertriebskooperation mit Parallelschaltung einer Produktentwicklungskooperation betitelt werden. Zentrale Motive für die Kooperation sind aus Sicht des Start-ups die Erschließung neuer Märkte, der Zugang zu Kontakten des Kooperationspartners sowie zu Wachstumskapital. Zudem ist geplant, gemeinsam eine neue Software zu entwickeln. Im Rahmen der Zusammenarbeit lassen sich Synergieeffekte beidseitig nutzen. Die Kooperation wird somit als sehr relevant für das Kerngeschäft angesehen. Mithilfe des Partners soll das Geschäftsmodell des Start-ups erweitert werden. An der Kooperation beteiligt sind die Geschäftsführer der Start-ups sowie die Teams der Business Development Abteilung, des Marketings und des Vertriebs. Seitens des Kooperationspartners sind wiederum die Teammitglieder der Business Development Abteilung sowie die Vorstandsmitglieder involviert.

Die Zusammenarbeit kam durch Zufall, mithilfe eines Kunden des Start-ups, der bereits intensive Geschäftsbeziehungen zum Kooperationsunternehmen pflegte, zustande. Nach erfolgreicher Vermittlung des Kontakts wurde in der Initiierungsphase vorwiegend per Telefon und E-Mail kommuniziert. Persönliche Gespräche waren jedoch entscheidend, um die Kooperation tatsächlich umzusetzen. Gegenwärtig finden weiterhin noch monatliche Treffen statt. Die Anbahnungsphase, die Zeit zwischen Kontaktvermittlung und Vertragsabschluss betrug ca. neun Monate. Der Vertrag definiert die Nutzungsrechte beider Parteien und grenzt damit die jeweiligen Rechte und Pflichten ein. Durch den Vertrag wird sichergestellt, dass die Verfügungsrechte über die gemeinsam entwickelte Software beim

Start-up-Unternehmen bleiben. Außerdem sind im Vertrag gemeinsame Ziele und Fristen vereinbart, deren Einhaltung verpflichtend sind. Auf eine Sanktionierung bei Nichteinhaltung wird jedoch verzichtet, da rechtliche Schritte weitestgehend vermieden werden sollen. Stattdessen wird mit ausreichend Kommunikation und Steuerungsmechanismen proaktiv gehandelt.

Gegenseitiges Vertrauen wird als Grundlage des gemeinsamen Handels erachtet. Zusätzlich sind spezifische Folgeverträge geschlossen worden, wofür beidseitig juristische Unterstützung von einer Rechtsanwaltskanzlei in Anspruch genommen wurde. Die vertraglich festgelegten Ziele sind zum einen die Markterweiterung durch die Erschließung neuer Marktpotenziale sowie deren Umsetzung in konkreten Projekten. Zum anderen sollen die Produkte der Kooperationspartner verflechtet werden. Da es sich vorwiegend um strategische Ziele handelt, findet ein Monitoring durch Kennzahlen (KPIs) nicht statt.

Die Kooperation hat sich für das Start-up-Unternehmen bereits als nutzenstiftend erwiesen, da durch den Partner Kontakt zu neuen Kundengruppen vermittelt wurde, was zu neuen Geschäften geführt hat. Weitere Vorteile werden in einer verbesserten Wettbewerbsposition und der Erlangung eines Alleinstellungmerkmals gesehen. Für das Kooperationsunternehmen hat die Zusammenarbeit noch keine handfesten Vorteile gebracht, abgesehen von der Generierung einer Vielzahl neuer Ideen. Die gemeinsam entwickelte Software verspricht viele Vorteile und hohen Nutzenzuwachs. Der Nachteil für beide Parteien liegt darin, dass durch die Ausschlussklausel im Vertrag eine gegenseitige Bindung an den jeweiligen Partner besteht.

Einer der größten Kostenfaktoren sind die Entwicklungskosten speziell die bei der Neuprodukteentwicklung anfallenden Personalkosten. Weiterhin fallen Ausgaben für Reisen und Spesen an, wobei bisher nur wenig Budget in die Kooperation geflossen ist. Da mitunter ein Investment in das Start-up-Unternehmen vorgesehen ist, wird das Budget des Partners zukünftig deutlich steigen. Es handelt sich dabei um eine Summe im sechs- bis siebenstelligen Bereich. Das Kooperationsunternehmen wird dadurch anteilig am Start-up-Unternehmen und somit am Gewinn beteiligt.

Generelle Gründe für das Scheitern von Kooperationen können einerseits Zerwürfnisse zwischen den beteiligten Personen sein, die zu Meinungsunstimmigkeiten oder Vertrauensmissbräuchen führen können. Andererseits kann die Zusammenarbeit an der fehlenden oder unzureichenden Konkretisierung des Investments, z. B. über die Höhe des Investments oder eine genaue vertragliche Ausgestaltung, scheitern. Ein weiterer Grund kann eine Prioritätenverschiebung innerhalb der Kooperation sein. Analog dazu lassen sich die Erfolgsfaktoren für Kooperationen erschließen. Zusätzlich ist Zeit ein entscheidender Faktor. Es besteht grundsätzlich die Gefahr, dass sich Erfolge nicht schnell genug einstellen. Um flexibel am Markt agieren zu können, bedarf es konkreter Gespräche mit einer eindeutigen Ergebnis-fixierung und der Vermeidung von Bürokratie. Für etablierte Unternehmen können Kooperationen mit Start-ups zusätzliche Chancen bieten, wie bspw. flexiblere Strukturen, da diese oftmals disruptive Innovationen sowie andere Herangehens-weisen liefern.

Im Fall der Zusammenarbeit zwischen dem IT-Dienstleister und dem Verlag herrscht im Allgemeinen große Zufriedenheit. Teilweise verlaufen interne Prozesse und Abstimmungen noch etwas langsam, allerdings werden von beiden Seiten eine langfristige Zusammenarbeit und deren Intensivierung angestrebt. Dies ist auch durch die Ausschlussklausel im Vertrag bedingt, wodurch sich beide Unternehmen dazu verpflichten, mit keinem anderen Unternehmen im Bereich ihrer Kooperation zusammenzuarbeiten.

Aus Sicht des IT-Dienstleisters besteht generell bei Kooperationen mit inhaber-geführten Unternehmen ein strategischer Vorteil, da ein persönlicher Fit unter den Kooperationspartnern wichtiger ist als die reinen Zahlen. Zweitrangig ist außer-dem die Herkunft aus der gleichen Branche. Entscheidender sind die Ausnutzung von Synergien der Geschäftsmodelle sowie die gemeinsame Nutzung von Techno-logien, zur Senkung der Entwicklungskosten. Darüber hinaus machen Koopera-tionen unter Start-ups nur dann Sinn, wenn es sich um komplementäre Produkte handelt.

9.2.7 Fallstudie 7: Vertriebskooperation aus dem Gesundheitswesen

Nachfolgend wird die Vertriebskooperation zwischen einem Start-up-Unterneh-men aus der Biotech-Branche im Bereich der Diagnostik und einem familienge-führten, mittelständischen Unternehmen agierend im Bereich der Gesundheitsvor-sorge betrachtet.

Das auf Entwicklung, Herstellung und Vertrieb von medizinischen Selbsttests spezialisierte Start-up wurde 2006 gegründet und beschäftigt derzeit 14 Mitarbei-ter. Das börsennotierte Unternehmen agiert international auf einem wachsen-den Markt und verzeichnet starke Umsatzsteigerungen. Mittlerweile gehört das Start-up zu den Innovationsführern im Bereich Selbstdiagnostik, wenngleich die Gewinnschwelle noch nicht erreicht wurde.

Derzeit hält das Start-up eine Vertriebskooperation mit einem mittelständischen Familienunternehmen aus dem Bereich der Gesundheitsvorsorge, das die produ-zierten Schnelldiagnostika unter dem Eigenlabel des Start-ups in 16 verschiedene

Länder vertreibt. Die Idee und Entwicklung der Schnelldiagnostika wird dabei vom Start-up übernommen, während der Mittelständler für den Vertrieb zuständig ist.

Die Kontaktanbahnung erfolgte durch das mittelständische Traditionsunternehmen. Über die Homepage wurde der Mittelständler auf das Start-up aufmerksam. Nach einer ersten Kontaktaufnahme wurden dem Mittelständler ein Dutzend Tests zugesandt, damit dieser sich von den Produkten überzeugen konnte. Der Mittelständler sah für sich die Möglichkeit, durch den Vertrieb von Diagnostika, ein für das Unternehmen neues Geschäftsfeld zu erschließen. Somit können beide Partner den noch wachsenden Markt gemeinsam aufbauen und innovieren. Die Kooperationsanbahnung durch den Mittelständler bestätigt das Start-up im eigenen Geschäftsmodell. Der Zeitraum zwischen der Anbahnung und der Initiierung dieser Kooperation belief sich auf rund zehn Monate.

Die Kooperation ist fundamental wichtig für das Kerngeschäft des Start-up-Unternehmens; gleichzeitig birgt sie jedoch auch ein hohes Risiko. Durch die Vertriebskooperation mit dem mittelständischen Partner kann sich das Start-up stärker auf dem Konsumgütermarkt etablieren. Die hierfür notwendigen Investitionen von geschätzten 30–40 Millionen Euro könnte das Start-up alleine nicht aufbringen. Die Suche nach einem Vermarktungspartner schien dem Start-up daher absolut notwendig. Durch die garantierte Abnahmemenge kann ein finanzielles Polster aufgebaut werden, welches für die Finanzierung der erforderlichen Marketingmaßnahmen für den Eigenvertrieb notwendig ist. Da die Produkte unter Eigenlabel des Start-ups vermarktet werden, wird zusätzlich Aufmerksamkeit („Awareness") für die eigene Marke durch den kooperativen Vertrieb geschaffen.

Allerdings impliziert die hohe Relevanz dieser Vertriebskooperation für das Start-up zugleich ein hohes Abhängigkeitsverhältnis vom Mittelständler. Die Hälfte des Umsatzes wird nur durch die Nutzung dieses Vertriebspartners generiert, sodass die Kooperation als Hauptumsatztreiber fungiert. Alleine auf dem deutschen Markt werden 90 Prozent des Umsatzes durch die Vermarktung über den Mittelständler generiert. Zudem sind die Umsatzzahlen des Start-up-Unternehmens rechtsformbedingt (AG) für Externe und somit auch für das Kooperationsunternehmen transparent ersichtlich, was die Verhandlungsbasis des Start-ups schwächt und das Risiko opportunistischen Verhaltens seitens des Mittelständlers potenziell erhöht. Langfristig zielt das Start-up daher darauf ab Produkte unter Nutzung der Eigenmarke in alle Länder eigenständig zu vertreiben, um die Abhängigkeit vom Kooperationspartner zu reduzieren und zugleich höhere Margen zu erzielen.

Die Basis für die vertragliche Ausgestaltung wurde vom mittelständischen Familienunternehmen gestellt, wobei der CEO und der Aufsichtsrat des Start-ups wesentlich mitwirkten. Als besonders wichtig erachtet das Start-up die IP-Rechte in der Kooperation, da es für die Herstellung sowie Entwicklung der Diagnostika verantwortlich ist. Während das Start-up Forschungsaktivitäten sowie die Feasibility Tests für die vom Mittelständler eingetroffene Anfrage durchführt, erfolgt die nachgelagerte Entwicklung und Produktion bei einem weiteren Start-up-Unternehmen, das wiederum mit dem auf Selbsttests spezialisierten Start-up kooperiert. Die entwickelten und produzierten Schnelltests werden dann wieder an das mit dem Mittelständler kooperierende Unternehmen weitergegeben. Die Wettbewerbsklausel stellt in diesem Zusammenhang sicher, dass sich der Mittelständler nicht direkt an das für Entwicklung und Produktion nachgelagerte Start-up wendet, sondern sich lediglich an das auf Selbsttests spezialisierte Start-up richtet. Daneben legt das Start-up viel Wert darauf, dass Preise im Vorfeld vertraglich festgelegt werden müssen. Darin inbegriffen sind ebenfalls Haftungsansprüche sowie rechtliche Regelungen im Falle von Rückrufen.

Im Rahmen der Durchführung der Kooperation nimmt der CEO des Start-up-Unternehmens eine federführende Rolle ein. Weiterhin beteiligt sind eine Assistentin sowie Mitarbeiter aus den Bereichen Quality, Logistik und Regulatory. Seitens des Mittelständlers sind vor allem die Bereichsleiter aus Einkauf und Marketing federführend involviert. Weiterhin eingebunden ist das mit dem Start-up-Unternehmen kooperierende Start-up, das nach erfolgreicher Feasibility Prüfung die Entwicklung und Produktion der Tests übernimmt.

Wesentliche Vorteile ergeben sich für das Start-up aus der Umsatz- sowie Profitabilitätssteigerung und dem gestiegenen Bekanntheitsgrad. Die Zielbeziehungen können insbesondere bei den Preisverhandlungen konfliktär werden. Die Entwicklung neuer Tests auf Anfrage des Mittelständlers ist sehr kostspielig, sodass veränderte Preissetzungen schwer durchsetzbar sind, sofern die Preise vorher bereits vertraglich festgesetzt wurden.

Der Vertrieb ist in diesem Kontext ein hochsensibler Bereich, weshalb die Schaffung einer gemeinsamen Vertrauensbasis umso wichtiger ist, um eine erfolgreiche Zusammenarbeit zu gewährleisten. Das hohe Vertrauen gegenüber dem Mittelständler führt das Start-up insbesondere auf die Unternehmenswerte, wie etwa Bereitschaft und Verlässlichkeit zurück, die das deutsche Traditionsunternehmen innerhalb der Kooperation antizipiert. Ebendiese Werte zeichnen die erfolgreiche und für das Start-up überaus zufriedenstellende Zusammenarbeit aus. Der Vertriebspartner wird in den Verhandlungen als „grounded" und „fair" charakterisiert. Der tägliche Kommunikationsaustausch per E-Mail und Telefon wird in diesem Zusammenhang als sehr zufriedenstellend seitens des Start-ups bewertet.

Vorteile aus der Vertriebskooperation ergeben sich für den traditionellen Mittelständler vor allem durch den Erfahrungsschatz sowie die Innovationskraft des Start-ups im Bereich der Diagnostik. Diesbezüglich wäre die Eigenfertigung dieser Produkte für den Mittelständler unter organisatorischen und finanziellen Aspekten nicht rentabel. Hinzu kommt, dass der Mittelständler auf dem wachsenden Nischenmarkt weitestgehend unerfahren ist. Der seitens des Start-ups beauftragte vorgelagerte Entwickler und Produzent agiert enorm schnell und kostengünstig, wodurch das mit dem mittelständischen Unternehmen kooperierende Start-up durch Schnelligkeit und Flexibilität besticht. So passt sich das Start-up stets an die Wünsche des Mittelständlers an („Wir tun alles für die"), sofern die zu entwickelnden Tests den intern durchgeführten Feasibility-Test bestehen. Diese Eigenschaften zeichnen das Start-up-Unternehmen aus und begründen zugleich die Vorteilhaftigkeit der Vertriebskooperation für den Mittelständler. Durch die intendierte Patentierung der Schnelldiagnostika wird die Kooperation für das Familienunternehmen attraktiver, wenngleich sich die Abhängigkeit vom Start-up dadurch erhöhen könnte. Eine gewisse Abhängigkeit bedingt sich laut Aussage der Vorsitzenden bereits aus der schnellen und flexiblen Produktentwicklung, die kaum übertroffen werden kann.

Als nachteilig für den Kooperationspartner sieht das Start-up vor allem das Risiko der eigenen Nicht-Profitabilität. Dies würde den Verlust eines Lieferanten für das Familienunternehmen bedeuten. Zudem wird das Marketingrisiko vom Mittelständler getragen. Nichtsdestotrotz ist das familiengeführte Unternehmen zweifelsohne auch ohne die Kooperation überlebensfähig.

Rückblickend ist das Start-up trotz der potenziell schwierigen Verhandlungsposition mit der Vertriebskooperation sehr zufrieden. Die hohe Zufriedenheit führt das Start-up insbesondere auf die geteilten grundlegenden Werte in der zwischenmenschlichen Zusammenarbeit zurück. Ebenfalls der Erfahrungsaustausch, der Produkt-Fit sowie die Erkennung eines gemeinsamen Marktes sieht das Start-up als wesentliche Garanten für eine erfolgreiche Zusammenarbeit an. Beide Kooperationspartner wendeten bis zum Zeitpunkt des Interviews jeweils etwa zwischen 300.000 bis 450.000 Euro auf. Kostenfaktoren sind beiderseitig auf den Personalbedarf zurückzuführen. Für das Start-up-Unternehmen ergeben sich zudem mitunter große Kosten für die Anpassung bei der Entwicklung von Testprodukten. Demgegenüber steht die Tatsache, dass beide Unternehmen kooperativ einen innovativen Markt aufbauen und hierdurch wesentliche Wettbewerbsvorteile generieren können. Sobald die Absatzmengen steigen, verspricht sich das Start-up entsprechend erhöhte Margen für die eigenen Produkte fordern zu können.

Bisher konnten bereits über 20 Prozent des Forecasts erzielt werden, sodass eine Vertragsverlängerung und zugleich Intensivierung der kooperativen Zusammenarbeit angestrebt wird. Zeitgleich strebt das Start-up jedoch langfristig die Stärkung des Eigenvertriebs an, um Margeneinbußen zu umgehen und Abhängigkeiten weiter zu reduzieren.

9.2.8 Fallstudie 8: Kooperationsziele aus Sicht eines Mittelständlers und eines Start-ups aus der Pharmabranche

Im Folgenden wird eine bis dato (noch) nicht zustande gekommene Kooperation zwischen einem familiengeführten, mittelständischen Unternehmen agierend auf dem Nischenmarkt medizinischer Körper-/Hautpflegeprodukte und einem Start-up aus der Biotech-Branche, spezialisiert auf den Bereich Diagnostik, betrachtet. Das bereits 1983 gegründete mittelständische Unternehmen agiert mit derzeit ca. 200 Mitarbeitern weltweit in über 80 Ländern und vertreibt über 100 verschiedene Hautpflegeprodukte. Der jährliche Gesamtumsatz des letzten Geschäftsjahres belief sich auf ca. 177,5 Mio. Euro.

Der Mittelständler wurde zufällig durch ein Online-Aktienportal auf das börsennotierte, auf Diagnostika spezialisierte Start-up-Unternehmen aufmerksam. Insbesondere das vom Start-up offerierte Sortiment stellte eine sinnvolle Ergänzung zum eigenen Produktportfolio dar, woraufhin das Start-up näher betrachtet wurde. Hierfür wurde ebenfalls der wissenschaftliche Beirat des Mittelständlers konsultiert. Ein Mitglied dieses Beirates kannte das Start-up bereits, sodass nach etwa zwei Jahren ein erstes persönliches Treffen arrangiert werden konnte. Im Rahmen des gemeinsamen Austauschs wurden bereits Testgeschäfte sowie Aufgabenverteilungen für eine mögliche Vertriebskooperation diskutiert. Der Mittelständler würde diesbezüglich als Vertriebsmittler fungieren und die vom Start-up offerierten Produkte über bereits existierende Absatzkanäle in den Handel bringen. Zudem ermöglichen gemeinsam durchgeführte Testgeschäfte die Prüfung der Akzeptanz der offerierten Produkte. Der Geschäftsbereich war somit beiden Kooperationspartnern bereits im Vorfeld klar.

Die sich für das Start-up ergebenden Vorteile aus der Kooperation liegen aus Sicht des Mittelständlers auf der Hand. Das Start-up-Unternehmen konnte bisher noch keine schwarzen Zahlen verzeichnen, weshalb der Kapitalzufluss durch die Kooperation als Notwendigkeit angesehen wird. Die Nutzung der Reputation des Mittelständlers, um Zugang zu neuen Primäranbietern zu erlangen, sowie die Gewinnung neuer Absatzmärkte fungieren ebenfalls als elementare Kooperationsmotive. Der Vorsitzende der Geschäftsleitung des Mittelständlers betont diesbezüglich, dass große Handelsketten nur ungern ein hohes Risiko eingehen. Etablierten und renommierten Unternehmen wird als Handelspartner tendenziell Vorzug gewährt. Hier ergibt sich für das Start-up die Möglichkeit, „einen Fuß in die Tür zu setzen". Als nachteilig für das Start-up erachtet der Mittelständler indes die hohe Abhängigkeit vom Vertriebspartner sowie den fehlenden Eigenvertrieb.

Für den Mittelständler hingegen bestehen die Vorteile primär in einer sinnvol-len Sortimentserweiterung des bestehenden Portfolios durch innovative Produkte sowie in der Erlangung zusätzlichen marktbezogenen Know-hows im Bereich Dia-gnostika. Die vom Start-up offerierten Produkte passen zur eigenen Marke, stellen jedoch keine Relevanz für das Kerngeschäft des Mittelständlers dar. Dennoch könnte eine klare Win-Win Situation für beide Parteien entstehen.

Die Kooperation kam jedoch bis heute nicht zustande, da sie für den Mittel-ständler ein zu hohes Risiko birgt. Ausschlaggebend dafür waren insbesondere die schlechte wirtschaftliche Situation des Start-ups sowie die fehlende Patentierung und Exklusivität der Produkte. Der Mittelständler prognostiziert eine Intensivierung des Wettbewerbs im Bereich Diagnostika. Hier sieht der Mittelständler insbeson-dere die Gefahr, dass vermehrt Wettbewerber mit ähnlichen Produkten in direkter Konkurrenz zum Sortiment des Start-ups stehen, was in Preiskämpfen resultieren kann. Eine Patentierung sowie die Existenz eines Alleinstellungsmerkmals werden diesbezüglich als notwendig erachtet. Nur so können Quasi-Monopole gebildet und Premium-Preise gefordert werden. Wenngleich die Kooperation nicht zustande gekommen ist, so halten beide Unternehmen bis heute sehr lockeren Kontakt, sodass beide Partner weiterhin vom gegenseitigen Erfahrungsaustausch profitieren können.

Generell erachtet der Mittelständler für sämtliche Kooperationen vor allem die vertragliche Ausgestaltung als sehr wichtig. Von hoher Relevanz ist die Liefer-sicherheit. Regelungen für den Insolvenzfall sollten vertraglich festgehalten und notariell hinterlegt werden. Viel Wert legt der Mittelständler auf stabile Preise sowie auf Vertraulichkeit. Jede Konditionsänderung sowie Preiserhöhung muss mit einer Vorlaufzeit von sechs Monaten an die Handelskunden kommuniziert werden. Auch Datenschutz, Verpackungsspezifitäten, Logistikleitfäden müssen garantiert werden, um Sicherheit zu gewährleisten. Bei der Schließung von Kooperationen mit einzigartigen Produkten, die in der Form am Markt noch nicht angeboten werden, kann zudem der wissenschaftliche Beirat zusätzlich involviert werden. In solchen Fällen ist die Aufsetzung eines Exklusivvertrags mit Abnahmevereinba-rungen denkbar. Das Controlling nimmt als Kontrollinstanz beim Mittelständler eine wichtige Rolle für den Erfolg von Kooperationen ein. Die Controlling-Sys-teme schaffen dabei zusätzlich Transparenz über die Profitabilität der Partner. Das zum Einsatz kommende Budget ist indes rein einkaufsbezogen.

Bezüglich der Auswirkungen auf das eigene Geschäftsmodell würde der Mit-telständler bei innovativen Produkten erwägen eine eigene Sparte zu eröffnen. Solange sich das Produkt jedoch als ähnlich zum bereits vorhandenen Sortiment herausstellt, wie in dieser nicht zustande gekommenen Kooperation, können bestehende Vertriebswege genutzt werden.

Allgemein empfiehlt der Mittelständler zusätzlich, bei den eigenen Stärken zu bleiben. Eine mögliche Übernahme von Start-up-Unternehmen sollte daher gut überlegt sein. Die Übernahme des auf Diagnostika spezialisierten Start-ups würde in diesem Fall jedoch keinen entscheidenden Mehrwert für das eigene Kerngeschäft generieren. Stattdessen wäre die Übernahme eines direkten Konkurrenten attraktiver.

Für die Erfolgsträchtigkeit von Start-ups nennt der Mittelständler die Einzigartigkeit der Idee. So ist es auch denkbar, dass Start-ups ohne Kooperation erfolgreich sein können. Diesbezüglich muss die Unique Selling Proposition klar ersichtlich sein, um die Ansiedlung der Produkte im Premium Preissegment zu ermöglichen.

9.2.9 Fallstudie 9: Gemeinsame Projektarbeit aus dem Bereich der multifunktionalen Sportbekleidung

Bei der Wearable Life Science GmbH (im Folgenden wird zur Vereinfachung der Domainname Antelope.Club verwendet) handelt es sich um ein Start-up-Unternehmen, welches in der Branche für spezielle Sportbekleidung, der Sport-Tec Branche, tätig ist. Das Unternehmen entwickelt und vertreibt Sportbekleidung mit integrierten Elektroden, sogenannte Elektro-Muskel-Stimulations-Kleidung (EMS-Kleidung). Durch einen Booster geben die Elektroden elektrische Impulse ab, wodurch die Muskeln stimuliert werden, was das Training effektiver und effizienter machen soll.

Der Markt für EMS-Kleidung sowie das Unternehmen selbst befinden sich gegenwärtig in der Wachstumsphase. Der Marktanteil des Unternehmens wird daher gegenwärtig auf lediglich ein Prozent beziffert. Das Start-up wurde 2014 von zwei Unternehmern, mit relativ schneller Hinzunahme einer weiteren Person, gegründet. Die Gründer halten 70 Prozent der Unternehmensanteile, die restlichen 30 Prozent werden über Business Angels finanziert. Die Idee, Sportbekleidung mit integrierten Elektroden auf den Markt zu bringen, entstand aufgrund persönlicher Erfahrungen der Gründer mit EMS-Trainingsmethoden im Fitnessstudio. Der Hauptstandort des Unternehmens befindet sich in Frankfurt am Main. Die Produkte werden vorwiegend online angeboten. Das Unternehmen hat bereits eine starke Entwicklung zu verzeichnen, sowohl was den Umsatz als auch die Mitarbeiterzahl angeht. Gegenwärtig sind bei Antelope.Club 15 Vollzeitkräfte beschäftigt. Für das Jahr 2016 wird ein Umsatz von 2,5 Millionen Euro erwartet. Langfristig plant das Unternehmen, zusätzlich zum Vertrieb der EMS-Kleidung, Trainingsprogramme, Sensoren und Feedbackmechanismen anzubieten.

Das Start-up-Unternehmen arbeitet mit Mittelständlern diverser Branchen zusammen, insbesondere im Bereich der Forschung und Entwicklung. Auch die Fertigung wird in der Regel von Mittelstandsunternehmen übernommen. Kooperationen mit Mittelständlern werden von Antelope.Club präferiert, da diese im Gegensatz zu Start-up-Unternehmen mehr Zeit in die Zusammenarbeit investieren können. Gegenwärtig arbeitet Antelope.Club bspw. mit einem Mittelstandsunternehmen zusammen, welches auf Produktentwicklung und -design im Bereich elektronischer Technologien spezialisiert ist. Das Kooperationsunternehmen ist als GmbH firmiert.

Die Kooperation ist für das Kerngeschäft des Start-ups von hoher Relevanz, da es gemeinsam mit dem Kooperationspartner Produkte entwickelt und dieser anschließend das Produktdesign übernimmt. Motive, diese Kooperation einzugehen, waren zum einen der persönliche Kontakt zu einem der geschäftsführenden Gesellschafter des Partnerunternehmens und zum anderen das Vertrauen in die Kompetenz, das technische Know-how und insbesondere die Expertise im Produktdesign des Partners. Wichtig war, dass das Kooperationsunternehmen nicht nur ein funktionsfähiges, sondern ein Produkt mit besonderem Design entwickeln kann und Erfahrung mit derartiger Produktion hat. Die Kooperation ist bereits einen Monat nach der Gründung des Start-ups entstanden. Dem eigentlichen Kooperationsbeginn vorgelagert, haben mehrere persönliche Treffen der jeweiligen Geschäftsführer stattgefunden. Um Kooperationspartner zu finden, betreibt das Start-up eigene (Internet-)Recherchen und besucht zusätzlich viele verschiedene Messen. Ein eigens zu diesem Zweck gegründeter Beirat liefert zusätzlich wertvolle Informationen und Kontaktdaten für mögliche Partnerschaften.

Zwischen dem Start-up und dem Mittelstandsunternehmen wurde kein expliziter, schriftlicher Kooperationsvertrag geschlossen. Es gibt zwar bestimmte Rechte und Pflichten, die einzuhalten sind, diese werden jedoch über die einzelnen Auftragsangebote geregelt. Für die Kooperation wurden keine expliziten Kooperationsziele und keine Kennzahlen zur Zielerreichung festgehalten. Für jedes Projekt wird separat genau festgelegt, welches Ergebnis angestrebt wird. Die Verantwortung für die Kooperation wird hauptsächlich von den Geschäftsführern getragen, einzelne Themen hingegen liegen auch in der Verantwortung der jeweiligen Funktionsbereiche.

Im Kooperationsunternehmen gibt es einen dedizierten Mitarbeiter, der ständig mit dem Start-up zusammenarbeitet und somit mit diesem in engem Kontakt steht. Falls erforderlich, werden noch weitere Experten hinzugezogen. Zusätzlich gibt es einen Standortleiter, mit dem das Start-up wöchentlich Kontakt per Telefon bzw. Skype hat, um aktuelle Entwicklungs- und Designthemen zu besprechen. Einmal im Monat findet ein persönliches Treffen zwischen den Kooperationspartnern statt. Kommunikation und Vertrauen zählen allgemein zu den wesentlichen Erfolgsfaktoren dieser

Zusammenarbeit. Ein Grund für das Eingehen der Kooperation lag insbesondere darin, dass aufgrund vorheriger Bekanntschaft bereits ein persönliches Vertrauensverhältnis zwischen den Geschäftsführern bestand. Da die Gründer des Start-up-Unternehmens generell starkes Vertrauen in das deutsche Rechtssystem haben, war es ihnen außerdem wichtig, eine Kooperation mit einem in Deutschland ansässigen Unternehmen einzugehen. Hierdurch kann Hemmnissen aufgrund von kulturellen Missverständnissen bereits im Vorfeld aus dem Weg gegangen werden.

Der Hauptvorteil in der Zusammenarbeit mit dem Mittelstandsunternehmen wird aus Sicht des Start-ups darin gesehen, schnellen Zugang zur Expertise im Produktdesign zu bekommen und von der Erfahrung des Partners zu profitieren. Diese Expertise im eigenen Unternehmen aufzubauen wäre wesentlich langwieriger und mühsamer. Gleichzeitig kann dies aber auch als Nachteil fungieren, wenn Fachwissen nicht im eigenen Unternehmen aufgebaut, sondern viel mehr ins Unternehmen „hineingesourced" wird. Ein weiterer Vorteil, der sich durch die Zusammenarbeit ergibt, ist die Möglichkeit mit neuen Technologien in Berührung zu kommen. Für das Partnerunternehmen, das mittelständische Unternehmen, ist die Kooperation vorteilhaft, weil es an allen Verkäufen des Start-ups mitverdient. Das Vergütungssystem ist dabei variabel, d. h. je erfolgreicher das Start-up ist, desto mehr verdient auch das Mittelstandsunternehmen. Beide Partner arbeiten somit komplementär auf ein gemeinsames Ziel hin.

Zu den größten Kostenfaktoren für das Start-up zählen der Aufbau der Strukturen, die Markenbildung und insbesondere die Produktentwicklung. Innerhalb des Start-ups gilt die Abrechnung der Aufträge als größter Zeit- und Aufwandsfaktor, da das Partnerunternehmen die Aufträge jedes Mal einzeln in Rechnung stellt. Zusätzlich sind Reisekosten u. a. für die regelmäßigen Treffen ein weiterer, nicht zu vernachlässigender Kostenfaktor.

Ein wichtiger Erfolgsfaktor für Kooperationen ist die Angleichung bzw. Übereinstimmung der Erwartungen mit den tatsächlichen Ergebnissen, sowohl was die Erwartungen der Kooperationspartner, als auch die der Kunden angeht. Für das Start-up ist außerdem die Markenbildung eine wichtige Aufbaukomponente. Der Hauptgrund für das Scheitern von Kooperationen, wird vom Geschäftsführer des Start-ups darin gesehen, dass Kooperationspartner meist unterschiedlich viel Zeit und Aufwand in die Zusammenarbeit investieren. Die richtige Balance zu finden ist dabei ein fundamentaler Baustein. Hinzu kommt, dass Prozesse oft aufwendiger sind, als dies ursprünglich angenommen wurde und dadurch eine längere und oftmals intensivere Zusammenarbeit erforderlich ist, als zu Beginn geplant. Allgemein sieht der Geschäftsführer es als bedeutsam an, dass nicht nur der Partner über das notwendige technische Know-how verfügt, sondern dies auch in den notwendigen Grundzügen im eigenen Unternehmen vorhanden ist.

Das Start-up-Unternehmen ist im Allgemeinen sehr zufrieden mit der Kooperation. Obwohl bisher noch wenige Produkte an Kunden ausgeliefert wurden, werden die Produkte positiv vom Markt aufgenommen. Dies zeigt sich unter anderem an der Vielzahl an Anfragen und den vielen Vorbestellungen. Durch die Kooperation konnte bereits ein Wettbewerbsvorteil erzielt werden, da ohne die Designunterstützung des Partners die Produkte nicht hätten umgesetzt werden können. Optimierungspotenzial wird bei der Effizienz der Prozesse gesehen, was jedoch voraussetzt, dass eine klare Vorstellung davon besteht, in welche Richtung sich das Unternehmen zukünftig entwickeln möchte.

Da die Geschäfte des Start-ups gegenwärtig noch im Anlaufen sind und es von der Kompetenz des Kooperationspartners überzeugt ist, ist eine Fortsetzung der Zusammenarbeit in jedem Fall geplant. Für die Zukunft sind weitere Kooperationen vorstellbar, zunächst jedoch in anderer Form, wie z. B. mit Sportlern, die als Testimonials Werbung für die Produkte machen sollen. Darüber hinaus sind auch Kooperationen mit anderen Start-ups denkbar, allerdings erst, wenn die Produkte fertig entwickelt und vertriebsbereit sind. Für Kooperationen mit Großunternehmen müsste das Start-up erst noch weiterwachsen, erste Bemühungen und Annäherungen konnten bisher nicht realisiert werden. Grundsätzlich auszuschließen sind Kooperationen mit anderen Betriebstypen jedoch nicht.

9.2.10 Fallstudie 10: Kooperationsvorhaben aus dem Bereich der Unternehmensberatung

Bei der Atlantis Management GmbH Unternehmensberatung handelt es sich um ein Unternehmen, dessen Kerngeschäft die Unternehmensberatung ist. In der bayrischen Allgäu-Region ist das Unternehmen Marktführer. Außerhalb dieser Region ist das Unternehmen, laut Selbsteinschätzung des Geschäftsführers, zu klein, um sich gegen die großen Unternehmensberatungen durchzusetzen.

Das Unternehmen ist als GmbH firmiert und wurde 1991 vom Geschäftsführer Herr Willibald Josef Gruber gegründet. Inzwischen hat Atlantis Management ein Netzwerk mit ca. 100 Lizenzpartnern im DACH-Raum aufgebaut und gilt als mittelständisches Unternehmen. Kategorisch kann es der Unternehmensberatungsbranche zugeordnet werden, mit Fokus auf Beratung, insb. Personalberatung sowie Training und Coaching.

Die Unternehmensberatung befindet sich gegenwärtig in der Wachstumsphase. 2016 wurde in dem hier vorgestellten Unternehmen ein Umsatz von 800.000 Euro erzielt. Der jährliche Umsatzzuwachs beträgt ca. 10 Prozent. Das Leitungsgremium besteht aus einem Beirat von zehn Geschäftspartnern, bei welchen es sich um Berater auf freiberuflicher Basis handelt. Das Unternehmen wird lediglich durch Eigenkapital und Mittel der Geschäftspartner finanziert.

Für den Geschäftsführer, der BWL und VWL studiert sowie einen MBA-Abschluss hat, waren vor allem die Unabhängigkeit und das Gefühl „sein eigener Boss zu sein" ausschlaggebend, um sich selbstständig zu machen. Die Branche der Unternehmensberatungen war für ihn schon während des Studiums von besonderem Interesse. Da laut Meinung des Geschäftsführers, bei den großen Unternehmensberatungen oftmals der Profit zu sehr im Vordergrund steht, kamen diese für ihn persönlich als berufliche Tätigkeit nicht in Frage.

Atlantis Management kooperiert momentan mit einem Unternehmen aus Stuttgart, welches ebenfalls in der Unternehmensberatungsbranche, mit Schwerpunkt auf Personalberatung, tätig ist. Die Geschäftsführerin dieses Unternehmens ist Lizenzpartnerin, jedoch nicht Gesellschafterin von Atlantis Management. In der Regel handelt es sich bei den Lizenzpartnern um Start-up-Unternehmen, die meist als Ein-Mann/Frau-Unternehmen gegründet werden und im späteren Verlauf bis zu zehn Mitarbeiter haben. Die Finanzierung dieser Start-up-Unternehmen erfolgt hauptsächlich durch Eigenkapital und Bankdarlehen. Generell werden entweder Franchise- oder Lizenzverträge geschlossen, in denen die Rechte und Pflichten der Partner festgehalten werden.

Kooperationen sind für Atlantis Management wegen der persönlichen Beziehung zu den Kunden relevant. Motive für das Eingehen einer Kooperation, sind vor allem die Veränderung und Erweiterung von Horizonten und teilweise festgefahrenen Sichtweisen, Markterschließung bzw. -durchdringung sowie der Kontakt zu den Menschen. Bei der Initiierung einer Kooperation ist insbesondere wichtig, dass die Einstellung des Kooperationspartners sowie die „Chemie" zwischen den Partnern stimmen. Im konkreten Fall der Kooperation mit der Unternehmensberatung aus Stuttgart ging die Initiative von der Geschäftsführerin dieses Unternehmens aus. Nach einer Kennenlernphase von ca. einem halben Jahr, die von mehreren persönlichen Treffen und gemeinsamen Aktivitäten wie bspw. Wandern geprägt war, wurde die Kooperationsentscheidung durch einen Vertrag besiegelt. Auf konkrete Zielvorgaben oder -festlegungen wurde verzichtet. Zurzeit ist der Kooperationszeitraum auf fünf bis zehn Jahre angelegt. Anschließend kann die Zusammenarbeit jährlich verlängert oder falls dies nicht gewünscht ist gekündigt werden.

Für eine erfolgreiche Zusammenarbeit sind grundsätzlich Vertrauen und Kommunikation erforderlich, die im Idealfall persönlich („Face-to-Face") stattfindet. Vorteile einer Kooperation für das eigene Unternehmen sind zum einen die Markterschließung und -durchdringung sowie die Erhöhung des Marktanteils, zum anderen die Möglichkeit zur Entwicklung und Innovation. Des Weiteren regt die Zusammenarbeit an, über Grenzen nachzudenken und diese zu verschieben.

Nachteile für das eigene sowie das Partnerunternehmen können sich durch egois-
tisches Verhalten des Kooperationspartners ergeben. Für das Partnerunternehmen
können Vorteile im Transfer und der Gewinnung von Know-how sowie in einer
fortschrittlichen Entwicklung liegen. Kooperationen stiften dahingehend Nutzen,
in dem neue Ideen generiert werden. Diese Ideen werden im Fall von Atlantis
Management bspw. in Modellen zur Analyse von Unternehmen verankert.

Ein möglicher Grund für das Scheitern von Kooperationen kann egozentrisches
Verhalten des Partners darstellen. Weitere Gründe können sich in verändernden
Marktentwicklungen sowie unterschiedlichen, länderspezifischen rechtlichen und
politischen Vorschriften widerspiegeln. Als größter Kostenfaktor der Kooperation
wird der hohe Zeitaufwand für Abstimmungen, insbesondere die persönlichen
Treffen, erachtet. Weiterhin fallen Ausgaben für Werbung sowie für Forschung
und in besonderem Maße für Entwicklung an. Für Kooperationen verfügt Atlantis
Management jährlich über das Budget eines fünfstelligen Betrags. Vom kooperierenden Unternehmen wird ein Investment in ähnlicher Höhe erwartet.

Als Erfolgsfaktoren für Kooperationen wird abermals Markterschließung und
-durchdringung genannt. Wettbewerbsvorteile ergeben sich außerdem durch die
verstärkte Präsenz bei den Kunden. Dies ermöglicht eine bessere Abgrenzung von
der Konkurrenz sowie erhöhte Flexibilität. Die Kundennähe und der engere Austausch haben auch Auswirkungen auf das Geschäftsmodell von Atlantis Management. Generell wird dies vom Geschäftsführer selbst als innovativ und „exotisch"
beschrieben. Des Weiteren zeigt sich der Geschäftsführer im Allgemeinen zufrieden mit dieser und all seinen weiteren Kooperationen. Schwierigkeiten sieht er
jedoch teilweise in der Marktdurchdringung. Das liegt mitunter an der schwierigen
Lage der Unternehmensberatungsbranche, da dieser Markt momentan als stark
gesättigt eingestuft wird und der Konkurrenzdruck stetig ansteigt. Der Geschäftsführer führt weiterhin an, dass Kooperationen dieser Art ein geeignetes Mittel sind,
um teilweise Abhilfe für die eben angesprochene Problematik zu schaffen.

9.2.11 Fallstudie 11: Zufriedenheit am Beispiel eines Mittelständlers aus der Automobil-Zulieferindustrie und eines IT-Dienstleisters

Nachfolgend wird eine kooperative Projektarbeit zwischen einem mittelständischen Automobilzulieferer und einem von einem Universitätsprofessor gegründe-
ten Start-up mit Fokus auf IT-Beratungsleistungen beschrieben. Der Automobilzulieferer hält 50 bis 60 Prozent Marktanteil im Bereich der biegsamen Wellen und
prognostiziert für sich eine Weltmarktführerposition im Bereich Schiebedach und

Kabel innerhalb der nächsten zwei Jahre zu erreichen. Gegründet wurde das inhabergeführte Familienunternehmen bereits im Jahre 1922 und beschäftigt heute 540 Mitarbeiter an insgesamt sechs Standorten, von denen vier im Ausland lokalisiert sind.

Der Bedarf, eine Kooperation mit einem externen Beratungsunternehmen einzugehen, ergab sich für den Automobilzulieferer aufgrund der Notwendigkeit, das betriebseigene ERP-System auf den aktuellen Stand zu bringen, um so ganzheitlich die Vorteile der Digitalisierung im eigenen Unternehmen ausschöpfen zu können. Der geschäftsführende Gesellschafter erachtet sein ERP-System als „Herz und Lunge" des Unternehmens und somit als „überlebenswichtig".

Um die digitalisierungsbedingten Möglichkeiten für das existierende ERP-System umzusetzen, wurde vorerst ein internes Team aus verschiedenen Fachbereichen formiert. Das Team war sich darüber im Klaren, welche internen Standards für diese Art von System gelten und befolgt werden müssen. Allerdings mangelte es an der Möglichkeit des direkten Vergleichs mit anderen Systemen, um den aktuellen „State-of-the-Art" intern adaptieren zu können. So war es für das interne Team schwer ermittelbar, was genau dem hauseigenen System fehlt und wo genau die Schwachstellen im Vergleich zu aktuelleren ERP-Systemen liegen. Daraufhin wurde das Ziel gesetzt, gruppenübergreifende ERP-Lösungen mit externer Unterstützung durch ein spezialisiertes Beratungsunternehmen zu erarbeiten und gleichzeitig dafür relevantes Know-how intern generieren zu können.

Bedingt durch die hohe Relevanz dieses Kooperationsprojektes für das Kerngeschäft des Mittelständlers, wurde die Vorauswahl eines potenziellen Kooperationspartners unter hohem Aufwand betrieben. Der Automobilzulieferer besuchte zwei Messen, bei denen unter anderem das ausgewählte Unternehmen erstmalig kennengelernt wurde. Von den auf der Messe vertretenen und in Frage kommenden Unternehmen, wurden zwei bis drei zu einem direkten Kennenlernen eingeladen. Im Zuge dieses Termins wurden Aufgabenstellung und Rahmenbedingungen detailliert erläutert und besprochen. Ausschlaggebend für die Wahl des universitären Beratungsunternehmens war deren Beratungsansatz, den der geschäftsführende Gesellschafter als „eher mittelständisch, nicht zu consulting-mäßig oder wissenschaftlich" charakterisiert. Zudem entstammt das seit zwei Jahren am Markt tätige Start-up direkt dem universitären ERP-Entwicklungsbereich und hatte eine Checkliste vorbereitet, die direkt gemeinsam durchgearbeitet werden konnte.

Anfangs klangen die Ideen des Beratungsunternehmens für den Mittelständler etwas überheblich und wenig umsetzbar, sodass der Automobilzulieferer vorerst den Rechtfertigungsmodus zugunsten des existierenden Systems einnahm, was jedoch zunächst Hürden aufbaute. Ein halbes Jahr später schließlich, nachdem diverse Zwischengespräche für die Auswahl des richtigen Partners geführt wurden, wurde die kooperative Projektarbeit mit dem universitären Beratungsunternehmen initiiert. Die Zusammenarbeit belief sich daran anschließend auf insgesamt 2,5 Jahre. Die Zusammenarbeit glich einem klassisch aufgesetzten Beratungsprojekt hinsichtlich der Fragestellung, Projektierung, Zielsetzung sowie der ausgearbeiteten Schnittstellenproblematik. Für den Automobilzulieferer stand dabei insbesondere die Erlangung und Nutzung des spezifischen Know-hows im Vordergrund der Kooperation.

Generell erachtet der Mittelständler vertragliche Ausgestaltungen als zwingend notwendig für partnerschaftliche Zusammenarbeiten. Vertraulichkeits- und Geheimhaltungsvereinbarungen sind standardmäßig vertraglich festgelegt und kamen auch bei diesem ERP-Projekt zum Einsatz. Zusätzlich wurden Leistungs- und Vereinbarungsverträge abgeschlossen, wobei die IP-Rechte in den Vertraulichkeitsvereinbarungen inkludiert waren. Zudem wurden Wettbewerbsverbotsklauseln aufgesetzt, um die Abwanderung eigener Mitarbeiter zu verhindern. Die wichtigste Pflicht bildet nach Aussage des geschäftsführenden Gesellschafters vor allem die anständige Leistungserbringung des Kooperationspartners. Dies hängt in hohem Maße davon ab, wie präzise die Zielerreichung formuliert wird. Auch die Bereitschaft zu kommunizieren, wenn Probleme vorliegen, wird in der Zusammenarbeit vorausgesetzt. „Wenn etwas schiefgeht, ist das kein Problem; wichtig ist, dass kommuniziert wird, bevor etwas schief geht". Bei früheren Beratungsprojekten wurden beispielsweise Aspekte zugesichert, die nicht erfüllt wurden. In solchen Situationen verweigerte sich der Mittelständler, eine Zahlung zu leisten.

Um die Zielerreichung sicherstellen zu können, werden meist Ausprägungszahlen, Zeittaktungen und geometrische Eigenschaften herangezogen. Grundsätzlich liegen bestimmte Parameter für verschiedenartige, gesonderte Projekte vor, weshalb die Vertragsausgestaltung ein zeitintensives Unterfangen darstellt. Hierin begründet sich die zusätzliche juristische Konsultation von Anwaltskanzleien, die an drei verschiedenen Standorten lokalisiert sind und bei der vertraglichen Ausgestaltung mitwirken.

Verantwortlich für die Zusammenarbeit ist seitens des Mittelständlers vor allem ein externer EDV-Spezialist, der das unternehmenseigene System sehr gut kennt. Weiterhin sind die IT-Verantwortlichen Leiter der jeweiligen Standorte sowie die Fertigungsleiter direkt involviert. Vertrieb und Einkauf wurden nur für fachspezifische Themen hinzugezogen. Dem Einkaufsleiter kommt jedoch eine gesonderte federführende Rolle zu, zumal er sich intern aktiv für das Projekt eingesetzt hat. Der Fertigungsleiter, der über langjährige Erfahrung mit ERP-Systemen verfügt, befürwortete ausdrücklich die Durchführung des Projektes, um von einem qualitativ hochwertigeren Datensatz zu profitieren.

Für den Automobilzulieferer ist gegenseitiges Vertrauen oberstes Gebot. Bei nicht umgesetzten Zusagen geht das Vertrauen schnell verloren, weshalb die Zuverlässigkeit in der Erbringung des Vereinbarten mitunter oberste Priorität einnimmt. Hierunter fällt ebenfalls die frühzeitige Kommunikation von Problemen in der Durchführung. Generell sucht der Mittelständler daher eher die Nähe und realisiert lieber mehrere persönliche Treffen, um das verfolgte Denkmuster des Beratungsunternehmens besser verstehen zu können. Termintreue wird vorausgesetzt. Die Bindung erfolgt über das gegenseitige Kennenlernen, das gleichzeitig die Grundlage zur Schaffung einer gemeinsamen Vertrauensbasis bildet. Neben der gemeinsamen Verständnisebene muss die Kommunikationsebene daher dieselbe sein. Hierbei wird oftmals telefonisch oder per Skype Austausch gehalten.

Nach 2,5 Jahren schließlich lief der Rahmenvertrag aus, sodass der Automobilzulieferer nach umfangreicher Prüfung des Beratungsunternehmens in die Implementierungsphase übergehen konnte. Durch den ehrlichen Umgang miteinander und die Erfüllung der zugesicherten Leistung ist der Mittelständler sehr zufrieden mit der eingegangenen Kooperation.

Die Zusammenarbeit verhalf dem Automobilzulieferer zu lernen, wozu das System in der Lage sein kann. Die vollumfängliche Funktionalität des neuen Systems ist bis heute noch nicht vollständig bis ins Detail ergründet, weswegen ständig neue Lerneffekte erzeugt werden. Das dazugewonnene Know-how sowie der veränderte (Wissens-)blick auf das Thema ERP-Systeme stellt der Mittelständler als kooperationsbedingte Nutzenaspekte heraus. Auch konnte der Mittelständler durch Nutzung des Netzwerks des ERP-Beratungsunternehmens Kontakt zu anderen Unternehmen herstellen, die ihr ERP-System ebenfalls an den neuesten Standard angepasst hatten. Die Netzwerkerweiterung, die Möglichkeit über den eigenen Tellerrand zu blicken sowie der darin inbegriffene Erfahrungsaustausch wurde als sehr hilfreich für das eigene Geschäft herausgestellt. Aus dieser Kooperation resultierende Nachteile sind seitens des Mittelständlers nicht vorhanden. Vielmehr wäre die interne Generierung dieses gewinnbringenden Know-hows wesentlich zeit- und kostenintensiver gewesen. Das beratende Start-up-Unternehmen profitiert ebenfalls von dem Know-how und Erfahrungszuwachs durch die Zusammenarbeit mit dem etablierten Automobilzulieferer. So wird neben finanziellen Aspekten vor allem das Kennenlernen neuer Branchen und Unternehmen als fundamentaler Vorteil für das Start-up hervorgehoben. Zudem wurde dem Start-up gewährt, den Mittelständler als Referenz anzugeben, wodurch wiederum die angeprangerte Kompetenz unterstrichen werden kann. Lediglich die schlechte Selbstorganisation in Bezug auf die Projektunterlagen sowie die Terminierung wird vom Mittelständler als nachteilig für das Start-up erachtet.

Rückblickend bildete die investitionsintensive Anlaufphase den größten Kostenfaktor für den Mittelständler. Ebenfalls die zeitliche Einbindung der Mitarbeiter, die Bereitschaft und das Engagement sind wichtige Aspekte, die als Aufwendungen deklariert werden können. Hinzu kommen noch Ausgaben für die Beratungsleistung, Produkte und Software. Den Budgetaufwand bemisst der Mittelständler anhand der Opportunitätskostenrechnung mit rund 170.000 Euro. Da das Projekt nicht direkt leistungsmessbar ist, gestaltet sich die Rechtfertigung des Budgets als schwierig. Das ERP-System ist primär eine Kostenbelastung, wenngleich es nun wesentlich effizienter und effektiver arbeitet. Auch eine Verbesserung des Informationsstandes ist deutlich spürbar. Der geschäftsführende Gesellschafter empfiehlt, die qualitativen Vorteile gleichermaßen zu berücksichtigen.

Obwohl die Wettbewerbsvorteile nicht direkt spürbar sind, nutzt der Mittelständler vor allem Kooperationen mit universitären Institutionen mit „Hands-on-Mentality", um anwendungsgebietsübergreifendes Know-how schnell zu generieren und zu implementieren, wodurch das Unternehmen den Wettbewerbern einen Schritt voraus ist. Der Erfolg einer Kooperation zeichnet sich dadurch ab, dass in partnerschaftlicher Zusammenarbeit etwas erreicht wurde, was alleine nur bedingt oder gar nicht umsetzbar gewesen wäre. Der Automobilzulieferer erachtet es als sehr wichtig, diesen kooperativen Mehrwert als solchen einzugestehen und gemeinsam zu zelebrieren.

Als mögliche Gründe für das Scheitern von Kooperationen führt der Mittelständler indes vornehmlich kulturell bedingte Hürden an. Insbesondere bei unterschiedlichen Unternehmenskulturen, sind viel Zeit und Mühe erforderlich, um einander verstehen zu können. Die individuellen Einstellungen können schwer durch Kooperationen geändert werden; Vielmehr steht die Schaffung einer gemeinsamen Verständnisbasis im Vordergrund. So unterscheiden sich die Arbeitsweisen sowie Arbeitsrahmenbedingungen von Start-up-Unternehmen grundlegend von denen eines etablierten Mittelständlers. Hinzukommen divergierende Motivationen und Vorgehensweisen, die ein Scheitern begünstigen können. Ebenfalls eine zu hohe Erwartungshaltung und zu geringer Zeiteinsatz bergen Misserfolgspotenzial der Kooperation.

9.2.12 Fallstudie 12: Kooperationsablauf bei einem Ein-Mann-Start-up und einem mittelständischen Unternehmen

Nachfolgend wird eine auf langfristige Projektarbeit ausgerichtete Zusammenarbeit zwischen einem Ein-Mann-Start-up spezialisiert auf Network, Marketing, Training und Coaching mit mittelständischen Unternehmen jeweils aus unterschiedlichen Branchen betrachtet.

Das Ein-Mann-Start-up-Unternehmen ist seit Ende des Jahres 2016 als Treu-handgesellschaft registriert und befindet sich laut Aussage des Gründers noch in der Gründungsphase. Mit den offerierten Beratungsleistungen im Bereich Mar-keting und Kommunikation möchte sich der Gründer langfristig als Trainer und Coach in der freien Wirtschaft etablieren. Als ehemaliger Beschäftigter eines Bil-dungsträgers konnte er bereits einschlägige Erfahrungen in Bereich Coaching und Training sammeln. Für den Trainingsbereich wird er zusätzlich eine Traineraus-bildung absolvieren.

Das Start-up hat während der Gründungsphase drei Kooperationsunternehmen in der Pipeline. Die mittelständischen Unternehmen sind zwischen 20 und 40 Jahre am Markt etabliert und teilweise auch global aufgestellt. Ein Mittelständler ist aus-schließlich auf Weiterbildung fokussiert, ein anderer ist Spezialist im Bereich Haus-haltsprodukte für den täglichen Bedarf und das dritte Kooperationsunternehmen bietet Kommunikationsprodukte im Bereich Videomarketing an. Die Ausgestaltungen der Kooperationen unterscheiden sich trotz vielfältiger inhaltlicher Schwerpunkte nicht voneinander, weswegen sie als Konglomerat im Folgenden beschrieben werden.

Aufgrund der allgemeinen wirtschaftlichen Situation konzentrieren sich die Mittelständler stärker auf den Onlinevertrieb, woraufhin Weiterbildungsmaßnah-men im Bereich Verkauf und Onlinevertrieb notwendig sind. Zumeist haben diese mittelständischen Unternehmen bereits spezielle Trainingscenter mit vorgefertig-ten Seminaren und Trainings intern organisiert. Hieraus ergibt sich die Möglichkeit für das Start-up, Teile dieser Seminare selbst zu führen oder aber Kunden für die vorhandenen Seminare zuzuführen.

Aufmerksam wurde der Start-up Gründer auf die Kooperationsunternehmen durch vorhandene Netzwerke und Internetplattformen wie Xing, auf denen die Kontaktaufnahme aktiv angegangen wurde. Nach einem ersten Austausch wurden Trainings- und Präsentationsunterlagen an die Mittelständler verschickt, woraufhin die Kooperationsentscheidung getroffen wurde. Zwischen Anbahnung und Initiie-rung liegen in etwa sechs bis zwölf Wochen.

Als Motive für die Kooperation führt das Start-up vor allem Umsatz- und Pro-fitabilitätswachstum sowie den Ausbau des eigenen Klientenkreises an. Mittel-ständler hingegen sind nach Meinung des Gründers auf die Trainings- und Coa-chingdienstleistungen des Start-ups angewiesen. Aufgrund des zunehmenden Wettbewerbs- und Digitalisierungsdrucks sehen sich Mittelständler hingegen in der Herausforderung, neue Vertriebswege zu finden und die Mitarbeiter dahin gehend zu schulen, was in den Dienstleistungsbereich des Start-up-Unternehmens fällt. Hieraus ergeben sich fundamentale Synergieeffekte.

Durch die Übernahme von Seminaren kann der Gründer neue Kunden hinzu-gewinnen. Zudem profitiert er von der branchenüblichen Mund-zu-Mund Propa-ganda, um weitere Aufträge zu generieren. Hier zählt vor allem die Etablierung einer guten Reputation, die das Start-up vor allem auf die erhöhte Eigenmotivation bei Ausübung der Dienstleistungen zurückführt. Der Gründer führt seine hohe Begeisterung für seine Berufung als Alleinstellungsmerkmal an. Die Kooperationsbildung ist somit auf langfristige Sicht sehr wichtig für das Start-up. Nichtsdestotrotz wird nicht ausgeschlossen, in ein paar Jahren Coachings mit Visitenkarten des Unternehmens in eigener Hand anzubieten und die Abhängigkeit von den Kooperationspartnern zu reduzieren. Als Strategie zur Abhängigkeitsreduktion versucht der Gründer bewusst Kooperationen mit Unternehmen aus mehreren Branchen einzugehen, um einen gewissen Grad an Streuung zu erzielen. Die Gefahr der Verzettelung durch zu viele Kooperationspartner ist dem Gründer durchaus bewusst und wird als potenziell nachteilig erachtet.

Aus Sicht des Start-ups ergeben sich für die Mittelständler keinerlei Nachteile aus der Kooperation. Der Dienstleistungsmarkt im Bereich Marketing, Coaching und Training ist bereits gesättigt, sodass die vom Start-up angebotene Dienstleistung ohne weiteres durch andere Anbieter substituiert werden kann. Demgegenüber sieht der Gründer jedoch seine spezifischen Fähigkeiten sowie seine Begeisterung an der Berufung, die ihm als Alleinstellungsmerkmal eine Vorzugsposition gegenüber Wettbewerbern gewährt. Von diesem Alleinstellungsmerkmal profitiere laut Aussage des Gründers ebenfalls das mittelständische Kooperationsunternehmen.

Die Vertragsausgestaltung wird in der Regel von den Mittelständlern vorgegeben. Entscheidend ist für den Gründer das Mitspracherecht bei der Provisionsregelung, auf die er nach eigener Aussage jedoch nicht allzu viel Einfluss nehmen kann. Indes legt der Gründer des Start-up-Unternehmens viel Wert auf Standortunabhängigkeit, sodass etwaige Gebietsbindungen nicht festgelegt werden sollten. Dadurch sichert sich der Gründer die Flexibilität und Internationalität bei der Durchführung seiner Dienstleistungen. Die Wahl der Gründungsrechtsform LLP unterstreicht zudem den Gedanken, das Start-up weltweit ausrichten zu wollen.

Der gegenseitige Kommunikationsaustausch erfolgt locker und direkt, mindestens einmal im Monat. Der Gründer bevorzugt einen vierzehntägigen Kommunikationsrhythmus. Die Kommunikation ist besonders häufig, wenn es sich um ein neues Projekt handelt. Hier findet fast täglicher Kontakt per E-Mail oder Telefon statt. Inzwischen ist es üblich, dass konstituierend einmal im Monat ein persönliches Treffen angesetzt wird. Hauptsächlich dominiert jedoch der elektronische Kontakt über das Internet.

Kooperationsbedingtes Konfliktpotenzial manifestiert der Gründer in den Phasen der Kontaktaufnahme, der Anbahnung und der vertraglichen Provisionsgestaltung. Sofern die Rahmenbedingungen in beiderseitigem Einverständnis festgelegt wurden, sinkt das Konfliktpotenzial. Rückblickend ist das Start-up sehr zufrieden mit den mittelständischen Kooperationspartnern. „Man versteht sich menschlich gut und ist auf einer Wellenlänge". Der Gründer vertritt die Meinung, dass vor allem Fleiß und ein gemeinsam verfolgtes Ziel Erfolgsgaranten für deine zufriedenstellende Kooperation sind. Durch die Nutzung der Reputation des Mittelstandes als Referenzkunde kann sich das Start-up besser in der Branche positionieren und etablieren. Die eigentliche Geschäftstätigkeit verändert sich durch die Kooperationen jedoch nicht für das Start-up. „Die Kooperationen tragen lediglich dazu bei, schneller da zu sein, wo man hinmöchte." Lediglich die Mentalität und Persönlichkeit muss sich teilweise an die Unternehmen anpassen.

Gründe für das Scheitern von Kooperationen liegen nach Meinung des Start-ups vor allem in der unzureichenden gemeinsamen Absprache oder einer fehlenden Festsetzung gemeinsam zu erreichender Ziele. Erfahrungsgemäß scheiterten die angebahnten Kooperationen mit Mittelständlern vor allem an nicht eingehaltenen Versprechungen, insbesondere in Bezug auf Vergütungs- und Provisionsansprüche. Besonders kostspielig sind die für die Durchführung der Dienstleitungen notwendigen Schulungen und Trainings, für die zusätzliche Ausbildungen absolviert werden müssen. Die Kosten können sich auf bis zu 3000 Euro pro Schulung belaufen, was insbesondere in der Gründungsphase des Unternehmens als sehr hoch angesehen wird. Zudem fallen monatliche Lizenzgebühren an, die an die Kooperationsunternehmen zu zahlen sind. Im Gegenzug wird die Dienstleistung jedoch vergütet. Weitere im Nachhinein anfallende Zusatzkosten sind nicht ausgeschlossen.

Hinsichtlich möglicher Zukunftsszenarien erachtet es der Gründer als sehr wahrscheinlich, dass sein Unternehmen vom Mittelständler übernommen wird. Dies führt er insbesondere auf seine Fähigkeiten im Bereich Network Marketing zurück. Genauso ist auch die Beendigung der Zusammenarbeit denkbar, sofern die Dienstleistung den Vorstellungen des Mittelständlers nicht entspricht. In diesem Fall hätte der Gründer allerdings Umsatzeinbußen zu verzeichnen. Generell wünscht sich der Gründer mehr Unterstützung für deutsche Start-ups. Die Beantragung von Fördermitteln erachtet er als sehr kompliziert und es gebe nur wenige sehr gute Konzepte, die zudem nicht für jeden nutzbar sind.

9.2.13 Fallstudie 13: Minderheitsbeteiligung als mögliche Kooperationsform

Nachfolgend werden die Minderheitsbeteiligungen eines Mittelständlers aus der Branche Print/Druck und digitale Medien an Start-up-Unternehmen aus dem Bereich E-Commerce mit Schwerpunkt Content und Programmierung betrachtet.

Die Historie des mittelständischen Medienunternehmens geht bereits zurück auf das Jahr 1830. Unter jetzigem Namen firmiert das Unternehmen seit 2009 und es beschäftigt ca. 1000 Mitarbeiter. Es ist spezialisiert im Bereich Druck, Fachzeit-schriften/-verlage, lokale Medien und digitale Aktivitäten. Das Unternehmen hat bereits 2013 einen Venture Arm speziell für Minderheitsbeteiligungen, also Betei-ligungen mit anteilig unter 50 Prozent, an Start-up-Unternehmen gegründet. Die Intention dahinter ist einerseits finanzgetrieben, andererseits wird darauf abgezielt zu verstehen, wie junge Unternehmen agieren.

Insbesondere das traditionelle Printgeschäft hat durch die zunehmende Digi-talisierung stark an Abonnementenzahlen verloren. Stattdessen nehmen digitale Medien einen immer wichtigeren Stellenwert ein. Das Überdenken unternehmens-eigener Prozesse sowie Innovationen rücken in den Vordergrund. Der Mittelständ-ler hat diese Entwicklungen im Gegensatz zu anderen Verlagshäusern frühzeitig wahrgenommen und Prozesse entsprechend umgestaltet sowie den Fokus auf die unternehmenseigene Innovationsfähigkeit gelegt. Nichtsdestotrotz hat sich der Wettbewerb von einer rein territorialen Bereichseingrenzung auf digitale Platt-formen verschoben, die schnelle Reaktions- und Handlungsfähigkeit ermöglichen. Dies verlangt vor allem Mittelständlern dieser Branche enorme Agilität und spezi-fische Fähigkeiten, sich Neues auszudenken, zu testen und umzusetzen ab. Die Spartenführerin konstatiert in diesem Kontext: „Wir stammen noch zu sehr aus der Welt der Inhalte, sodass es uns schwer fällt im Bereich Technik viel schneller zu sein. Die Zeit ist kein Freund in der Tec-Wirtschaft". Die dafür notwendigen iterativen Prozesse sind im eigenen Haus nur bedingt erlernbar, weshalb anhand von Minderheitsbeteiligungen gewinnbringende Einblicke in die Arbeitsweise von Start-up-Unternehmen generiert werden sollen. So hält der eher content-lastige Mittelständler derzeit zwei E-Commerce Beteiligungen. Hiermit verspricht sich das Medienunternehmen daraus, von der Denke der Start-up-Unternehmen zu lernen und gewinnbringendes Know-how für das eigene Unternehmen zu generie-ren, um mit dem eigenen Content auch E-Commerce betreiben zu können.

Im Ansatz legt der Mittelständler viel Wert darauf, dass das Start-up-Unter-nehmen im digitalen Bereich agiert und vorzugsweise die Bereiche Content oder Programmierung abdeckt. Voraussetzung für eine Beteiligung bildet neben der positiven Prüfung der Sinnhaftigkeit des finanziellen Investments zudem eine lebensfähige Geschäftsidee. So sollte das Kundenproblem am Markt existent und nachvollziehbar sowie der Problemlösungsansatz logisch aufbereitet und vermark-tungsfähig sein. Eine reine Ideenskizze reicht dem Mittelständler in diesem Kontext nicht aus. Stattdessen werden nur Start-ups in Betracht gezogen, die bereits am Markt agieren und erste Umsatzzahlen vorweisen können, um die Wirtschaftlich-keit und die Erfolgsaussichten besser beurteilen zu können. Auch ein gutes Bauch-gefühl hinsichtlich der Stimmigkeit der Geschäftsidee wird als wichtig erachtet. Insgesamt müssen somit gute Anhaltspunkte vorliegen, die auf den Erfolg des

Start-up-Unternehmens hindeuten. Als Beurteilungsgrundlagen werden diesbezüglich der Umsatz und die Effektivität der Marketingmaßnahmen herangezogen.

Das Kerngeschäft des Medienunternehmens kann laut Aussage der Spartengeschäftsführerin „Digital" auch ganz sicher ohne die Beteiligungen existieren. Derzeit weisen die Start-ups, an denen sich der Mittelständler beteiligt, wenig Bezug zum eigenen Kerngeschäft auf. Dieser „Fit" stellt auch nicht das Ziel der durchgeführten Minderheitsbeteiligungen dar, sodass die Beteiligungen eher „nice-to-have" sind. Stattdessen bildet der Einblick in die Denk- und Arbeitsweise innovativer Start-ups das originäre Motiv der Minderheitsbeteiligungen, um Inspirationen für die interne Optimierungspotenziale und Flexibilitätssteigerung zu gewinnen. Daher fordert der Mittelständler, sofern möglich, einen Observer Seat im Aufsichtsgremium an, um an Beiratssitzungen teilnehmen zu können. In diesen Sitzungen erhält der Mittelständler einen detaillierteren Einblick in die gegenwärtige und zukünftig intendierte Geschäftstätigkeit des Start-ups. Zudem wird er frühzeitig über die Interessen der anderen Investoren informiert und kann ggf. noch Einfluss auf andere Investoren ausüben. Weiterhin sind der Netzwerkausbau in der Start-up Branche sowie eigene Employer-Branding und -Awareness Motive anzuführen. Auch Portfolioerweiterungen im Sinne der BCG-Matrix werden durch Minderheitsbeteiligungen erwägt. Dieser Prämisse folgend, wird weniger darauf geachtet, ob und inwiefern das eigene Unternehmen inspiriert wird, sondern ob das Start-up wirtschaftlich und erfolgreich ist.

Für die Anbahnung mit geeigneten Start-ups ist die Teilnahme an Networking Events essenziell, bei denen der Mittelständler mit anderen Investoren in den Austausch kommt. Diese Investoren bringen meist Vorschläge für passende Start-ups. Auch wird der Mittelständler bei der Suche nach geeigneten Co-Investoren kontaktiert. Die Präsenz auf Veranstaltungen, auf denen Start-up-Unternehmen und Investoren vertreten sind, ist somit förderlich. Hierfür erwägt der Mittelständler, entsprechendes Personal aufzustocken, um regelmäßiger vertreten zu sein und aktiv Kontakte zu Branchen aufbauen und pflegen zu können. Andererseits gibt es auch viele regional ansässige Start-up-Unternehmen, die sich direkt an das Medienhaus wenden. Die Spartengeschäftsführerin selbst führt eine Vorabprüfung des Geschäftsmodells des Start-up-Unternehmens durch. Sofern diese Prüfung bestanden wurde, wird ein Board aus Kollegen verschiedener Bereiche einberufen. Sie nehmen die weitere Prüfung anhand einer ausdifferenzierten Checkliste vor, um zu entscheiden, ob das Start-up zum Pitch geladen wird oder nicht. Im Rahmen des Pitchs werden wiederum verschiedene Fragen gestellt, die sich aus dem Board Meeting ergeben haben. Es muss der Eindruck gewonnen werden, dass das Team des Start-up-Unternehmens und vor allem das Management gut funktionieren. „Die beste Geschäftsidee kann scheitern, wenn das Management nicht gut funktioniert". Zudem dient das persönliche Treffen der Einschätzung, ob es menschlich passt. Andersherum besucht der Mittelständler ebenfalls die Start-up-Unternehmen, um bessere Einblicke in deren Arbeitsweise und Unternehmenskultur gewinnen zu können.

Bezogen auf die vertragliche Ausgestaltung der Beteiligung versucht der Mittelständler stets, in der Liquidation Preference oben zu stehen. Dadurch wird eine Vorzugsbedienung sichergestellt, sofern das Start-up verkauft wird und Gelder ausgeschüttet werden. Diese Ausgestaltung hängt jedoch individuell von der Gesamtkonstellation der beteiligten Investoren ab. Auch die Forderung nach einem Observer Seat soll vertraglich gewährleistet werden, zumal diese nicht nachträglich eingefordert werden kann. „Sofern man die Beiratssitzung nicht besucht, kriegt man von dem Unternehmen fast nichts mehr mit. Da wir vom Start-up lernen wollen und wissen wollen, wie das Unternehmen läuft, ist es schon wichtig für uns, dort vertreten zu sein." Teilweise können Konflikte entstehen, wenn zu viele Observer Seats unter den Investoren vergeben werden, zumal einige Investoren dies nicht befürworten. Bislang ist es dem Mittelständler jedoch immer gelungen, den Observer Seat erfolgreich einzufordern und an allen Beiratssitzungen von den Start-ups, an denen es sich beteiligt, teilzunehmen.

Konfliktäre Zielbeziehungen sind bei Minderheitsbeteiligungen nicht ausgeschlossen. Insbesondere dann, wenn das Start-up sich in der Wachstumsphase befindet und expandieren möchte, sind hohe Investitionssummen vonnöten. Hier können die Interessen der beteiligten Investoren stark divergieren, sodass einige Investoren primär der Profitabilität des Start-ups Vorrang gegenüber weiteren Wachstumsinvestitionen gewähren. Andere Investoren hingegen forcieren den Expansionsgedanken und bieten die finanzielle Unterstützung für das Vorhaben an. Sobald ausreichend Umsätze generiert wurden, um das Start-up auf Profitabilität auszurichten, besteht die Gefahr, dass der gestiegenen Nachfrage aufgrund zu langsamen Wachstums (z. B. fehlende Lagerkapazität) nicht mehr gerecht werden kann und das Start-up in eine wirtschaftliche Problemlage gerät und regelrecht „ausgebremst" wird. Diese Problematik ist auf sich in unterschiedlichen Phasen befindliche Investoren zurückzuführen, die unterschiedliche Ziele verfolgen.

In der Beiratssitzung wird daher versucht, die Zielerreichung präzise zu steuern, indem Pläne für die Geschäftstätigkeit für die nächsten zwei Jahre gemeinsam mit den Investoren verabschiedet werden. Im Rahmen dieser Besprechung zeichnen sich etwaige Interessenkonflikte bereits frühzeitig ab. Schließlich werden in jeder Finanzierungsrunde „die Karten neu gemischt". Investoren, die hohe Investments für Wachstumsvorhaben zusichern und gleichzeitig auf die Liquidation Preference verzichten, sind von ihren Interessen her vorrangig zu betrachten.

Zudem sind die Start-up-Unternehmen vertraglich dazu verpflichtet den Inves-toren ein monatliches Reporting zukommen zu lassen. Die Kontaktaufnahme wird seitens des Mittelständlers entsprechend initiiert, sobald Auffälligkeiten erkannt werden. Die wöchentliche oder tägliche Kontaktaufnahme ist indes nicht gewünscht. Stattdessen gibt es außerhalb der Beiratssitzungen zusätzliche Update Calls in einem regelmäßigen Turnus von sechs bis acht oder zwei bis vier Wochen, in denen das Start-up den Mittelständler durch die Zahlen führt. Dieser Turnus wird in Abhängigkeit der Lebenszyklusphase und der Dringlichkeit des Geschäfts individuell festgesetzt. Der Mittelständler erachtet die ständige Kontaktaufnahme ohne konkreten Bedarf jedoch als generell wenig gewinnbringend für das Start-up, zumal das Management des Start-ups die Geschäftätigkeiten möglichst selbst-ständig führen sollte. „Ein gutes Management ist auf keine Ratschläge angewie-sen". Dennoch gibt es einige, wenige Fonds die externe Managementunterstützung zur Verfügung stellen.

Die Vorteilhaftigkeit aus der Minderheitsbeteiligung ergibt sich für die Start-up-Unternehmen primär durch die finanzielle Beteiligung, wenn auch nur mit einer Minderheitsbeteiligung von insgesamt max. 500.000 € und Folgeinvestitio-nen von ein bis zwei Millionen Euro. Für größere Investitionssummen sollte sich das Start-up eher an investmentstarke Fonds richten, da das Medienunternehmen in solchen Situationen den Verkauf der Anteile erwägt. Darüber hinaus profitie-ren Start-ups von der Vermittlung von Kontakten sowie vom gegenseitigen Aus-tausch zum Thema Marketing. Auch die Durchführung gemeinsamer Projekte ist möglich. So hat das Medienunternehmen bereits die Anzeigekampagnen eines Start-ups zu rabattierten Konditionen über die eigenen Marketingkanäle geschal-tet, um die Effektivität und Wirksamkeit der verschiedenen Kanäle zu testen und gleichzeitig Lerneffekte zu erzielen. Als generell nachteilig erachtet die Sparten-geschäftsführerin vor allem die Abgabe von Anteilen eines Start-up-Unternehmen aus Gründerperspektive. Zwar können Beteiligungen auch inhaltliche Anreize bei-steuern, jedoch stellt die eigenständige Finanzierung die Idealsituation dar. Inten-diert jedoch der Gründer selbst das Unternehmen später zu veräußern, so begüns-tigt dies die Beteiligungen als solide Finanzierungsbasis.

In der Regel scheitern die Beteiligungen, weil das Geschäftsmodell nicht über-zeugt oder das Team des Start-up-Unternehmens nicht funktioniert. Bei hohem Investitionsbedarf oder bereits hohen Umsatzzahlen, übersteigen die notwendigen finanziellen Mittel oftmals die im Rahmen der Minderheitsbeteiligung möglichen Summen. Das Investment wäre zu teuer, sodass auch in diesem Falle keine Betei-ligung angestrebt wird. Problematisch wird es für das Medienunternehmen zudem bei der Evaluation sehr technisch getriebener Start-up-Unternehmen aufgrund unzureichenden Spezialwissens auf dem Gebiet. In einem solchen Fall kann nur schwer eingeschätzt werden, welche Lösung im Vergleich zur Konkurrenz am besten erscheinen, sodass diese Beteiligungen im Normalfall nicht realisiert werden. Andernfalls können Investoreninteressen Grund für das Scheitern von Beteiligungen sein, indem das Unternehmen zu stark auf Profitabilität ausgerichtet wird, Wachstumschancen nicht wahrgenommen werden und sich eine mögliche Beteiligung als unattraktiv herausstellt. Jedoch können auch antizipierte Wachstumsvorhaben zum Scheitern von Kooperationen führen. Die wachstumsbedingt zunehmende Komplexität muss vom Start-up koordiniert und organisiert werden, was mitunter große Herausforderungen birgt. Manchmal führt auch einfach „Pech" zum Scheitern von Beteiligungen. Dies ist insbesondere zu beobachten, wenn ein direkt konkurrierendes Start-up sich mit derselben Geschäftsidee schneller am Markt etabliert als das, an dem sich beteiligt wurde. Auch besteht die Gefahr, im Falle einer anschließenden Übernahme, das Start-up-Unternehmen vollständig in das eigene Unternehmen integrieren zu wollen. Dies kann eine Verlangsamung von Prozessen zur Folge haben und den bis dato erfolgreichen Geschäftsverlauf nachhaltig schädigen. Fundamental negativ kann sich hingegen die unter den Beteiligungen leidende Motivation der Gründer auswirken, was besonders bei Mehrheitsbeteiligungen zu beobachten ist und zum Scheitern führen kann. Schließlich, so kontrastiert der Mittelständler, sollte die Autonomie des Start-up-Unternehmens gewahrt werden.

Die Zufriedenheit mit der Minderheitsbeteiligung ist indes stark abhängig vom Verlauf der Geschäftstätigkeit des Start-up-Unternehmens, der nur durch gutes Management erfolgreich werden kann. Derzeit ist der Mittelständler sehr zufrieden mit seinen Beteiligungen und dem Management der Start-ups. „Ein guter Gründer würde nichts gründen, wofür es keinen Markt gibt". Wettbewerbsvorteile manifestieren sich für den Mittelständler dadurch, dass neue, gewinnbringende Erkenntnisse von außen in andere Geschäfte fernab der Verlagswelt generiert werden können. Dies fördert den Weg für die unternehmenseigene Transformation in die Digitale Welt, um den Wettbewerbern einen Schritt voraus zu sein. Nichtsdestotrotz ändert sich das Kerngeschäft nicht fundamental durch die aus den Beteiligungen erhaltenen Inspirationen. Die beteiligungsbedingten Langzeiteffekte sind derzeit zwar noch nicht spürbar, jedoch langfristig erahnbar.

Literatur

Becker, W. 1990. Funktionsprinzipien des Controlling. *Zeitschrift für Betriebswirtschaft* 60 (3): 295–318.
Bortz, J., und N. Döring. 2002. *Forschungsmethoden und Evaluation. Für Human- und Sozialwissenschaftler*, 3. Aufl. Berlin: Springer Verlag.

Dittmar, N. 2004. *Transkription: Ein Leitfaden mit Aufgaben für Studenten, Forscher und Laien*, 2. Aufl. Wiesbaden: VS Verlag für Sozialwissenschaften.

Eisenhardt, K. 1989. Buildung theories from case study research. *Academy of Management Review* 14 (4): 532–550.

Flick, U., und E. von Kardorff. 2007. Was ist qualitative Forschung? Einleitung und Überblick. In *Qualitative Forschung*, Hrsg. U. Flick, E. von Kardorff, und I. Steinke, 5. Aufl., 13–29, Hamburg: Rowohlt Taschenbuch Verlag.

Gläser, J., und G. Laudel. 2006. *Experteninterviews und qualitative Inhaltsanalyse*, 2. Aufl. Wiesbaden: VS Verlag für Sozialwissenschaften.

Hopf, C. 2007. Qualitative interviews. Ein Überblick. In *Qualitative Forschung*, Hrsg. U. Flick, E. von Kardorff, und I. Steinke, 5. Aufl., 349–360, Hamburg: Rowohlt Taschenbuch Verlag.

Lamnek, S. 2005. *Qualitative Sozialforschung*, 4. Aufl. Weinheim: Beltz Verlag.

Mayring, P. 2002. *Einführung in die qualitative Sozialforschung: Eine Anleitung zu qualitativem Denken*, 5. Aufl. Weinheim: Beltz Verlag.

Peräkyla, A. 2005. Analysing talk and text. In *Handbook of qualitative research*, Hrsg. N. Denzin und Y. Lincoln, 3. Aufl., 869–886, Newbury Park: Sage Publications.

Steinke, I. 2007. Gütekriterien qualitativer Forschung. In *Qualitative Forschung*, Hrsg. U. Flick, E. von Kardorff, und I. Steinke, 5. Aufl., 319–331, Hamburg: Rowohlt Taschenbuch Verlag.

Yin, R. K. 2003. *Case study research. Design and methods*, 3. Aufl. Thousand Oaks: Sage Publications.

Zaugg, R. J. 2006. *Fallstudien als Forschungsdesign der Betriebswirtschaftslehre. Anleitung zur Erarbeitung von Fallstudien*. http://www.akad.de/fileadmin/akad.de/assets/PDF/WHL_Diskussionspapiere/WHL_Diskussionspapier_Nr_08.pdf. Zugegriffen: 20. Juli 2012.

Best Practice   **10**

Im Rahmen des vorliegenden Beitrages wurden Kooperationen zwischen Mittelständlern und Start-up-Unternehmen entlang des Kooperationsprozesses aus unterschiedlichen Perspektiven heraus umfangreich beleuchtet. Sowohl die quantitativen als auch die qualitativen Untersuchungsergebnisse implizieren eine hohe Mannigfaltigkeit, die sich in kontext- und situationsspezifischen Kooperationsarrangements ausdrücken. Nichtsdestotrotz lassen sich gewisse fallübergreifende Überschneidungen erkennen, die dazu beitragen, praxisorientierte Handlungsempfehlungen sowohl für Start-up-Unternehmen als auch für Mittelständler im Umgang mit gegenseitigen Kooperationen abzuleiten. Dieses Kapitel widmet sich ausschließlich der praxeologischen Wissenschaftsfunktion, bei der die Formulierung generischer Handlungsempfehlungen im Vordergrund steht. Die Berücksichtigung der aufgezeigten Empfehlungen gilt sowohl für bestehende als auch für neu aufgesetzte Kooperationsvorhaben als angezeigt. Eine übersichtliche Darstellung der Best Practices entlang des untersuchten Kooperationsprozesses findet sich in Abb. 10.1.

▶   Grundsätzliche Offenheit für Kooperationen mit Start-ups stetig fördern.

Neben den unbestrittenen Stärken, die die Unternehmen aus dem traditionellen Mittelstand in Deutschland aufweisen, sollten sie dennoch an ihren vermeintlichen Schwachstellen arbeiten. Als eine mögliche Hilfestellung bietet sich die Kooperation mit einem jungen, hoch technologisierten Start-up-Unternehmen an. Lange stand diese Art der Kooperation nicht auf der Agenda von mittelständischen CEOs, jedoch zeigt sich allmählich eine steigende Entwicklung und zunehmende Akzeptanz. Obwohl die kulturelle Passgenauigkeit dieser beiden recht divergent erscheinenden Betriebstypen zunächst schwierig erscheint, kann die gemeinsame und

© Springer Fachmedien Wiesbaden GmbH, ein Teil von Springer Nature 2018   277
W. Becker et al., *Kooperationen zwischen Mittelstand und Start-up-Unternehmen*,
Management und Controlling im Mittelstand,
https://doi.org/10.1007/978-3-658-19646-2_10

Abb. 10.1   Abgeleitete Best Practices. (Eigene Darstellung)

ausbalancierte Förderung von Strukturen und Prozessen gleichwohl Innovationen
fördern und zur Erprobung neuen Herangehensweisen anregen. Die dargestellten
Studieninhalte ermöglichen den Einblick in eine weitgehend harmonische Zusammenarbeit zwischen Mittelstand und Start-up, die ihre eigenen Interessen oftmals

auf die Erreichung von gemeinsam festgelegten Zielsetzungen einstellen. Wettbewerbsvorteile, Zufriedenheit und Nutzenaspekte lassen sich beidseitig generieren. Tradierte Werte sollten daher nicht vollends über Bord geworfen, sondern vielmehr um neuartige Denkweisen ergänzt werden, um offen für die Strukturen der Zukunft zu sein.

▶   Gelegenheiten sollten aktiv genutzt werden und auch in Anspruch genommen werden, um gemeinsam(e) Ziele zu erreichen.

Die Art und Weise, wie diese Kooperation zwischen Start-up und Mittelständler zustande kommt, divergiert situationsbedingt von Fall zu Fall. Daher ist in der Findungsphase ein offenes Mindset und die proaktive Suche sowie erforderliche Akzeptanz mitunter von Vorteil. Für den Mittelstand bedeutet das, nicht abzuwarten, bis ein vermeintlich interessanter Kooperationspartner an die Unternehmenspforten klopft, sondern vielmehr ein proaktives Verhalten zu zeigen, dass die eigene Präsenz gegenüber potenziellen Partnern stärkt. Ob das nun durch persönliche Treffen, z. B. im Rahmen von Events oder Bekanntschaften oder doch mehr über die digitale Komponente z. B. über Online-Plattformen oder dedizierte Acceleratorenprogramme geschieht, bleibt fallweise abzuwägen. Doch auch die Nutzung von Intermediären oder Mittlern, die die Branche kennen und somit ein Matching der beiden Partner vereinfachen, sollte nicht von Beginn an abgelehnt, sondern vielmehr gefördert werden. Im Zeitalter der Digitalisierung bleibt es abzuwarten, welche Medien und Werkzeuge demnächst auf den Markt kommen und die Partnerfindung weiter vereinfachen. Bereits jetzt können digitale Plattformen als Katalysator solcher Kooperationsvorhaben fungieren.

▶   Ein professionalisiertes Vorgehen im Umgang mit Kooperationen hilft der beidseitigen Zusammenarbeit.

Nachdem die Anbahnungs- und Initiierungsphase beendet wurde, stehen weitere Kooperationsschritte bevor. Der Erfolg, der ungeachtet der Erscheinungsform, am Ende der Kooperationsarbeit steht, kann nur dadurch gewährleistet werden, dass die Partner sich auf Augenhöhe begegnen und durch komplementäre Schritte ein gemeinsames Ziel verfolgen. Daher wird ein professionelles Vorgehen erwartet, dass eine autonome Zusammenarbeit und die Gleichstellung beider Partner in den Vordergrund rücken. Passgenaue Lösungen die eine Gleichstellung der Partner fördert und kulturelle Missstände bereits im Vorfeld aus dem Weg räumt sind dabei ratsam. Hierzu werden Instrumente und Werkzeuge aus dem Projektmanagement benötigt, die die notwendigen Meilensteine fixieren und die Zusammenarbeit wesentlich vereinfachen. Ob hierfür ein schriftlicher Vertrag, eine reine Interessengemeinschaft oder auch die Festlegung von Zielen mithilfe von KPIs zwingend notwendig sind, bleibt je nach Sachlage zu klären. Wichtig ist jedoch, stets das Vertrauen in den Partner zu fokussieren und einen transparenten Austausch mit strukturierter Kommunikation zu ermöglichen. Dieser Prozess erlaubt es auf kleinere Zwischenerfolge hinzuarbeiten jegliche, notwendige Arbeitsschritte optimal zu steuern und im Fall von Abweichungen frühzeitig geeignete Maßnahmen einzuleiten. Letztlich verfolgen beide Partner mit dem Eingehen dieser Kooperation spezifische Ziele, die durch die Zusammenarbeit erfüllt werden sollen.

▶   Transparenz, ein faires Miteinander und offene Kommunikation helfen, Gefahrenquellen zu reduzieren.

Letztlich benötigt jeder Prozessablauf ein funktionierendes Monitoring, um die Gemütslage beider Parteien stets unter Kontrolle zu halten und rechtszeitig agieren zu können. Kooperationen, die nicht in die richtige Richtung laufen, können sowohl für Start-ups als auch für die Mittelständler weitreichende Folgen haben, die bis hin zur Insolvenz reichen. Start-ups laufen Gefahr, von dem mittelständischen Unternehmen als Add-on übernommen zu werden, Mittelständler können eine Menge an finanziellen Mitteln verlieren, wenn die Kooperation nicht von Beginn an auf festem Fundament steht. Daher sind Absprachen in diesem Fall besonders wichtig und effizient, um einen reibungslosen Ablauf zu gewährleisten. Sollten dennoch Widerstände aufkommen, können Austritts- und Beendigungsszenarien eine wichtige Stütze sein. Gründe für ein Scheitern derartiger Kooperationen können vielfacher Natur sein, die fehlende Beteiligung und emotionale Bindung sowie fehlendes Vertrauen oder einseitige Interessenkonflikte, sind nur einige der in der Studie genannten. In jedem Fall ist es wichtig, zwischen den beiden scheinbar unterschiedlichen Betriebstypen eine kulturelle Passgenauigkeit herzustellen, die ein offenes Miteinander und den regelmäßigen Austausch fördert.

Printed by Printforce, the Netherlands